귀츨라프 선교사와
원산도 Q & A

복음과 감자를 전해준 최초의 선교사

신호철 · 김주창 지음

양화진

머리말

　귀츨라프 선교사는 1832년 7~8월에 약 1개월 동안 애머스트(Lord Amherst)호라는 배를 타고 황해도 몽금포(조니진)와 충청도 원산도를 다녀간 선교사이다. 그는 영국 런던선교회가 중국(청나라)에 파송한 선교사이지만 중국에 온지 얼마 안 되어 1832년에 2월부터 중국 황해연안, 조선, 오키나와를 192일간 여행하며 조선에서 교역청원과 선교활동을 하였다.

　귀츨라프 선교사의 조선 방문은 그가 우리나라를 찾아온 개신교 최초의 외국인 선교사라는데 의미가 크고, 또 우리나라의 밝은 미래를 소망하고 복음의 전도에 열심을 다했으며, 실질적인 것으로 감자를 원산도 땅에 심어주어서 우리나라에 감자를 도입해 준 확실한 기록을 남겨준 것이다.

　귀츨라프 선교사가 선교한 장소는 그가 기록한 귀츨라프 일기와 애머스트호 함장인 린제이의 보고서에 "간갱(Kan-keang)"이라고만 기록되어, 간갱이 어디인지에 대한 확실한 결론이 없이, 일부 연구자들은 원산도, 또 다른 연구자들은 고대도라는 설을 주장하여 이를 바로잡아야 할 필요성도 있게 되었다.

　원산도라는 설은 백낙준의 『한국개신교사(1973)』, C. Dallet의 『한국천주교회사(1874)』, 김옥선의 『귀츨라프 선교 150주년 기념비(1982)』, 오덕규의 『장로교회사(1995)』, 이만열의 『한국기독교수용사연구(1998)』 등에 나오지만, 고대도라는 설은 리진호의 『귀츨라프와 고대도(1988)』, 허호익의 『귀츨라프의 생애와 조선 선교활농(2009)』, 오현기의 『굿모닝, 귀츨라프(2014)』 등에 나온다.

　한편, 신호철의 『귀츨라프 행전(2009)』, 신호철·김주창 공저의 『원산도의 귀츨라프 발자취(2017)』는 원산도 설을 구체적으로 증명하여 고대도 설이 오류임을 확인하고, 우리나라 개신교 최초 선교사의 업적을 바르게 역사에 남기려고 노력을 하였다.

저자는 원산도가 귀츨라프 선교사의 선교활동 장소라는 것을 더욱 확실하게 알리기 위하여 귀츨라프 선교사와 관련된 인물들과 활동들을 작은 주제로 나누어 여러 독자들이 쉽게 읽고 이해하도록 단편적인 칼럼 144개를 만들어 2018년 1년 동안 1주일에 2~3개씩 "밴드"와 "페이스북"에 올렸다.

그 결과 이들 칼럼들을 모아서 책으로 만드는 것이 귀츨라프 선교사의 업적을 바르게 알리는데 도움이 될 것으로 보아 이 책을 내게 되었다. 각 칼럼마다 독자들의 댓글을 받아서 함께 수록함으로써 여러 독자들이 참여하도록 하였다. 그리고 하단에 주)를 달아서 근거를 확인할 수 있도록 하였다.

또한 부록에 순조실록의 관련기록(번역문)과 린제이의 교역청원서(영문) 및 경과보고서(영문)를 첨부하였는데, 순조실록에서는 조선 측의 각종 대응과 활동을 확인할 수 있고, 교역청원서에서는 린제이의 방문 목적을, 그리고 경과보고서에서는 애머스트호가 원산도에 정박하고 있는 동안에 일어난 경과를 국왕께 보고하는 형태의 글임으로 전체 상황을 파악하는데 참고가 될 수 있을 것이다.

끝으로 훌륭한 댓글로 참여해서 격려해주신 애독자 여러분과 이 책의 추천사를 써주신 동두천 두레교회 원로이신 김진홍 목사님께 깊은 감사를 드린다.

2018년 12월 25일

저자 신호철 · 김주창 장로

추천사

『귀츨라프 선교사와 원산도 Q & A』 추천 합니다.

신호철과 김주창 두 분이 심혈을 기울여 저술한 저서를 일독하고 은혜를 받았기에 독자들에게 추천합니다.

『귀츨라프 선교사와 원산도 Q & A』란 제목의 이 책은 그간에 묻혀 있던 한국교회사의 첫 부분을 소상히 소개하고 있습니다. 귀츨라프선교사는 독일인 선교사(런던선교회 파송)입니다.

그간에 우리는 한국선교의 시작을 영국 선교사와 미국 선교사들인 줄로만 알고 있었습니다. 그들 이전에 독일인 선교사 귀츨라프의 활약은 묻혀 있었습니다.

그런 귀츨라프 이야기를 목회자도 아니요 신학자도 아니신 신호철 장로께서 원산도 부근의 바다와 섬들을 답사하면서 자료를 발굴하여 알리게 되었습니다.

이 책은 귀츨라프 선교사의 활약을 소상히 알려 주는 자료입니다. 귀츨라프 선교사는 1832년 7월 25일에서 8월 12일까지 원산도에 19일간 정박하면서 다양한 활동을 펼쳤습니다.

특히 귀츨라프 선교사의 활약 중에 최초로 씨감자를 공급하여 준 일은 기념할만한 큰 사건입니다. 귀츨라프는 원산도 관리(수군우후 등)의 도움을 받으며 원산도에 상륙하여 씨감자를 심어 주며 재배법을 섬 사람들에게 알려주어 우리나라에 최초로 감자가 도입되는 기록을 남겼습니다.

전하여지는 바로는 귀츨라프 선교사가 씨감자를 섬 주민들에게 전하여 줄 때에 주민들이 외국농산물의 재배를 반대하였다 합니다. 그렇게 반대하는 수백 명의 주민들에게

"혁신이 있어야 수익이 있다."고 설득하며 씨감자 100 여개를 심어주고 재배법을 교육하였습니다.

전체 6장으로 이루어진 이 저서는 1800년대에 일어난 귀츨라프 선교사의 행적을 소상히 적고 있기에 소중한 자료입니다 그동안 묻혀 있던 자료가 신호철 장로와 김주창 장로 두 분의 노력으로 햇빛을 보게 된 것은 누구도 이루지 못한 소중한 작업이라 하겠습니다.

우리나라 사람들은 역사적인 사건들과 현장을 기록하고 보관하여 후대에 알리는 일에 소홀합니다. 그래서 소중한 자료들이 사람들의 눈길을 끌지 못한채로 사라졌습니다. 그런 점에서 신호철 김주창 두 분의 혼신의 노력으로 이번에 출간되는 이 책은 높이 평가되어야 할 것입니다. 비단 귀츨라프 선교사의 이야기 만 아니라 이런 소중한 이야기들이 아직 묻혀 있는 사례들이 적지 않을 것입니다.

바라기는 신호철 장로님과 김주창 장로님의 이런 수고의 작품이 보다 많은 분들에게 읽혀지기를 바랍니다. 그래서 두 분의 노력이 많은 분들에게 알려져야겠습니다. 그리고 두 분의 이런 노력이 앞으로도 멈추지 아니하고 계속 이어지고, 묻힌 자료들이 발굴되어 한국교회와 역사에 빛을 더하게 되는 업적을 쌓아갈 수 있기를 바라며 추천의 글에 대신 합니다.

2018년 12월 20일

두레수도원　　목사　김 진 홍

일러두기

이 책에서 사람의 이름이나 사물의 이름, 사용한 기호 등을 다음과 같다.

1) 귀츨라프 선교사 일행이 타고 온 배는 영문으로 "Lord Amherst", 한문으로 "이양선(異樣船)"이라고 기록되었는데, 이 책에서는 "애머스트호"라고 하였다.

2) 린제이가 기록한 책인 "Report of Proceedings on a Voyage to the Northern Ports China in the Ship Lord Amherst (1833)"는 줄여서 "Lindsay Report" 또는 "린제이 보고서"라고 하였다.

3) 귀츨라프 선교사가 기록한 "The Journal of Three Voyages along the Coast of China in 1831, 1832 & 1833 with Notices of Siam, Corea and Loo Choo Island (1834)"는 "Gutzlaff 일기" 또는 "귀츨라프 일기"라고 하였다.

4) 영국 측에서는 "petition", "Letter" 또는 "document"라 하고 조선 측에서는 "주문(奏文)"이라고 한 것을 여기서는 "교역청원서"라고 하였다.

5) 영국측에서는 "A Memorial for the Inspection of the King" 또는 "胡夏米 與 官員 書"라고 한 것을 여기서는 "경과보고서"라고 하였다.

6) 영국 측 기록에 "Gan-keang"이라고 쓴 것은 "간갱"으로 하였다.

7) 린제이와 귀츨라프의 기록에 나타나는 "Teng-no"는 "텡노"로 하였다.

8) 린제이 기록의 "Yang-yih", 귀츨라프 기록의 "Yang-chih"는 "양씨"로 통일하였다.

9) 댓글은 기록자의 이름 가나다 순으로 배치하였다.

귀츨라프 선교사의 이름을 처음 알게 되는 독자들의 질문에 대한 답변

1. 왜 귀츨라프 선교사가 우리나라 개신교 최초의 선교사인가?
1) 시기적으로 귀츨라프 선교사는 1832년에, 토마스 선교사는 1865, 1866년에, 알렌 선교사는 1884년에, 아펜젤러와 언더우드 선교사는 1885년에 왔기 때문에 귀츨라프 선교사가 최초의 개신교 선교사이다.
2) 귀츨라프 선교사는 황해도와 충청도를 약 1개월간 방문하여 선교한 후 돌아가 기록을 남겼고, 토마스 선교사는 대동강에서 순교했고, 알렌, 아펜젤러, 언더우드 등 선교사는 합법적으로 계속 선교한 차이가 있다.
3) 귀츨라프 선교사는 사람들에게 전도지를 나누어 주었고, 한자로 된 주기도문을 조선어로 번역했으며, 국왕에게 성경을 예물로 전달해달라고 했고, 환자들에게 감기약을 주었으며, 씨감자를 100여개 심어주어 감자가 충청도 지방에 처음으로 도입된 것을 확실한 기록으로 남겼다.

2. 왜 원산도가 귀츨라프 선교사의 선교장소인가?
1) 『한국천주교교회사(1874)』, 『한국개신교사(1973)』, 『장로교회사(1995)』, 『한국기독교수용사연구(1998)』 등에 원산도라고 기록되어 있다.
2) 『귀츨라프행전(2009)』, 한국 최초의 개신교 선교지 『원산도의 귀츨라프 발자취(2017)』에 원산도가 선교장소인 것을 관련 자료의 과학적 분석과 현지조사 등으로 증명하고 있다.
3) 원산도가 아니고 고대도라는 설은 『귀츨라프와 고대도(1988)』, 『귀츨라프의 생애와 조선 선교활동(2009)』, 『굿 모닝 귀츨라프(2014)』 등에 나타나지만, 이는 세부 활동상황의 기록이 없는 순조실록에 근거를 두고, 귀츨라프 선교사와 린제이 함장이 직접 쓰고 세부 활동상황이 포함된 조선 방문기록을 완전히 이해하지 못한데 따른 결과물이다.

Contents | 차 례 |

머리말 ·· 2
추천사 ·· 4
일러두기 ·· 6

제 1 장   귀츨라프의 원산도 행적과 선교사역
제1절 귀츨라프의 원산도 행적
  1. 귀츨라프 원산도 행적(요약) ·· 18
  2. 귀츨라프의 원산도 도착 ·· 20
  3. 원산도에서 가장 먼저 한 일 ·· 22
  4. 수군우후와의 만남 ·· 24
  5. 교역청원서 전달 장소 ·· 26
  6. 교역청원서 전달 의식 ·· 28
  7. 교역청원서 내용 ·· 30
  8. 두개 이상의 당집 ·· 32
  9. 식수의 조달 ·· 34
  10. 최초의 씨감자 심기 ·· 36
  11. 들판의 답사 ·· 38
  12. 원산도를 떠남 ·· 40

제2절 귀츨라프의 원산도 선교 사역
  1. 원산도 선교사역(요약) ·· 44
  2. 조선 방문 목적 ·· 46
  3. 전도 책자를 나누어 줌 ·· 48
  4. 주기도문의 번역 ·· 50
  5. 감자 재배법 지도 ·· 52
  6. 농업 교육 선교 ·· 54
  7. 과수 농업 선교 ·· 56
  8. 의료 선교 ·· 58
  9. 복음전도와 에덴동산 ·· 60
  10. 곤장 맞을 병졸의 구조 ·· 62
  11. 창리 내륙 선교 ·· 64
  12. 조선을 위한 소망 ·· 66

제 2 장 원산도 선교지의 인문 환경과 지리·역사

제1절 원산도 선교지의 인문 환경

1. 원산도 인문 환경(요약) ···································· 70
2. 고관의 만남과 원산도 ······································ 72
3. 고관들이 머무는 곳 ··· 74
4. 수군의 지휘체계 ··· 76
5. 잠깐 동안 수백 명이 모일 수 있는 섬 ··············· 78
6. 린제이와 귀츨라프의 조선어 채록 ···················· 80
7. 교류협력과 음식 접대 ······································ 82
8. 포도주 등 접대 ··· 84
9. 영국과 조선 측의 상호협력 ······························ 86
10. 원산도의 귀츨라프 발자취 ······························ 88
11. 원산도의 민속신앙 ·· 90
12. 수군우후 등의 의금부 진술 ···························· 92

제2절 원산도 선교지의 지리·역사

1. 원산도의 지리(요약) ······································· 96
2. 원산도의 귀츨라프 기념비 ······························ 98
3. 간갱의 구비 조건 ··· 100
4. 원산도 상륙 ··· 102
5. 간갱 만(bay)의 실존 ····································· 104
6. 관청 소재지와 선교지 ··································· 106
7. 예물 준비와 운반 장소 ·································· 108
8. 애머스트호의 정박지 ···································· 110
9. 농업용지로 적합한 원산도 ····························· 112
10. 원산도의 말 목장 역사 ································ 114
11. 수군우후의 원산도 주둔 ······························ 116
12. 귀츨라프 행전과 원산도 ······························ 118

Contents |차 례|

제3장 귀츨라프 일행과 조선 관리의 활동

제1절 귀츨라프 일행의 원산도 활동

1. 귀츨라프의 원산도 활동(요약) ················· 122
2. 린제이 함장의 활동 ································ 124
3. 귀츨라프의 혁신운동 ······························ 126
4. 리스 선장의 활동 ···································· 128
5. 린제이 외교 활동 ···································· 130
6. 교역청원서의 성공적 전달 ······················ 132
7. 안면운하 탐사 ·· 134
8. 천수만 탐사 ·· 136
9. 조정특사와 협상 ····································· 138
10. 오천성 탐사 ·· 140
11. 식량과 재난구조 협약 ·························· 142
12. 조선고관에 대한 평가 ·························· 144

제2절 조선관리의 원산도 활동

1. 조선관리의 활동(요약) ··························· 148
2. 군관 텡노와 서기관 양씨의 활동 ·········· 150
3. 교역청원서와 예물의 접수 후 한일 ······ 152
4. 수군우후의 활동 ····································· 154
5. 홍주목사의 활동 ····································· 156
6. 충청수사(공충수사)의 활동 ···················· 158
7. 애머스트호 승선자 조사 등 ··················· 160
8. 승선자의 국적과 나이 조사 ··················· 162
9. 선적된 하물의 조사 ······························· 164
10. 수군우후 등의 예물의 반환 시도 ········ 166
11. 조정 역관의 예물 반환 시도 ··············· 168
12. 고관들의 의문의 행동 ·························· 170

제 4 장 귀츨라프의 고대도 정박

제1절 선교지가 아닌 고대도의 지리적 여건

  1. 선교지가 아닌 고대도(요약) ················· 174
  2. 상륙가 아닌 정박지 ························· 176
  3. 하루만 정박한 고대도 해안 ··················· 178
  4. 만(bay)이 없는 고대도 ······················· 180
  5. 당집이 1개뿐인 고대도 ······················· 182
  6. 잠깐동안 수백 명이 모일 수 없는 섬 ············ 184
  7. 고대도 해안에서의 문정(問情) ················· 186
  8. 고유 지명이 아닌 고대도 안항 ················· 188
  9. 넓은 바다인 고대도 후양 ····················· 190
 10. 선교 행적이 없는 고대도 ····················· 192
 11. 간갱과 안항 지명이 없는 고대도 ··············· 194
 12. 고대도 정박과 조선정부 기록 ················· 196

제2절 고대도 선교지 논리의 오류

  1. 고대도 선교지 논리의 오류(요약) ··············· 200
  2. 리진호의 고대도 선교지 논리 ················· 202
  3. 허호익의 고대도 선교지 논리 ················· 204
  4. 오현기의 고대도 선교지 논리 ················· 206
  5. 허호익의 원산도 부정 논리 ··················· 208
  6. 고대도 기념물의 문제점 ····················· 210
  7. 고대도와 순조실록 ··························· 212
  8. 순조실록 자문의 고대도 안항 ················· 214
  9. 정박지를 선교지로 착각 ····················· 216
 10. 간갱 지명은 고대도에 부재 ··················· 218
 11. 순조실록 기록 배경 ························· 220
 12. 순조실록 자문의 내용과 기록 배경 ············· 222

Contents |차 례|

제 5 장 애머스드호의 항해 경로 등
제1절 애머스트호의 항해 경로

1. 마카오 출발 ·· 226
2. 중국 경유 ··· 228
3. 황해도 도착 ··· 230
4. 외연도 도착과 정박 ·· 232
5. 녹도 정박과 상륙 ··· 234
6. 불모도 정박 ·· 236
7. 고대도 정박 일자 ··· 238
8. 고대도 정박 장소 ··· 240
9. 고대도 개황 ·· 242
10. 원산도 도착과 정박 ·· 244
11. 제주도 통과 ·· 246
12. 오키나와 방문 ·· 248

제2절 귀슬라프 선교사 관련 기록

1. 몽금포에서 만난 어부들 ·· 252
2. 몽금포에서 만난 관리들 ·· 254
3. 조선과 영국 문서의 지명 ·· 256
4. 간갱과 녹도의 영문지명 ··· 258
5. 단추의 선물 ·· 260
6. 귀슬라프 일행의 용모 ··· 262
7. 목 베는 시늉의 사람들 ··· 264
8. 충청도 수군우후 등 처벌 ··· 266
9. 황해도 관리의 처벌 ·· 268
10. 쇄국정책과 귀슬라프 일행 배척 ····································· 270
11. 린제이 경과보고서 내용 ··· 272
12. 린제이 함장의 외교적 여유 ·· 274

제 6 장 귀츨라프의 다양한 선교 활동

제1절 귀츨라프의 다양한 선교활동

1. 귀츨라프의 3차례 전도여행 ················· 278
2. 귀츨라프 제1차 전도여행 ················· 280
3. 귀츨라프 제2차 전도여행 ················· 282
4. 귀츨라프 제3차 전도여행 ················· 284
5. 귀츨라프 일기 ················· 286
6. 린제이 보고서 ················· 288
7. 귀츨라프의 마카오 활동 ················· 290
8. 귀츨라프의 홍콩 활동 ················· 292
9. 유럽 순방과 리빙스턴 ················· 294
10. 아편전쟁과 귀츨라프 ················· 296
11. 중국어 성경 번역 ················· 298
12. 태국어와 일본어 성경 번역 ················· 300

제2절 귀츨라프 활동과 비교되는 내용

1. 최초 선교지와 성경 전래지 ················· 304
2. 수군우후와 마량진 첨사 ················· 306
3. 귀츨라프와 토마스 선교사 ················· 308
4. 애머스트호와 제너럴 셔먼호 ················· 310
5. 영국 배와 미국 배의 대포 ················· 312
6. 귀츨라프와 수군우후 관계 ················· 314
7. 원산도 선교지 고증 ················· 316
8. 귀츨라프의 결혼생활 ················· 318
9. 홍주목사 등의 거짓 진술 ················· 320
10. 교역청원서와 예물 등의 행방 ················· 322
11. 귀츨라프의 중국 선교 전략 ················· 324
12. 원산도의 미래 교통 ················· 326

Contents |차례|

감사의 글 ·· 328

부 록

1. 순조실록(번역문) ·· 332
2. 순조실록자문(번역문) ·· 338
3. 교역청원서(영문) ·· 341
4. 경과보고서(영문) ·· 343
5. 간갱(Gan-keang) 지명 관련 자료(영문) ······························ 347
6. 조선왕조실록 및 고려사절요 ·· 348

JOURNAL

OF

THREE VOYAGES

ALONG THE

COAST OF CHINA,

IN

1831, 1832, & 1833,

WITH NOTICES OF

SIAM, COREA, AND THE LOO-CHOO ISLANDS.

BY

CHARLES GUTZLAFF.

TO WHICH IS PREFIXED,
AN INTRODUCTORY ESSAY ON THE POLICY, RELIGION, ETC.
OF CHINA,
BY THE REV. W. ELLIS,
AUTHOR OF "POLYNESIAN RESEARCHES, ETC."

LONDON:
FREDERICK WESTLEY AND A. H. DAVIS,
STATIONERS' HALL COURT.
1834.

자료: 귀츨라프 일기 표지

제1장
귀츨라프의 원산도 행적과 선교사역

제1절 귀츨라프의 원산도 행적

1. 귀츨라프 원산노 행적(요약)
2. 귀츨라프의 원산도 도착
3. 원산도에서 가장 먼저 한 일
4. 수군우후와의 만남
5. 교역청원서 전달 장소
6. 교역청원서 전달 의식
7. 교역청원서 내용
8. 두개 이상의 당집
9. 식수의 조달
10. 최초의 씨감자 심기
11. 들판의 답사
12. 원산도를 떠남

제1절 귀츨라프의 원산도 행적

1. 귀츨라프의 원산도 행적(요약)

Q 귀츨라프 일행의 원산도 행적을 요약하면 어떤 것들이 있는가?

A 귀츨라프 일행은 1832년 7월 25일부터 8월 12일까지 원산도에 19일간 정박하면서, 조선 관리의 도움을 받기도 하고, 원산도에 상륙하여 씨감자를 심어주고 재배법을 알려주어 우리나라 감자도입 최초의 역사를 정립하는 근거를 마련하였다.

천수만을 탐사하면서 '수심이 얕다'는 뜻으로 '쇼올걸프(Shoal Gulf)'라고 명명하여 오늘날의 천수만(淺水灣) 유래가 되게 하였다. 천수만 입구는 '메이저리뱅크스(Marjoribanks)'라 명명하였으며, 안면도를 '린제이 섬(Lindsay Island)'으로 명명하여 세계에 알렸다. 이 같은 근거는

첫째, 귀츨라프 일행은 1832년 7월 25일, 고대도 해안에서 조선 관리(텡노)의 인도로 원산도의 점촌과 개갱촌 사이의 만(Gan-keang)에 도착하여, 서기관(양씨)을 만나 교역청원을 위한 방문 목적을 밝히고 이를 고관에게 전달하도록 요청하였다.[1]

둘째, 7월 26일, 교역청원서와 예물을 준비하고 관가 마을로 상륙하여 고관들과 교역청원서 전달 의식을 거행하고 수군우후가 마련한 만찬에 전원 참석하였다.

셋째, 섬에 상륙하여 7월 27일에는 산꼭대기에 있는 석조로 지어진 당집(temple)

---

[1] 린제이 보고서, 1832. 7. 25. By one of these messengers I wrote a short letter to the chief mandarin, who they styled Kin Tajin, informing him of our arrival, with a letter and presents to the King, and requesting him speedily to receive and forward them.

을 보았으며, 7월 30일에는 1823년에 지어진 다른 당집을 들어가 보았다.

넷째, 식수를 조달하는 7월 28일에는 주민 수백 명이 잠깐 동안 모여들어 동이(buckets)에 물을 채워 보트로 나르는 일에 도움을 받았다.[2]

다섯째, 7월 30일에는 외국농산물의 재배를 반대하는 주민 수백 명에게 "혁신을 해야 수익"이 있다고 설득하고 씨감자 100여개를 심어주고 재배법을 교육하였다.

여섯째, 원산도 전역을 답사하면서, 7월 27일에는 비옥한 들판을 돌아보며 풀이 무성하게 자라는 것을 보고 축산의 필요성을 기록하고, 7월 31일에는 울창한 숲속을 거닐면서 야생 과일나무를 보고 과수원 조성의 필요성을 기록하고 포도즙 가공법을 주민들에게 가르쳐 주었다. 8월 11일에는 원산도의 정박지가 1등급 항구라는 것도 확인하였다.

일곱째, 원산도 정박 기간 중 보트로 오천성 방문을 비롯하여, 천수만을 탐사하면서 '수심이 얕다'는 뜻으로 '쇼올걸프(Shoal Gulf)'라고 명명하여 오늘날의 천수만(淺水灣) 유래가 되게 하였다. 그리고 천수만의 입구는 소속사 회장 이름을 따 '메이저리뱅크스(Marjoribanks)'라 명명하고, 안면도를 애머스트호 함장 이름을 따 '린제이 섬(Lindsay Island)'으로 명명하여 세계에 알리는 등 많은 업적을 남겼다.

- 귀츨라프 선교사에 대한 연구결과를 더 바르게 알게 되었습니다.(김은주)
- 씨감자의 전파, 혁신적 농사교육, 천수만의 명명, 교역청원서의 전달 등 많은 행적을 남겼네요.(이재평)
- 외국농산물 재배를 반대하는 주민들에게 자기들 식량으로 가져온 감자를 원산도에 심어준 것은 고마운 일이다.(정두희)

---

2) 린제이 보고서, 1832. 7. 28. Although no village was near, yet a crowd of several hundred Coreans soon assembled; but instead of giving any annoyance, they cheerfully assisted in filling and passing the buckets to the boat, singing a monotonous song like the Lascars all the time.

2. 귀츨라프의 원산도 도착

Q 귀츨라프 선교사 일행은 원산도의 간갱(개갱)에 언제 도착하였는가?

A 귀츨라프 선교사 일행은 1832년 7월 25일 조선관리들의 안내를 받아 간갱이라 불리는 원신도의 점촌과 개갱촌 사이의 만(bay)에 노착하였다. 이 같은 근거는

첫째, 귀츨라프의 1832년 7월 25일 일기에, 우리는 항해한지 얼마 되지 않아 강갱(Gan-keang)에 도착하였다. 이곳은 배가 정박하기에 알맞은 바람 막이가 잘된 곳이라고 기록하였다.[3]

둘째, 린제이 보고서에, 7월 25일 텡노(Teng-no, 조선관리)가 다시 돌아와 배를 이동 하자고 요청하여 그렇게 했다고 기록하였다.[4]

셋째 귀츨라프 일기(7. 24)와 승정원일기(음력 1832년 7월 9일)를 종합하여 보면 귀츨라프 일행과 조선관리의 첫 만남(問情)은 7월 24일 고대도 해역에서 이루어졌으며 이때 고관(수군우후)이 주둔하고 있는 원산도로 이동하기로 합의된 것으로 해석할 수 있다.[5,6]

---

3) 귀츨라프 일기, 1832. 7. 25, We got under way, and, with wind and tide favouring, soon reached Gan-keang, and found very convenient anchorage, sheltered from all winds.
4) 린제이 보고서, 1832. 7. 25, The weather fortunately cleared up, and a little after noon (July 25) Teng-no returned, and again requested us to move the ship, which was accordingly done, and we steered in towards some islands laying N.E., with the long-boat ahead sounding.
5) 귀츨라프 일기, 1832. 7. 24, July 24. A large boat came along-side, and before the people came on board, they sent up a slip of paper, expressing their sympathy with us in our hardships from the winds and weather, and assuring us that they did not come to intimidate us. Those who entered the cabin called themselves mandarins, and made very free with the rum. They inquired politely our country, and remarked that we had anchored in a very dangerous place, adding, we will bring you to a bay called Gan-keang, where you may find safe anchorage, meet the mandarins adjust the affairs of your trade, and obtain provisions.

넷째, 수군우후의 주둔지가 원산도라는 확실한 근거는 현종실록(음력 1669년 2월 3일)에 충청수우후(忠淸水虞候)를 원산도에 진주(進駐)케 하라는 왕명이 기록되어 있다.[7]

• **연구결과**
1) 귀츨라프 일행은 고대도 해역에 정박하고 있을 때 조선군관이 "간갱"이라 불리는 곳으로 이동할 것을 권고하여 이를 합의하였다.
2) 7월 25일 조선관리들이 귀츨라프 일행을 다시 찾아와 원산도에 위치한 간갱(개갱, 개강)으로 안내하여 이동하였다.
3) "간갱"의 지리적 위치에 대하여 귀납적 방법으로 연구한 결과 원산도의 점촌과 개갱촌 사이의 만(灣)으로 고증되었다.

결론적으로, 귀츨라프 일행은 1832년 7월 25일 조선관리들의 안내를 받아 고대도 해역을 출발하여 원산도에 위치한 점촌과 개갱촌 사이의 '만'에 도착하였다.
귀츨라프의 전도여행 기간 동안 현지 관리의 안내를 받은 것은 이것이 유일한 경우였다.

• 주님의 뜨거운 사랑이 선교를 통하여 땅 끝까지 전파되기를 기도합니다.(김주복)
• 수군우후의 휘하 군관(탱노)의 제안과 안내에 따라 원산도에 도착한 것을 알 수 있습니다.(신호철)
• 영문으로 '간갱이라 불리는' 장소의 기록은 원산도의 '개갱' 앞바다라 생각됩니다.(이홍열)

6) 승정원일기, 1832. (음)7. 9. 金裕憲, 以備邊司言啓曰, 卽見公忠監司洪義瑾狀啓, 則枚擧 水虞候 金瑩綏 洪州 牧使 李敏會牒呈, 以爲洪州地 古代島引泊漂人, 言語難通, 以書問情, 則乃是 英吉利國人, 要請 設誼交易云, 而所謂奏文及 禮物.
7) 顯宗實錄, 1669. (현종 10) 3. 4 (음)2. 3, 佐明又曰 元山島牧場 馬移置于大山串 而使忠淸水虞候進駐 于元山以爲風和 待變之地 且於漕船上來時 使之點檢 上送便當矣 上從之.

3. 원산도에서 가장 먼저 한 일

Q 귀츨라프 선교사 일행이 원산도 해안에 도착하여 가장 먼저 한 일은 무엇인가?

A 귀츨라프 일행이 원산도 해안에 도착하여 가장 먼저 한 일은 서기관 양씨(Yang-chih)가 찾아와 그를 만나는 일이었다. 이 만남에서 다음 날 두 고관의 방문 계획도 알게 되고, 린제이 함장은 "국왕께 드릴 문서와 예물을 가지고 왔으니 이것을 조속히 받아 국왕께 전해 주기를 바란다."라는 글을 써서 양씨에게 주고 고관에게 전하게 하였다. 이 같은 근거는

첫째, 귀츨라프 일기와 린제이 보고서에, "배가 원산도 해안에 도착하여 정박하자마자 여러 작은 배들이 다가왔다. 모두가 험한 뱃길에 오느라 고생했다고 위로하며 환영하는 분위기였다."라고 기록되어 있다. [8],[9]

둘째, 서기관 양씨는 전날(7월 24일)에 군관 텡노가 질문했던 것과 같은 질문을 하며 조사 기록하고, 다음날(7월 26일) 두 고관이 방문할 계획을 알려 주었다. [10],[11]

셋째, 린제이 함장은 방문 목적을 편지로 써서 서기관에게 주면서 고관에게 전해

---

8) 린제이 보고서, 1832. 7. 25, No sooner had we cast anchor than several boats came off; numerous questions were put, and expressions of condolence were given relative to the hard-ships we must have endured.
9) 귀츨라프 일기, 1832. 7. 25, All seemed cheerful and happy that we had come, and promised that we should soon have an audience of the great mandarins, to whom we might deliver the letter.
10) 귀츨라프 일기, 1832. 7. 25, As soon as we had anchored, several mandarin boats came alongside. A brisk little fellow, named Yang-chih, who styled himself a mandarin, set down all the questions and answers which Teng-no, the man who came yesterday, had already recorded.
11) 린제이 보고서, 1832년 7월 25일, We were also informed, that two mandarins of rank would visit us the ensuing day.

주도록 하였다.[12]

넷째, 귀츨라프 일행이 원산도 해안에서 처음 만난 서기관 양씨는, 고대도 해역에서 처음 만난 군관 탱노와 함께 조선의 고관(수군우후) 측과 귀츨라프 측 사이에 연락관(intermediators)으로 임명된 인물이었다.

• 연구결과

1) 1832년 7월 24일 고대도 해역에서 처음 만난 군관 탱노와, 7월 25일 원산도 해안에서 처음 만난 양씨는 고관(수군우후)의 지휘감독을 받는 참모로서 연락관 임무를 수행하였다.
2) 린제이 함장은 원산도에 도착하여 서기관 양씨를 통하여 교역(交易)청원서와 예물을 가지고 왔음을 밝히고 이를 조속히 국왕에게 올려 달라고 요청하였다.

결론적으로, 귀츨라프 일행이 원산도 해안에 도착하여 가장 먼저 한 일은 서기관 양씨와 만남을 통하여 두 고관의 방문계획을 알게 되는 등 서로 간에 정보를 교환하고, 린제이 함장은 방문 목적으로 교역을 청원하는 뜻을 양씨를 통하여 고관에게 전달하도록 한 것이다.

• 한국 개신교 최초의 선교지 원산도의 귀츨라프 행적을 조사하신 노력에 감사드립니다.(신석재)
• 귀츨라프 일행이 충청 지방관을 만난 일은 교역과 선교의 시작이라 볼 수 있네요.(정진호)

---

12) 린제이 보고서, 1832. 7. 25, By one of these messengers I wrote a short letter to the chief mandarin, who they styled Kin Tajin, informing him of our arrival, with a letter and presents to the King, and requesting him speedily to receive and forward them.

4. 수군우후와의 만남

Q 귀츨라프 측은 조선관리들과의 만남에서 어떤 태도를 보여주었나?

A 귀츨라프 측은 1832년 7월 26일 오후 원산도에서 수군우후 등을 만나 교역청원에 서 전달에 격식을 갖추고자 하였다. 조선 측은 처음에 바닷가에서 받으려다가 주도권을 잃었다. 이 같은 근거는

첫째, 교역청원서의 전달 장소 선정에 있어, 수군우후는 당초 해변에 차일(텐트)을 치고 모래바닥에 자리를 깔고 접수하려 하였으나, 귀츨라프 측은 국왕께 올리는 문서는 정중한 예의(propriety)로 옥내 의식으로 행해야 된다고 제안하여 결국 귀츨라프 측 주장에 따르게 되었다. [13), 14)]

둘째, 귀츨라프 일행의 관가마을 진입을 막지 못한 병졸들을 곤장으로 체벌하려고 할 때, 귀츨라프 측은 곤장을 빼앗고 "우리들의 행동 때문에 병졸들을 벌하면 우리가 조선을 떠나겠다."라는 쪽지를 써보여 벌을 중단시킴으로써 약자를 돕는 의협심을 보였고, 200여명의 주민들로부터 박수를 받았다. [15)]

셋째, 지방관리들이 서울까지 거리가 300리라고 하였다가, 다음 날에 서울에서 회신을 받으려면 얼마나 걸리느냐의 질문에 거리가 1,000리나 되어 30일 걸린다고 거짓말을 하자, 귀츨라프 측은 조선 증거까지 제시하며 정직을 강조함으로써, 지방관리들이 거짓임을 시인하고 주도권을 잃게 되었다. [16), 17)]

---

13) 귀츨라프 일기, 1832. 7. 26, But the mandarins ordered that a shed should be set up on the beach, and mats spread on the sand, for us to sit upon, whilst our hosts had seated themselves on tiger skins. We very soon explained to them that such incivility, in not permitting us to enter a house to settle public affairs, quite surprised us; and that, if our letter and presents could not be respectfully received, we were ready to withdraw.

14) 린제이 보고서, 1832. 7. 26, Said I; "presents to the King of Corea cannot be delivered in such a disrespectful way: if you have no respect for us, that treat us thus, I think that which is due to your own Sovereign would show you that a letter and presents should not be delivered under a miserable shed."

· **연구결과**

1) 영국측은 국왕에 대한 예의 존중을 강조하여, 교역청원서 전달 장소를 바닷가에서 옥내로 바꾸게 하고, 전달의식도 청원서를 두손으로 높이 들어 전달함으로써 위엄을 보여주었다.
2) 두 병졸의 처벌이 자기들 때문임을 알고 이를 막아주는 의협심을 발휘하여 주민들의 호감을 이끌어냈다. 그리고 지방관리가 말을 바꾸어 거짓말 하는 것에 대해 정직을 강조하여 주도권을 장악하였다.

결론적으로, 귀츨라프 측은 조선관리들을 대할 때, 어떤 태도를 취해야 하는지를 다음과 같이 파악하였다. "우리가 간청하면 아무 것도 허용되지 않는다." 그러나 "우리가 강력히 요구하면 모든 것을 얻는다."

- 새로운 문물을 받아들이는데 노력하였으나 외교 협상 능력은 한계가 있어 주도권을 상실하고 끌려 다니는 결과가 되었네요.(변광일)
- 지방 관리가 외국인을 대하는 미숙함을 보여주었습니다.(이홍열)

---

15) 린제이 보고서, 1832. 7. 26, I could not, however, tamely look on and see perfectly innocent persons punished for my own act, so I went straight to the soldier, who was in the act of striking, and stopping the uplifted blow, motioned him to stand aside; one of the crew, a stout negro, did the same to the other, and as the fellow did not seem inclined so quietly submit to his authority, he in a moment wrested the paddle out of his hand and threw it to a distance. A crowd of more than 200 people had assembled round the chiefs, who sat raised up among them in their open chairs, and appeared much troubled in mind. In the meanwhile Mr. Gutzlaff had written a few words saying that if these men were punished for our acts, we would instantly return to the ship and quit the country. They consulted for half a minute, and then old Le directed the prisoners to be liberated, and they scampered off as their legs could carry them.
16) 귀츨라프 일기, 1832. 7. 25, The capital was stated to be only three hundred lees distant, so that we might expect a speedy answer.
17) 귀츨라프 일기, 1832. 7. 26, Anxious to ascertain how soon an answer from the capital might arrive, we were told, there was some chance in thirty days, for it was now one thousand lees distant, (yesterday it was only three hundred.) To show them the incorrectness of this assertion, we showed them the map, and pointed out the capital. Astonished at the knowledge which foreigners possessed of their country, they confessed, after some evasions, that they had told us a falsehood. Lying seems to be as common a vice here as in China. The behaviour of their mandarins is equally inconsistent as the Chinese, if not more so. When we beg, nothing is granted; when we demand, everything is obtained.

5. 교원청원서 전달 장소

Q 귀츨라프 일행의 교역청원서와 예물의 전달 장소가 해변의 차일(텐트)에서 집 안으로 바뀐 이유는?

A 귀츨라프 일행은 국왕께 드릴 교역청원서와 예물을 준비하여 수군우후의 관청이 있는 원산도에 상륙하였다. 수군우후는 예물 등의 전달 장소로 해변 모래바닥에 차일을 치고 준비하였다. 그러나 귀츨라프 측 항의로 어느 집 안으로 장소가 변경되었다. 이 같은 근거는

첫째, 1832년 7월 26일 오후, 귀츨라프 일행은 국왕께 드릴 교역청원서와 예물의 전달을 위하여 관청(원산도) 부근으로 상륙하였다. 얼마 후 수군우후 등은 4인교 가마를 타고 돌아와 린제이 함장 등과 인사를 하고, 20여명이 기둥을 세워 차일(텐트)을 치고 있는 해변의 접견 장소로 이동하였다.[18]

둘째, 수군우후는 차일 아래 깔아놓은 명석 위에 귀츨라프 일행을 앉게 하고, 자신들은 호피(虎皮) 위에 자리 잡고 앉았다. 이에 린제이는 왕께 올리는 예물 등을 이처럼 허술한 곳에서 전해드리는 것은 안 됨으로 만약 교역청원서와 예물을 옥내(屋內)에서 정중히 접수하지 않으면 철수하겠다고 항의하였다.[19]

---

18) 린제이 보고서, 1832. 7. 26, We stopped and stared with astonishment, but in a half minute we saw the old chief and Kin coming down the lane on open arm-chairs, carried by four bearers. Le was seated on a tiger-skin, and made a most picturesque figure. The trumpeters now marched forward, and we staid looking on to see what was to happen next. On approaching us both the chiefs got out of their chairs and saluted us with politeness, at the same time pointing to the beach, where more than 20 people were at work raising a shed on poles.

19) 귀츨라프 일기, 1832. 7. 26, But the mandarins ordered that a shed should be set up on the beach, and mats spread on the sand, for us to sit upon, whilst our hosts had seated themselves on tiger skins. We very soon explained to them that such incivility, in not permitting us to enter a house to settle public affairs, quite surprised us; and that, if our letter and presents could not be respectfully received, we were ready to withdraw.

셋째, 이에 따라 수군우후 측은 부하를 보내 해변가에 있는 어느 집을 치우게 하고 지붕이 있는 곳(헛간으로 추정)에 멍석을 깔고 귀츨라프 일행을 안내하여 예물 등의 전달 장소로 하였다. (지붕이 있고 멍석이 갈린 널찍한 장소: 헛간) [20]

- **• 연구결과**
1) 수군우후가 해변에 차일(텐트)을 치고 접견 장소를 준비한 것은 당시 조선의 풍속이나 쇄국정책 측면에서 보면 타당한 것이었다.
2) 반대로 영국의 예절 문화와 공식적인 외교 절차의 관습은 건물 등 옥내에서 시행하는 것이 일반적이었다.
3) 따라서 교역청원서와 예물의 전달 장소에 대하여 상충(相衝)된 의견은 조선과 영국의 문화적 배경의 차이에서 비롯된 것으로 판단되었다.

결론적으로, 교역청원서와 예물의 전달 장소가 해변에 차일(텐트)을 치고 준비했던 장소에서 영국 측의 항의를 받아 어느 집 헛간으로 변경하게 된 것은 조선 측의 외교적 협상 경험 부족과 합리적인 논리 전개가 미흡했기 때문에 영국 측 주장에 이끌려 간 것이라 할 수 있다.

- 동·서양의 문화적 배경의 차이에서 온 결과라 생각됩니다.(이민영)
- 전달 장소의 선정에 재미있는 과정이 행해 졌네요.(이홍열)

---

20) 린제이 보고서, 1832. 7. 26, The procession now moved on, and the chiefs entered one of the first houses in the village; so that we saw little more of it than from outside, every lane being wattled so that no houses are seen: even in the one we entered, the doors and windows were closed; but a commodious place was left under the roof, on which mats were spread.

6. 교원청원서 전달 의식

Q 귀츨라프 일행은 국왕께 올리는 교역청원서와 예물의 전달 의식(儀式)을 어떻게 진행하였나?

A 귀츨라프 일행은 1832년 7월 26일 조선 국왕께 올리는 교역청원서와 예물의 전달 의식을 해변에 가까운 마을 어느 집 옥내에 자리를 깔고 진행하였다. 이때 린제이 함장은 준비된 예물을 정중하게 예의를 갖추어 수군우후(김형수)에게 전달하였다. 이 같은 근거는

첫째, 7월 26일 귀츨라프 일행과 수군우후 등은 해변에 가까운 마을의 어느 집 옥내에 자리를 깔고 좌정(坐定) 하고, 영국 측을 대표하여 린제이 함장이 3개의 예물 상자를 수군우후 앞에 내 놓았다.[21]

둘째, 린제이는 교역청원서를 두 손으로 받들어(높이 들고) 몇 걸음 앞으로 나와 수군우후에게 예를 갖추어 전달하였다. 이 자리에는 영국 측에서 귀츨라프, 심슨, 스티븐스. 그리고 조선 측은 홍주목사, 군관 텡노, 서기관 양씨 등이 배석하였다.[22]

셋째, 교역청원서와 예물이 국왕께 조속히 전달되기를 요청하는 문서도 린제이가 수군우후에게 제출하였다.[23]

---

21) 린제이 보고서, 1832. 7. 26, I was asked if I would now send for the presents, and accordingly did so. They were packed in three cases, and were laid down on mats before the chiefs.
22) 린제이 보고서, 1832. 7. 26, I now rose, and in a formal manner, with my hands raised up, walked forward to the principal chief, , and delivered the letter into his hands.
23) 린제이 보고서, 1832. 7. 26, with a paper requesting it and the presents might be forwarded with the utmost speed, which we were promised should be done.

넷째, 수군우후는 교역청원서와 예물을 공식 접수하고 술과 안주를 대접하였다. 그리고 우호적 분위기 가운데 서로 작별하였다.[24]

• 연구결과

1) 교역청원서와 예물의 전달 장소는 수군우후가 주둔한 원산도 (진촌)로 추정되었다.
2) 교역청원은 영국 측을 대표하여 린제이 함장이 조선 측의 수군우후에게 공식적으로 전달되었다.
3) 국왕께 올리는 교역청원서는 정중한 예의를 갖추어 전달되었다.
4) 수군우후는 답례로 술과 안주를 대접하였으며, 서로 우호적 분위기에서 작별하였다.

결론적으로, 조선의 국왕께 올리는 교역청원서와 예물의 전달 의식은 1832년 7월 26일 원산도 진촌에서 거행되었으며, 영국 측을 대표하여 린제이 함장이 조선 측의 수군우후에게 공식적으로 전달하였음을 알 수 있다.

- 귀츨라프의 원산도 활동에 대하여 매우 의미 있는 일을 하셨습니다.(윤경원)
- 당시 영국의 외교문서가 조선 국왕께 전달되는 공식적이고 정중한 예의와 절차는 선진국다운 모습입니다.(이재평)

---

[24] 린제이 보고서, 1832. 7. 26, Wine was now again handed round, with raw garlic as a relish, and we were made to take a glass, and the chiefs informed us of their intention again to pay us a visit to-morrow and we parted on very friendly terms.

7. 교원청원서 내용

Q 영국의 린제이 함장이 순조임금께 올리기 위해 작성한 교역청원서에는 어떤 내용이 담겨 있는가?

A 교역청원서는 지방 관리들에게 제출하여 국왕께 전달되기를 바라는 복적으로 린제이 함장이 황해도 해안에 도착하여 1832년 7월 17일 작성한 것으로 다음과 같은 내용을 담고 있다.

첫째, 영국 상선이 조선의 해안에 도착하여 정박하였으므로, 제가 내방하게 된 경위를 보고드리는 것이 저의 책무라고 생각합니다. 이 배는 영국의 속국이며 중국의 남서지방의 접경에 있는 인도에서 출발한 배입니다. 선적한 화물은 평직물, 낙타털 직물, 옥양목, 시계, 망원경 등의 상품인데 이를 처분하여 은이나 귀국에서 생산되는 물품과 교환하고 또한 규정에 따라 관세를 지불하려고 합니다. [25]

둘째, 영국과 조선은 먼 거리에 떨어져 있지만 "세계의 모든 사람은 형제"입니다. 영국 국민들에게는 지구상 모든 국가와 자유롭게 교역하는 것이 허용되고 있습니다. 우리의 법은 외국과 교역을 하면서 정직과 정의와 예의로 우호적으로 하도록 정하고 있습니다. 그리하여 먼 나라와 제휴하면 협력이 향상되고 교역을 통하여 생기는 혜택이 증진될 것입니다. [26]

---

25) 린제이 보고서, 1832. 7. 17, "An English merchant ship having arrived and anchored on the coast of your Majesty's dominions, I consider it my duty respectfully to state the circumstances which have led to her arrival.
"The ship is a merchant vessel from Hindostan, a large empire subject to England, which adjoins to the south-west frontiers of the Chinese empire. The cargo of the ship consists of broadcloth, camlets, calicoes, watches, telescopes, and other goods, which I am desirous to dispose of, receiving in exchange either silver or the produce of this country, and paying the duties according to law.

셋째, 조선 국왕께서 영국과의 통상교역을 허락해 주시는 것이 적정하다고 생각하신다면 윤허하여 주시기를 청원합니다. 그리되면 명령을 받들고 돌아가 영국 국왕께 보고하겠습니다.[27]

넷째, 영국에 관한 책자를 제출합니다. 이는 중국에 보내기 위하여 쓴 것이지만 영국에 관련된 중요한 내용이 기록되어 있습니다. 몇 가지 물품도 예물로 드리며, 그 목록을 첨부하오니 받아주시기 바랍니다.[28]

• **연구결과**

이때 작성된 청원서는 7월 26일 원산도에서 수군우후에게 전달되었으나 조정에서 거부하여 전달되지 못하였고 그 후의 행방은 알 수 없다. 그러나 이때부터 52년이 지난 1884년 3월 8일 조선과 영국 간의 통상조약이 체결되었다.

- 1884년의 조선과 영국 간의 통상 조약은 1832년 교역청원으로 시작되었네요. 좋은 일, 의미 있는 일은 포기하지 않는다면 반드시 이루어집니다.(이민영)
- 교역청원서 내용은 영국의 신사도 정신에 입각한 예의바른 문서였네요.(이재평)
- 청원서 외에도 모직물 등 귀하고 다양한 예물이 포함되어 있었네요.(이홍열)
- 영국과 조선간의 통상교역 추진과 과정을 알게 하는 중요한 자료입니다.(정진호)

---

26) 린제이 보고서, 1832. 7. 17, "Although Great Britain is distant many myriads of le from your honourable nation, 'yet within the four seas all mankind are brethren'. The Sovereign of our kingdom permits his subjects freely to trade with all the nations of the earth; but our laws expressly command them, in their intercourse with distant kingdoms, invariably to act with honesty, justice, and propriety; thus the bonds of friendship, which unite distant regions, may increase, and the benefits which arise from commercial intercourse may be widely extended.
27) 린제이 보고서, 1832. 7. 17, "If, therefore, your Majesty thinks fit to grant permission for may countrymen to trade, I humbly request that you will graciously issue an edict announcing the same, which I will take back and respectfully communicate to the King of my nation.
28) 린제이 보고서, 1832. 7. 17, Herewith I enclose to copies of a pamphlet on the Affairs of England, which, though written for distribution in China, contains some information relative to my country worthy of attention.
   "I also presume to request your Majesty graciously to accept a few trifling articles, as patterns of the cargo of my ship. I enclose a list, humbly hoping your Majesty will not reject them.

8. 두개 이상의 당집

Q 귀츨라프 일행이 둘러본 당집의 개수(個數)로 원산도가 선교지임을 증명할 수 있는가?

A 당집이란 당제(堂祭)를 드릴 목적으로 신물(神物)을 모셔 놓고 마을 신앙공동체에서 풍어(豊魚), 마을의 평안, 주민의 안녕 등을 기원하는 곳이다. 그리고 당집은 한 마을에 하나의 토속신앙 공동체로 존재하기 때문에, 귀츨라프 일행이 둘러본 당집의 수(마을의 수)가 몇 개인가에 따라 선교지를 분별할 수 있다. 원산도의 당집은 귀츨라프 일행이 둘러본 2개의 기록을 포함하여 최소 그 이상이며, 반대로 고대도에는 오직 1개의 당집과 1개 마을이 있었기 때문에 귀츨라프의 선교지는 당집이 여러 개 있는 원산도라고 할 수 있다. 이 같은 근거는

첫째, 1832년 7월 27일에 귀츨라프 일행은 섬을 걸어 다니다가 어느 "산꼭대기에 있는 석조건물을 보았는데 나중에 알고 보니 당집(temple)이었다."고 기록하였다.[29]

자료: 보령시 오천면 원산도리 진촌 당집

둘째, 7월 30일에는 다른

---

29) 귀츨라프 일기, 1832. 7. 27, On the top of the hill, we saw a stone building, which we afterwards ascertained to be a temple.

곳에 있는 당집에 들렸는데, "한 칸의 건물로 안에 소금에 절인 물고기와 바닥에는 금속으로 만든 용(龍)이 있고, 도광 3년(청나라 연호: 1823년)에 건축되고 기부금을 낸 사람들의 이름과 금액이 표시된 것을 보았다."고 기록하였다. 이밖에 7월 25일부터 8월 11일 사이에 또 다른 당집을 돌아보았을 가능성이 충분히 있으나 기록은 확인하지 못했다.[30]

• 연구결과

1) 원산도에는 선촌당집을 비롯하여 진고지, 진촌, 초전, 짐말, 저두 등 여러 개의 당집과 마을이 존재한 것으로 조사되었다.
2) 원산도 당집 신물(神物)은 산신(虎), 당할머니, 용왕, 동물상(馬象) 등이다.
3) 귀츨라프 일기에는 2개의 당집을 둘러본 기록이 확실하므로 그의 선교지는 원산도이다.

결론적으로, 당집은 민간 신앙으로 신(神)을 섬기는 장소인데 개인이 아니고, 마을 또는 지역 단위로 건물을 만들고 제사를 지낸다. 따라서 귀츨라프가 한 섬에서 2개의 당집을 둘러보았다고 기록한 것은, 그의 선교지가 당집이 1개 밖에 없는 고대도가 아니고, 당집이 여러 개 있는 원산도라는 것을 증명한다.

- 당집의 개수를 통하여 증명하시는 논리가 흥미롭습니다.(이재평)
- 한 마을에 당집은 하나만 있는데 그 수를 근거로 원산도를 선교지로 증명하는 논리는 대단 하였네요.(이홍열)
- 하나의 주제로 이렇게 깊이 연구한 칼럼은 처음입니다.(현병오)
- 당집의 개수로 추리하시는 착상이 훌륭합니다.(현석균)

---

30) 귀츨라프 일기, 1832. 7. 27. We visited to-day the temple on the hill. It consisted of one small apartment hung around with paper, and salt fish in the middle. There was no other idol visible but a small metal dragon which rested on the ground. From the inscription on the outside, we learned that the temple was erected in the third year of Taou-Kwang; the names of the contributors, with their several sums, were carefully noted down in Chinese tales.

9. 식수의 조달

Q 귀츨라프 일행은 원산도에 체류하면서 식수를 어떻게 조달하였는가?

A 귀츨라프 일행 뿐 아니라 사람이 살아가려면 식수(飮用水)의 공급은 꼭 필요하다. 그리고 옛날에는 많은 양의 식수를 오래 저장할수노 없었으므로 그때 그때 현지에서 신선한 물이 공급되어야 살아 갈 수 있었다. 이 부분에 대하여 린제이는 원산도에 체류하고 있을 때 식수를 조달한 내용에 대하여 자세하게 기록하였다. 이 같은 근거는

첫째, 1832년 7월 28일 귀츨라프 일행은 원산도의 개갱(간갱)에 정박하고 있었으며, 그들은 반대 방향으로 갔는데 그곳에는 신선한 물(식수)이 있었다고 하였다. [31]

둘째, 신선한 물이 있는 곳에 마을은 보이지 않았으나 잠깐 동안 수백명이 모여들어 귀찮아하지도 아니하고 동이(buckets)에 물을 채워 보트로 나르는 일을 즐겁게 도와주었다. [32]

셋째, 이곳 주민들은 물을 나르며 인도의 선원들이 항상 하듯이 단조로운 노래를 불렀다. 이런 사람들을 보게되니 조선 사람들은 상상했던 것과 달리 천성적으로 외국인을 싫어하는 민족은 아니라고 생각하였다. 그리고 "주민들이 자발적으로 아주 유쾌하게 도와 주었다."고 하였다. [33]

---

31) 린제이 보고서, 1832. 7. 28, On this day (July 28) the ship commenced watering on the opposite island, where there is a fine stream of fresh water.
32) 린제이 보고서, 1832. 7. 28, Although no village was near, yet a crowd of several hundred Coreans soon assembled; but instead of giving any annoyance, they cheerfully assisted in filling and passing the buckets to the boat.

• **연구결과**

1) 귀츨라프 일행이 체류한 장소는 원산도 개갱(간갱) 앞 바다 이었으며, 식수를 조달한 장소는 그 반대 방향의 서쪽에 위치한 관가마을 부근으로 추정되었다.
2) 귀츨라프 일행은 주민들의 친절한 도움을 받으면서 신선한 음용수를 이곳에서 공급 받았다고 추정되었다.
3) 추정된 장소에는 진촌에 주둔한 수군우후의 군병들과 관가마을 주민들이 이용하였다는 오랜 역사가 있는 샘이 실존하고 있었다.
4) 충청 해안의 여러 섬 중에서 잠깐 동안 수백 명의 주민들이 모일 장소는 원산도가 유일하였다.

결론적으로, 귀츨라프 일행은 1832년 7월 25일부터 원산도에서 19일간 체류하면서 필요한 식수를 조달한 장소는 원산도의 진촌과 인접한 부근이라고 추정할 수 있다.

- 외국 손님들에게도 물을 길을 때 도움도 주었네요.(권호열)
- 식수 조달 때 수백 명 주민의 참여 기록을 통하여 고증하였네요.(이홍열)
- 식수 조달의 중요성이 떠오릅니다. 중동에서는 기름보다 물이 더 비싸고 귀했습니다.(정선득)

---

33) 린제이 보고서, 1832. 7. 28, singing a monotonous song like the Lascars all the time. This friendly disposition of the natives was gratifying, as demonstrating that naturally they are not so misanthropic a race as is imagined. This was spontaneous on their part, and given with the utmost cheerfulness.

10. 최초의 씨감자 심기

Q 귀츨라프 선교사가 원산도에 우리나라 최초로 씨감자를 심어준 것을 어떻게 증명할 수 있는가?

A 한국의 감자 전래 역사의 시작은, 1832년 7월 30일 귀츨라프가 원산노에 체류하고 있을 때, 선교 활동으로 이곳 주민들에게 백여 개의 감자를 심어주고 재배법도 가르쳐 주면서 농업의 혁신을 도모한데서 비롯되었다. 이 같은 근거는

첫째, 1832년, 린제이 보고서에는 7월 30일 정박 장소에서 귀츨라프와 함께 감자를 심었는데 수백 명 주민이 "둘러서서 놀라운 표정으로 지켜보았다.(stood round, gazing in astonishment)"고 했다. 그리고 귀츨라프는 감자를 심으려하니 주민들이 반대했으나 "혁신을 해야 수익이 있다"고 설득한 후에 심었다고 하였다.[34]

둘째, 1847년, 이규경의 오주연문장전산고(五洲衍文長箋散稿)에 "감자는 두만강을 건너 북쪽에서 1824~25 사이에 들어 온 듯하다."고 하였으나 이는 정확한 사실을 바탕으로 쓰인 역사서가 아닌 설(說)이다.[35],[36]

셋째, 1862년, 김창한의 원저보(圓藷譜)에 의하면, 감자가 들어 온 것은 "1832년 영국 선박이 정박하여 귀츨라프가 감자를 나누어 주고 재배법을 가르쳤다."그리고 저자

---

[34] 귀츨라프 일기, 1832. 7. 30, This afternoon we went ashore to plant potatoes, giving them in writing the directions necessary to follow for insuring success. Even this act of benevolence they at first strenuously opposed; for it was against the laws of the country to introduce any foreign vegetable. We cared very little about their objections, but expatiated upon the benefits which might arise from such innovation, till they silently yielded.
[35] 이규경, 오주연문장전산고, 1847, 북저변증설: 北藷則越豆滿入于北塞 似在我純廟甲 乙酉之間 自英廟乙酉 距純廟甲申 乙酉之間 則已經一甲 而自純廟甲申乙酉之間 距今當丁未 則又過二十三年矣.
[36] 이규경, 오주연문장전산고, 1847, 불모도파종설: 又有一種訛言 壬辰英吉利國船 泊於洪州牧古大島 也 漂黃種此物於不毛島中 而入於我東.

아버지가 당시 재배법을 습득하여 전파시킨 내용을 편집한 것이라고 하였다.[37]

넷째, 1904년 알렌(Korea: Fact and Fancy) 기록에 따르면, "1832년 영국선박의 정박지에서 귀츨라프가 감자를 심어주고 주민에게 재배법을 설명하였다."고 확인되었다.[38]

다섯째, 1920년 휘트모어(Whittemore) 선교사는 귀츨라프는 한문을 사용하여 의사소통을 하고, 전도문서와 감자를 심어 재배법을 가르쳐 주었다고 했다.[39]

• **연구결과**
1) 1832년의 귀츨라프 일기와 린제이 보고서는 자신들이 행한 사실을 직접 기록한 것으로 신빙성이 매우 높다.
2) 1847년에 기록된 오주연문장전산고 는 육하원칙에 의하여 고증이 불가한 설에 불과하여 근거가 매우 희박하다.
3) 1862년의 원저보는 저자 아버지가 1832년 감자 파종 당시 습득하고 전파한 내역을 그 아들이 저술한 책으로 신빙성이 있다.
4) 알렌과 휘드모어 신교사의 기록은 한국기독교 선교과정에서 사실(fact)을 요약한 역사서로 확인되었다.

결론적으로, 귀츨라프 선교사 일행이 1832년 7월 30일 원산도에 씨감자를 재배한 사실은, 한국 최초의 감자 도입 역사로 채택하는데 문제가 없다.

• 최초의 감자 전래지 원산도에 귀츨라프 기념 감자 재배포도 있었으면 좋겠습니다.(이재평)
• 영국 측의 중요한 기록을 통하여 감자 도입의 역사를 고증할 수 있었군요.(이홍열)

---

37) 김창한, 원저보, 1862. 한국식경대전(이성우, 1981, pp448-449) 인용
38) 알렌, Korea, Fact and Fancy, 1904, The British ship 'Lord Amherst' Visited Korea and the Rev. Charles Gutzlaff, a Dutch Missionary who was on board, stopped one month in Chulla Do and distributed books, medicine and seeds. He planted potatoes and explained their use and method of cultivation on the people.
39) 휘트모어, Notes on the life of Rev. Karl F. A. Gutzlaff, First Protestant, 1920.

11. 들판의 답사

Q 귀츨라프 일행이 돌아본 들판의 형태로 원산도가 귀츨라프 선교지임을 증명할 수 있는가?

A 귀츨라프가 1832년에 체류한 원산도는 고대도보다 11배 이상 큰 섬으로 경사가 완만한 넓은 들판으로 형성되어 있으며, 목야지로서 최적의 요건을 구비하고 있다. 1425년 부터 국립 목장으로 말(馬)을 방목한 역사(245년간)가 있고, 소를 많이 길렀다는 기록도 있다. 그러나 고대도의 좁은 섬은 급경사의 척박한 산지와 바위로 형성되어 들판이 없다. 따라서 귀츨라프 선교지는 원산도이다. 이 같은 근거는

첫째, 귀츨라프 일기(7월 27일)에 "우리는 이 섬(원산도) 전체를 두루 걸어서 돌아보았는데, 대부분 넓은 땅에 풀과 덤불이 무성하여 염소를 기르기에 아주 좋은 목야지가 될 것 같았다."고 하였다. [40]

둘째, 8월 1일 기록에는, 귀츨라프가 비옥한 섬을 두루 돌아보고, 도처에 피어있는 아름다운 야생화와 덤불사이에 휘감긴 머루덩굴을 보았다고 했다. [41]

셋째, 8월 11일 기록에는, 귀츨라프가 체류한 섬은 "소를 많이 기르고, 언제나 소고기를 공급받을 수 있다."고 하였다. [42]

---

[40] 귀츨라프 일기, 1832. 7. 27, We walked over the whole island, of which only the small part in the immediate vicinity of the village is cultivated. The greater part is overgrown with grass and herbs, and would furnish excellent pasturage for goats; but we saw not one.

[41] 귀츨라프 일기, 1832. 8. 1, Walking over these fertile islands, beholding the most beautiful flowers everywhere growing wild, and the vine creeping among weeds and bushes, we accuse "the lord of nature," man, of shameful neglect; for he could have changed this wilderness into an Eden.

• **연구결과**

1) 원산도의 면적(1,028ha)은 고대도 보다 11배 넓고, 경사가 완만하며 땅이 비옥하여 가축을 방목하는 목야지로 적합하여 충청 해안의 어느 섬에서도 볼 수 없는 들판이 형성되어 있다.
2) 고대도 면적(92ha)은 여의도의 1/3에 불과한 좁은 섬에 대부분 급경사의 산지와 바위로 형성되어 들판이 없다.
3) 원산도는 세종실록에 "둘레가 16km인데 물과 풀이 모두 넉넉하여 말 100마리를 방목했다(元山島周回四十里水草俱足放國馬一百匹)."는 기록을 확인하였다.

결론적으로, 원산도는 목야지로 적합한 넓은 들판이 있고, 초지와 물이 풍부하여 가축을 많이 사육하였으며, 국립 말목장으로 방목한 역사가 있다. 그러나 고대도는 목야지로 적합한 들판도 없고, 귀츨라프 기록과도 전혀 부합되지 않는다. 따라서 '들판의 형태'로 보아 귀츨라프 선교지는 원산도라는 것이 증명된다.

자료: 원산도 전경(보령시 제공)

- 목야지로 적합한 들판이 있고 소를 많이 사육하였다는 기록은 귀츨라프 활동지가 고대도가 아니라 원산도라는 입증근거가 될 수 있네요.(이재평)
- 기록을 분석 평가해 보면 고대도는 선교지가 아님이 명확하게 증명되네요.(이홍열)

---

42) 귀츨라프 일기, 1832. 8. 11, As cattle are abundant, ships touching here can always be supplied with beef; and to this the mandarins will make no objection.

12. 원산도를 떠남

Q 귀츨라프 선교사는 원산도에서 언제 무슨 사유로 떠나갔나?

A 귀츨라프 선교사는 원산도에서 1832년 7월 25일부터 19일간 활동하다가, 8월 12일 오선 충청수사와 작별 인사를 나누고 제주도 방향으로 떠나갔다. 원산도를 떠나게 된 사유는 영국 측의 교역청원이 조선 측의 특사(오계순)에 의하여 거부되어 더 이상 이곳에 머무를 사유가 없다고 판단되었기 때문이다. 이 같은 근거는

첫째, 귀츨라프 일기(8월 9일)에, 영국 측의 교역 청원에 대하여 조정특사(오계순)는 "우리는 중국 황제 명령 없이는 교역청원서와 예물을 받는 것이 위법이다. 그러므로 국왕께 교역청원서 등을 전달할 수 없으므로 이를 되돌려 주려는 것."이라 했다.[43]

둘째, 귀츨라프 일행은 조정 특사로부터 통상교역 청원이 거부되자 더 이상 조선에 체류할 필요성이 없다고 판단하고, 8월 11일 "고관들이 있는 마을로 방문하여 작별 인사를 했다."[44]

셋째, 8월 12일 오전 귀츨라프 일행이 원산도를 떠나려고 배를 잡아맨 것을 풀고 있을 때, 충청수사는 배로 방문하여 작별을 매우 아쉬워하며 "당신들은 아주 먼 곳으로부터 우리에게 선물도 가지고 왔다. 그러나 우리는 그렇게도 가당치 않은 태도

---

43) 귀츨라프 일기, 1832. 8. 9, To receive your letter and present is illegal; we ought to ascribe the mistake to the great age of the two mandarins whom you charged with this business; but as it is illegal, we cannot represent your affairs to his majesty, and accordingly returned all to you. Our kingdom is a dependent stat of China; we can do nothing without the imperial decree; this is our law.

44) 린제이 보고서, 1832. 8. 11, In the afternoon we visited the chiefs in the village, to take our leave

로 당신들을 대우하였다. 유감이다."라고 하였다.[45]

넷째, 순조실록에도, 8월 12일(음력 7월 17일) "조수가 물러가기 시작하자 저들이 일제히 떠들면서 우리 배와 매놓은 밧줄을 잘라 버린 뒤에 닻을 올리고 돛을 달고 서남쪽을 향하여 곧장 가버렸다."고 기록되었다.[46]

• 연구결과

1) 귀츨라프 일행은 조정특사로부터 교역청원이 거부되자 더 이상 조선에 체류할 필요성이 없다고 판단하고 원산도를 떠나기로 결심하였다.
2) 원산도를 떠나기 전날(8월 11일)에 귀츨라프 선교사는 수군우후 등을 방문하여 작별인사를 교환하였다.
3) 원산도를 떠나는 날(8월 12일)에는 충청수사 홀로 배로 찾아가 작별을 아쉬워하는 인사를 교환하였다.

결론적으로, 귀츨라프 일행은 7월 25일 원산도에 도착하여 교역을 청원하고, 조정에서 회신이 오기를 기다리면서 원산도에서 19일간 머물면서 많은 행적을 남기고 8월 12일 세주도 방향으로 떠나갔다.

- 최초의 개신교 선교지 역사를 연구할 수 있는 좋은 기회라 생각됩니다.(박수영)
- 원산도 섬에서 최초로 복음말씀이 살아나다.(이난희)
- 원산도 선교는 활발하였으나 교역청원에 실패하고 떠나가는 귀츨라프 일행의 뒷모습이 느껴집니다.(이재평)
- 선교사역지에 대하여 정박여건, 당집 수, 넓은 들판, 주민 수, 관청 등 기록으로 볼 때 원산도의 선교지는 재론의 여지가 없습니다.(이재평)

---

45) 린제이 보고서, 1832. 8. 12, You have come from a distance of so many myriads of le, bringing us presents, and we have treated you in so unworthy a manner. Kohan, kohan, (alas, alas,)
46) 순조실록, 1832. (음)7. 17, 至十七日酉時, 潮水初落, 則彼人輩一齊　譁, 絶去我船之繼纜, 擧碇揭帆, 直向西南間而去.

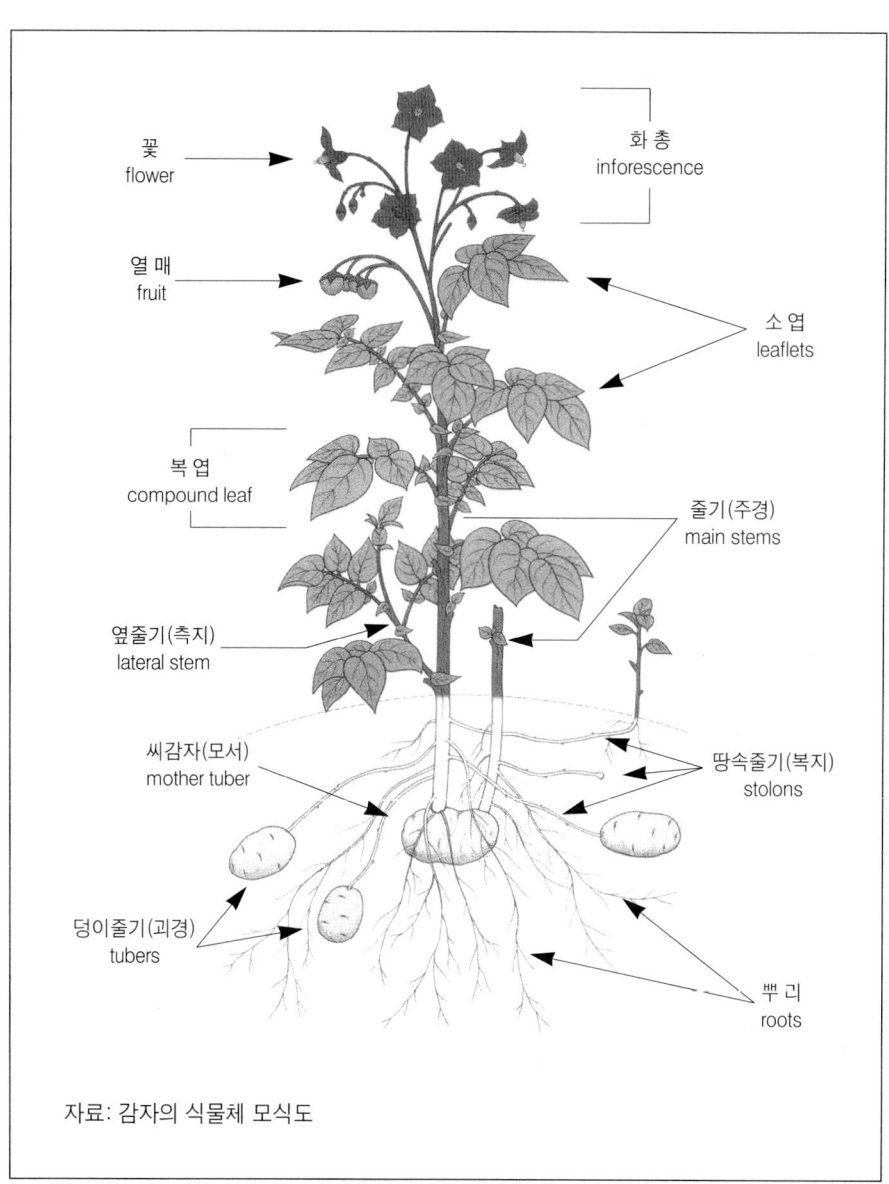

자료: 감자의 식물체 모식도

제1장
귀츨라프의 원산도 행적과 선교사역

제2절 귀츨라프의 원산도 선교 사역

1. 원산도 선교사역(요약)
2. 조선 방문 목적
3. 전도 책자를 나누어 줌
4. 주기도문의 번역
5. 감자 재배법 지도
6. 농업 교육 선교
7. 과수 농업 선교
8. 의료 선교
9. 복음전도와 에덴동산
10. 곤장 맞을 병졸의 구조
11. 창리 내륙 선교
12. 조선을 위한 소망

제2절 귀슬라프의 원산도 선교 사역

1. 원산도 선교 사역(요약)

Q 귀츨리프 선교사의 원산도 선교사역을 요약하면 어떤 것이 있는가?

A 귀츨라프 선교사는 한국 최초의 개신교 선교사로서, 원산도에서 1832년 7월 25일부터 8월 12일까지 19일간 머물면서, 이곳 관리들과 많은 주민들을 만나 전도책자를 전해주었다. 주기도문을 한글로 번역하였으며, 이 과정에서 한글의 우수성을 발견하고 세계에 처음으로 알렸다. 원산도의 비옥한 들판과 숲속을 살펴보면서 주민들의 열악한 삶의 질 향상을 위하여 토지자원을 활용하는 농업교육 선교와 의료 선교도 병행하였다. 선교지역을 창리 등 내륙으로 확대하여 복음을 전파하고 곤장 맞을 병졸을 보호하는 세심한 배려도 하였다. 이 같은 근거는

첫째, 귀츨라프가 조선에 온 것은 영국과 조선 간의 교역 교섭을 위한 통역의 역할과 중국에 파송된 런던선교회 선교사로 복음 전도의 목적도 있었다.

둘째, 귀츨라프 선교사는 7월 26일, 수군우후를 통하여 국왕께 드리는 예물에 성경도 포함하여 전하게 하였다. 애머스트호 갑판 위로 찾아오는 원산도 주민들에게 전도책자를 나누어 주고 기쁘게 받는 것을 보면서 흐뭇해하였다. [47]

셋째, 그는 7월 27일, 복음을 받아들이는 주민들에게 전도 책자를 계속하여 나누

---

47) 귀츨라프 일기, 1832. 7. 26. Mr. L. very kindly requested me to make up a set of the Bible, and of all the tracts which I had, to send them in the present to his majesty. I had hitherto enjoyed the great satisfaction of seeing the people who came aboard, receive our books gladly.

어 주었다. 조선 서기관(양씨)의 도움을 받아 한문성경의 주기도문을 한글로 번역하였으며, 이 과정에서 한글의 우수성을 발견하고 평가하여 세계에 처음으로 알리는 역할도 하였다.[48]

넷째, 그는 7월 30일, 쇄국정책으로 외국 농작물(감자)의 재배를 완강하게 거부하는 수백 명 주민에게 "혁신을 하여야 소득이 늘고 잘 살게 된다."고 끝까지 설득하여 농작물 재배기술 교육 선교를 통하여 우리나라에 새로운 작물을 재배하게 하였다.

다섯째, 그는 7월 31일, 선교 활동 중 숲속에서 산포도와 야생 과일나무를 보고 비옥한 토지기반을 활용하는 과수재배와 식품(포도즙)의 가공법을 가르쳐준 선교사로서 농업근대화의 선각자 역할을 하였다.

여섯째, 그는 8월 2일, 심한 감기로 고생하는 60명의 노인들에게 약을 나누어주는 등 의료선교도 계속하였다.

일곱째, 그는 8월 1일, 주민들의 열악한 주거환경을 살펴보고, 복음을 전파하여 이 땅을 에덴동산으로 만들기를 소망하였다. 그리고 이 땅에 복음의 말씀이 스며들고 진리로 받아들여진다면 비참한 생활에 종지부를 찍을 것이라고 예언하기도 했다. 그는 이 땅에 복음의 씨를 뿌렸으며 삶의 질을 향상에 도움을 준 선교사였다.

- 주기도문을 한글로 번역하고, 한글의 우수성을 세계에 알린 귀츨라프 선교사에 감사합니다.(곽정숙)
- 귀한 식량으로 가져온 감자를 심어주며 혁신을 하여야 수익이 있다고 하면서 재배법을 가르쳐준 귀츨라프의 모습이 상상됩니다.(곽정숙)
- 우리 민족을 이해하며 교역을 청원하고 복음을 전도하는 통찰력을 가진 모습에도 감사합니다.(곽정숙)

---

48) 귀츨라프 일기, 1832. 7. 30. Even this act of benevolence they at first strenuously opposed; for it was against the laws of the country to introduce any foreign vegetable. We cared very little about their objections, but expatiated upon the benefits which might arise from such innovation, till they silently yielded.

2. 조선 방문 목적

Q 귀츨라프 선교사 일행이 조선에 온 목적은 무엇인가?

A 귀츨라프 선교사 일행이 조선에 온 목적은 영국과 조선 간의 상품 교역을 위한 것이었다. 그런데 여기에 중국어와 한자에 능통한 귀츨라프 선교사가 통역을 겸하여 동행하면서 선교의 목적도 포함되었다고 볼 수 있다. 이 같은 근거는

첫째, 19세기는 영국이 세계로 진출한 시대로 영국이 중국과 교역을 하면서 조선에 대해서도 교역 개방을 시도하였다. 애머스트호 함장 린제이는 영국정부 관리(4품 자작)이고, 타고 온 배도 영국 국적으로 이는 영국정부의 교역확장 정책의 일환으로 볼 수 있다.

둘째, 귀츨라프는 런던선교회 소속의 중국파송 선교사로 영국 선박 애머스트호 운항 기간에 통역을 겸하고 선교에 필요한 성경, 전도책자 등을 많이 가지고 온 것은 선교의 목적이 포함되어 있음을 의미한다.

셋째, 교역에 대하여 린제이 보고서(1832년 7월 26일)는 수군우후(김형수)와 홍주목사(이민회)의 만남에서 "무슨 목적으로 왔느냐?" 는 질문에 "우리가 온 목적은 귀국(조선)과 통상교역을 하려는 것."이라고 대답한 기록에서 찾아 볼 수 있다. 이는 조선왕조실록자문(음력 1832년 7월 21일)에도 "귀국 대왕에게 우호를 맺어 교역하게 해주기 바란다.(貴國大王設誼交易云)"라는 기록을 통하여 거듭 확인할 수 있다.[49]

---

49) 1. 린제이 보고서, 1832. 7. 26, Our object in coming here is to trade with your country; the ship is a (kung public ship, and the letter treats on public subjects.
2. 순조실록 자문, 1832. (음)7. 21, 乞轉啓貴國大王, 設誼交易.

넷째, 선교에 대하여 귀츨라프 일기는 "국왕에게 교역청원서와 예물을 보내려고 포장하고 있을 때, 린제이 함장은 성경과 내가 가지고온 모든 전도 책자를 함께 예물로 전달하자."고 요청한 기록에서 선교 목적이 포함되어 있음을 알 수 있다. [50]

• 연구결과

1) 귀츨라프 일행이 수군우후에게 전달한 교역청원(7. 26)은 조정특사(오계순)에 의하여 거절(8월 9일) 되었으나, 이것이 기초가 되어 51년이 지난 1884년 조.영간 통상조약이 체결되었다.
2) 귀츨라프가 원산도에서 주기도문을 번역하고, 이곳 관리들과 많은 주민들에게 전도책자를 나누어 주면서, 작은 시작이지만 머지않아 좋은 날들이 조선에 밝아오기를 소망하였는데, 53년이 지난 1885년 언더우드 선교사 등이 선교 활동을 본격화 함으로써 귀츨라프는 조선 최초의 개신교 선교사로 자리매김하게 되었다.

결론적으로, 귀츨라프 일행이 조선에 온 목적은 조선의 개방과 쇄국정책을 타파하는데 도움을 주어 조·영간 통상조약을 체결하는데 있었다. 귀츨라프가 조선에서 주기도문을 번역하고 원산도의 관리들과 주민들에게 뿌린 복음의 씨앗은 얼매를 맺어 후에 선교활동이 본격화 되었다고 할 수 있다.

• 새로운 문화와 복음을 전한 선교사 행적을 알게 되었습니다.(권호열)
• 귀츨라프는 선교가 목적이었으나 린제이 함장도 "성경과 예물을 함께 전달하자"는 기록에서 말씀 전파에 함께 힘썼다고 보이네요.(변광일)
• 만일 이때 선교 사역이 더 확산되고 통상조약이 체결되었다면 많은 발전을 하였을 텐데….(이재평)

---

50) 귀츨라프 일기, 1832. 7. 26, Mr. L. very kindly requested me to make up a set of the Bible, and of all the tracts which I had, to send them in the present to his majesty. I had hitherto enjoyed the great satisfaction of seeing the people who came aboard, receive or books gladly; and now I strongly hoped that the ruler of so secluded a country might be benefited with the perusal of the oracles of God. Could he receive a greater gift than the testimonials of God's love in Christ Jesus, offered to sinful creatures? I highly rejoiced to have an opportunity of communicating to him those doctrines, which had rendered me happy for time, and, I hope, for eternity.

3. 전도 책자를 나누어 줌

Q 귀츨라프는 원산도에 머물고 있는 동안 문서 선교를 어떻게 하였는가?

A 귀츨라프 선교사는 1832년 7월 25일부터 8월 12일까지 원산도에 머무는 동안, 애머스트호 갑판 위로 찾아온 사람들과 복음을 받아들이는 사람들에게 전도책자를 나누어 주는 등 원산도의 모든 관리들과 많은 주민들에게 성경과 전도책자를 주면서 문서 선교 활동을 하였다. 이 같은 근거는

첫째, 귀츨라프 일기(7월 26일)에, "나는 갑판위로 찾아온 주민들이 우리가 준 전도책자를 기쁘게 받는 것을 보고 매우 흐뭇했다."고 하였다. [51]

둘째, 국왕께 드리는 성경 등에 대하여, "린제이는 성경과 귀츨라프가 가져온 모든 전도책자 한 부씩을 포장해 달라."라고 하였다. [52]

셋째, 귀츨라프 일기(7월 27일)에, "나는 복음을 받아들이는 주민들에게 전도책자를 나누어 주었다.(I provided those who were willing to receive the gospel, with books)" 그들은 관심을 가지고 내용을 살펴보겠으며 전도책자를 잘 간직하겠다고 약속하였다. [53]

---

51) 귀츨라프 일기, 1832. 7. 26, I had hitherto enjoyed the great satisfaction of seeing the people who came aboard, receive or books gladly; and now I strongly hoped that the ruler of so secluded a country might be benefited with the perusal of the oracles of God.
52) 귀츨라프 일기, 1832. 7. 26, Mr. L. very kindly requested me to make up a set of the Bible, and of all the tracts which I had, to send them in the present to his majesty.
53) 귀츨라프 일기, 1832. 7. 27, I provided those who were willing to receive the gospel, with books, and they promised to bestow some attention to the subject, and took great care to keep possession of their books.

넷째, 귀츨라프 일기(8월 11일)에, "원산도(간갱)의 모든 관리들과 많은 주민들은 복음을 접하였다."라고 기록하였다. [54]

• 연구결과

1) 귀츨라프 선교사는 원산도 해안에 정박하면서 갑판위로 찾아온 주민들에게 성경책과 전도 책자를 나누어 주었으며,
2) 국왕께도 수군우후를 통하여 성경을 전달하고,
3) 원산도의 모든 관리와 많은 주민들에게 복음을 전했다.

결론적으로, 귀츨라프는 원산도에 체류하면서 이곳 관리들과 많은 주민들에게 성경과 전도책자를 나누어 주면서 복음을 전했다. 이는 귀츨라프 선교사에 의한 원산도의 문서 선교라 할 수 있다.

- 귀츨라프의 선교사역은 하나님의 역사라고 느껴집니다.(변광일)
- 백성들의 눈과 귀를 막고 외국과 담을 쌓고 있던 시절에 복음의 씨앗을 뿌렸네요.(이재평)

---

54) 귀츨라프 일기, 1832. 8. 11, The king of Corea may be said to have a Bible, which he at first refused to receive; and whether he now reads it, I am unable to say; but all the official persons about Gan-keang, and many of the common people, accepted them.

4. 주기도문의 번역

Q 귀츨라프는 주기도문을 언제 어디에서 번역하였으며, 한글을 어떻게 평가하였나?

A 귀츨라프는 1832년 7월 27일, 원산도에서 성서번역사업의 일환으로 서기관의 도움을 받아 한문성경의 주기도문을 한글로 번역하였다. 이 과정에서 그는 한글의 우수성을 발견하고 평가하여 세계에 처음으로 알리기도 하였다. 이 같은 근거는

첫째, 린제이는 "7월 27일, 우리는 서기관(Yang yih)을 설득한 끝에 한글 자모로 쓰도록 하는데 성공하였다."라고 하였다. 이는 수군우후가 주둔한 원산도에서 그 휘하에 있는 서기관의 도움을 받아 주기도문의 한글 번역을 의미한다. [55]

둘째, 번역 방법은, 1) 귀츨라프가 먼저 한문으로 주기도문을 쓰고, 2) 서기관과 함께 소리 내어 읽으면서(he both gave the sound), 3) 한글로 번역하였다. [56]

셋째, 서기관은 번역을 마치고 상관이 이 사실을 알면 자기는 목이 잘린다는 시늉을 반복하면서 번역해 놓은 종이를 없애달라고 간청하였다. [57]

---

55) 린제이 보고서, 1832. 7. 27, One day, the 27th, after a great deal of persuasion we succeeded in inducing Yang-yih to write out a copy of the Corean alphabet.
56) 린제이 보고서, 1832. 7. 27, Mr. Gutzlaff having written the Lord's Prayer in Chinese character, the both gave the sound, and wrote it out in Corean character.
57) 린제이 보고서, 1832. 7. 27, but after having done so he expressed the greatest alarm, repeatedly passing his hand across his throat, and intimating, that if the chiefs knew it he would lose his head. He was most anxious to be permitted to destroy the paper.

넷째, 이를 안심시키고자 번역된 종이를 상자 속에 넣어 잠그고, 아무도 볼 수 없다는 것을 서기관에게 보였다.[58]

• 연구결과

1) 귀츨라프는 주기도문을 번역하는 과정에서 채록(採錄)한 한글의 자모를 가지고 중국으로 돌아가 "한글에 대한 소견(Remarks on the Corean Language)"이라는 논문을 선교잡지(The China Repository)에 발표하고, 한글의 우수성을 세계에 최초로 알렸다.
2) 귀츨라프는 한글은 표음문자이며, 자음과 모음을 결합하면 168개로 조합을 이룬다는 사실도 밝혀내고 "글자의 짜임새가 매우 간단하면서도 착상이 교묘하며, 표현력이 매우 풍부하다"고 평가하였다. 이밖에 한글 자모의 음성학적 분류, 조선말의 특징, 문법과 방언에 대하여도 소개하였다.

결론적으로, 귀츨라프는 원산도의 선교활동 과정에서 1832년 7월 27일 주기도문을 한글로 번역하였으며, 한글의 우수성을 평가하고 세계에 처음으로 알린 위대한 업적을 이룩한 선교사라고 할 수 있다.

- 귀츨라프 선교사가 주기도문을 번역한 새로운 사실을 알게 되었네요.(권호열)
- 서기관 양씨가 귀츨라프를 도와 주기도문을 한글로 번역한 것은 대단히 중요합니다.(변광일)
- 주기도문 번역을 계기로 한글의 우수성을 세계에 처음으로 알리게 된 사건이었네요.(이홍열)
- 주기도문을 번역했을 뿐 아니라 한글의 우수성을 세계에 알린 업적도 대단합니다.(정진호)

---

58) 린제이 보고서, 1832. 7. 27, To quiet his apprehensions, it was locked up before him, and he was assured that no one should ever be allowed to see it.

5. 감자 재배법 지도

Q 귀츨라프는 원산도에 감자를 어떻게 도입하여 재배하게 되었나?

A 귀츨라프 선교사는 1832년 7월 30일, 원산도에 감자 도입을 통하여 농업의 혁신을 도모하였다. 당시의 조선 국법은 외국농산물의 수입을 금하고 있었으며, 이에 따라 주민들도 감자 심기를 완강하게 거부하였다. 그러나 귀츨라프는 농업 선교 차원에서 "혁신(革新)을 하여야 수익이 있다"고 강조하면서, 주민들에게 끝까지 설명하여 결국 수긍하게 만들었다. 그리고 자신들 식량으로 가져온 100개가 넘는 귀한 감자를 심어주고, 재배 방법도 가르쳐 주어 원산도에 감자가 최초로 도입되는 새로운 역사를 만들었다. 이 같은 근거는

첫째, 귀츨라프 일기에 따르면 "오늘(7월 30일) 오후 우리는 감자를 심으러(to plant potatoes) 가서 밭에 감자를 심고, 성공적인 감자재배 방법에 대하여 필요한 내용을 글로 써주었다."고 하였다.[59]

둘째, 또 귀츨라프는 "이 같은 유익한 선행마저도 처음에는 주민들이 완강하게 거부하였으며, 조선 국법은 어떤 외국 농작물 수입도 금했다."고 하였다.[60]

셋째, 이 부분을 린제이 함장은 "우리는 가능한 한 가장 좋은 땅을 선정하여, 100개가 넘는 감자를 심었다. 수백 명의 주민들이 둘러서서 놀라운 표정으로 이를 지켜

---

59) 귀츨라프 일기, 1832. 7. 30, This afternoon we went ashore to plant potatoes, giving them in writing the directions necessary to follow for insuring success.
60) 귀츨라프 일기, 1832. 7. 30, Even this act of benevolence they at first strenuously opposed; for it was against the laws of the country to introduce any foreign vegetable.

보고 있었다."라고 하였다. 그리고 "다음날 감자밭 주위에 울타리가 둘러 쳐진 것을 보고 매우 기뻤으며, 재배 방법대로 따른다면 이 훌륭한 농작물은 조선에 널리 확산 될 것으로 기대된다."라고 하였다. [61]

• 연구결과

1) 외국 농작물 수입을 국법으로 금하고, 주민들이 감자 심기를 완강하게 거부하던 시절에, 귀츨라프는 "혁신(innovation)을 하여야 수익(benefits)이 있다"고 끝까지 주민들을 설득하여 감자재배를 성공시켰다.
2) 귀츨라프에 의한 1832년의 원산도 감자 재배는 우리나라 감자 도입 역사에서 육하원칙에 부합하는 가장 확실한 최초의 기록으로 확인되었다.

결론적으로, 귀츨라프 선교사가 1832년 원산도에 감자를 심어주고 재배법을 가르쳐 준 것은, 조선의 식량생산에 크게 도움을 주고, 한국 최초의 감자 도입 역사를 만든 위대한 업적 중의 하나가 되었다고 할 수 있다.

- 농업 역사상 식량작물(감자)도입은 대단히 중요합니다.(이재평)
- 감자가 우리나라에 재배된 중요한 기록을 찾아 주셨네요.(이홍열)
- 당시 외국농산물의 도입 금지 정책은 발전을 저해한 우물 안 개구리였습니다.(정선득)
- 감자 재배법을 처음으로 전수한 큰 업적으로 널리 알리면 좋겠습니다.(정진호)
- 농업의 역사에서 "혁신을 하여야 수익이 있다"는 말은 오래 전에 강조되었네요.(현석균)

---

61) 린제이 보고서, 1832. 7. 30, We selected the most favourable spot of ground we could find, and planted more than a hundred. Several hundred natives stood round, gazing in astonishment. The paper of directions was given to the owner of the ground, who promised to take care of them, and on the following day I was much pleased to find the space neatly inclosed with a hurdle. If, therefore, due attention is only paid to the written directions, it may be hoped this fine vegetable will be propagated in Corea.

6. 농업 교육 선교

Q 귀츨라프는 원산도에 머물고 있는 동안 농업교육 선교도 하였는가?

A 귀츨라프 선교사는 1832년 7월 25일부터 8월 12일까지 원산도에 머무는 동안, 감자와 과수의 재배 방법을 가르쳐주고, 포도즙을 만드는 식품가공 기술도 가르쳐 주는 등 농업교육 선교에 크게 이바지하였다. 이 같은 근거는

첫째, 귀츨라프 일기(7월 30일)에, "우리는 해안에 감자를 심으러 갔으며, 감자재배에 필요한 방법을 주민들에게 글로 써 알려 주었다."고 하였고 이 부분을 린제이는, "귀츨라프는 감자재배 방법을 자세히 기록하여 왔으며, 재배 방법을 기록한 종이를 땅주인에게 전해 주었다."고 하였다. [62],[63]

둘째, 귀츨라프 일기(7월 31일)에, "오늘 우리는 울창한 숲속에서 야생 복숭아 나무를 보았으나(To-day we found peach trees growing wild in the jungle), 과수원은 보지 못했다.(we have not seen an orchard)" 그리하여 이 유용(有用)한 과수의 배배 방법을 자세하게 글로 써 전해 주었다." [64]

셋째, 귀츨라프(7월 31일)는, "우리는 숲속에서 산포도 넝쿨을 보았는데. 나는 이

---

62) 1. 귀츨라프 일기, 1832. 7. 30, This afternoon we went ashore to plant potatoes, giving them in writing the directions necessary to follow for insuring success
63) 린제이 보고서, 1832. 7. 30, Mr. Gutzlaff had written clear directions for the mode of cultivating them. The paper of directions was given to the owner of the ground,
64) 귀츨라프 일기, 1832. 7. 31, So long as we have been here, we have not seen an orchard or garden. To-day we found peach trees growing wild in the jungle, and some says since discovered wild grapes.

훌륭한 포도의 재배 방법과 맛있는 포도즙 가공 방법을 적어 전해 주었다."고 하였다.[65]

• **연구결과**

1) 귀츨라프 선교사는 원산도의 자연을 둘러보며, 주민들은 가난해 보이는데, 왜 경작을 하지 않고 노는 땅이 많은지를 생각하며,
2) 주민들이 잘 살기를 바라는 마음으로 감자를 우리나라에 처음 도입하여 전국에 확산하도록 하고,
3) 농사와 과수 등 재배에 필요한 교육과 선교사업을 성실하게 수행하였다.

결론적으로, 귀츨라프는 교육선교의 방향을 "주민들이 혁신(革新)을 해야 소득이 늘고 잘 살게 된다.(the benefit which might arise from such innovation)"라는 목표를 세우고 원산도에서 농업교육 선교를 통하여 이 지역 발전과 부강에 힘썼다.

- 귀츨라프는 농사짓는 교육으로 180여년 이전에 이미 새로운 기술을 가르쳐 주었네요.(권태웅)
- 우리나라에 온 많은 선교사 중에서 농업분야에 공헌한 선교사는 귀츨라프가 유일한 것으로 전해지고 있습니다.(정두희)
- 선교목적 외에도 주민들을 잘 살게 하고자 과수재배법과 가공기술을 가르쳐 주었군요.(정진호)
- 귀츨라프는 짧은 기간에 많은 활동으로 보아 무척 부지런했던 것으로 보입니다.(현석균)

---

65) 귀츨라프 일기, 1832. 7. 31, I described the mode in which we cultivated this excellent plant, and the pleasant beverage made of the juice of the grape.

7. 과수 농업 선교

Q 귀츨라프는 원산도에서 과수농업 선교를 어떻게 하였나?

A 우리나라는 19세기 까지도 복숭아, 포도 등 과수 재배가 일반화 되지 못했다. 그리고 과수원 경작이 과학기술이라고 생각지도 않았다. 이 같은 시기에 귀츨라프는 1832년 7월 31일 선교활동 과정에서 원산도의 숲속을 거닐다가 야생하는 복숭아 나무와 산포도를 보았다. 그러나 과수원이나 텃밭은 보지 못하여 이상하게 생각하였다. 그 후 귀츨라프는 농업 기술의 혁신을 위하여 주민들에게 과수 재배법과 포도즙 만드는 기술을 가르쳐 주었다. 이 같은 근거는

첫째, 7월 31일 귀츨라프 선교사는, 울창한 숲속을 거닐면서 야생 복숭아 나무와 산포도를 보았다. 그러나 "과수원이나 텃밭은 한군데도 찾아 볼 수 없었다."고 기록하였다. [66]

둘째, 그리고 "이처럼 유용한 과실나무를 이곳 주민들은 왜 아직도 재배하지 않는지 참으로 이상한 일이다."라고 하였다. [67]

셋째, 이따금 산포도 열매를 따먹긴 하지만 이것으로 포도즙 만드는 법을 모르고 있어 귀츨라프는 "포도나무 등 과수 재배법을 상세히 기술하고, 포도즙 만드는 방법

---

66) 귀츨라프 일기, 1832. 7. 31, So long as we have been here, we have not seen an orchard or garden. To-day we found peach trees growing wild in the jungle, and some says since discovered wild grapes.
67) 귀츨라프 일기, 1832. 7. 31, It is astonishing that the inhabitants do not plant these useful trees; yet, in all our rambles, we never saw more than one peach tree reared by the hand of man.

등을 글로 써 주었다." 고 하였다. [68]

• 연구결과

1) 우리나라 농서(農書)의 역사는 1429년 정초(鄭招)의 농사직설 (農事直說)부터이다. 그러나 여기에는 벼 보리 등 주곡 이외의 과수재배 기술에 관한 기록은 없다.
2) 18세기 초 홍만선의 산림경제(山林經濟)에 과수재배가 소개되어 있으나 일반화 되지 못했다.
3) 원산도 주민들은 과수재배는 모르고 있었으며 이것이 과학기술이라고는 더욱 생각하지 못했다.
4) 비옥한 토지를 활용하지 못하던 시절에 과수 재배기술과 식품가공법을 가르쳐 준 귀츨라프 선교사의 선교사역은 선각자로서 농업근대화에 크게 도움을 주었다.

결론적으로, 귀츨라프의 과수 재배 기술과 포도즙을 만드는 방법을 가르쳐준 선교사역은 조선의 근대화 농업으로 발전하는데 도움을 주었다고 할 수 있다.

- 과수 농업의 시작과 큰 변화를 줄 수 있는 계기가 마련되었네요.(권호열)
- 과수 재배와 포도즙 가공법 등 농업선교를 하였으니 한국 농업사에 큰 공적을 남겼네요.(이재평)
- 귀츨라프는 과수 농업 등 다재다능한 선교사 같습니다.(이홍열)
- 농업선교를 통하여 식량생산의 발전기반도 구축되었네요.(정선득)
- 귀츨라프는 과실나무를 키우는 법도 알려주었네요.(현석균)

---

[68] 귀츨라프 일기, 1832. 7. 31, They are ignorant of wine, though they occasionally eat the grapes, which are rather sour. I described the mode in which we cultivated this excellent plant, and the pleasant beverage made of the juice of the grape.

8. 의료 선교

Q 귀츨라프는 원산도에 머물고 있는 동안 의료선교도 하였는가?

A 귀츨라프 선교사는 1832년 7월 25일부터 8월 12일까지 애머스트호가 원산도 해안에 정박하고 있는 동안, 통역을 겸하여 선의(船醫)로서 배로 찾아오는 환자들에게 약을 나누어 주었다. 그리고 심한 감기로 고생하는 60명의 노인들에게도 약을 나누어 주는 등 의료선교사의 역할도 담당하였다. 이 같은 근거는

첫째, 8월 2일 귀츨라프 일기에, "오늘은 어느 날 보다 더 많은 사람들이 찾아 왔다. 나는 지금까지 약을 나누어 주는 일을 계속하여 왔다."고 하였다. [69]

둘째, 같은 날 귀츨라프는, "오늘은 심한 감기로 고생하는 60명의 노인들이 약을 달라고 하였다."고 기록하였다. [70]

셋째, 휘트모어(N. C. Whittemore)는 귀츨라프의 조선 선교 활동에 대하여, "그는 한문이 박식하고, 병을 고칠 재주가 있어 몇 군데 섬과 내륙에 들어 갈 수 있었다. 그래서 전도문서와 약품을 무료로 나누어 주었다."고 기록을 남겼다. [71]

---

69) 귀츨라프 일기, 1832. 7. 31, Our visitors to-day were more numerous than on any previous day; among them were impertinent language. I have hitherto had constant applications for medicine.
70) 귀츨라프 일기, 1832. 7. 31, To-day I was requested furnish a sufficient quantity for sixty old persons, all suffering under a very severe "cold."

• **연구결과**

1) 귀츨라프 선교사는 애머스트호로 찾아오는 환자들에게 약을 나누어 주었으며, 약을 받으러 온 환자들은 점점 늘어났다.
2) 심한 감기에 시달리고 있는 60명의 노인들에게도 귀츨라프는 약을 무료로 나누어 주었다. 이로써 의료선교사 역할도 담당하였다고 볼 수 있다.
3) 1896년 내한하여 선천선교부에서 활동한 휘트모어(魏大模) 선교사는 그의 논문(Notes on the life of Rev. K. Gutzlaff, 1920)을 통하여 귀츨라프가 목사와 통역을 겸하여 조선에 오면서, 의학지식도 갖춘(with medical knowledge) 의사(Surgeon)로도 활동한 것을 알려주고 있다.

결론적으로, 귀츨라프 선교사는 목사와 통역의 역할 뿐 아니라 의학 지식도 갖춘 선의(船醫) 역할을 통하여 원산도의 환자들에게 약을 나누어 주는 등 의료선교 활동을 한 것은 부정할 수 없는 사실이다.

• 귀츨라프의 의료선교 사역은 이미 오래전에 시작되었네요.(권호열)
• 귀츨라프는 의료인으로서 병든 자를 보살피는 정신도 투철하였네요.(이재평)
• 귀츨라프는 의료선교 활동도 하였군요.(이홍열)
• 최근 순복음교회 봉사단은 이를 기념하여 원산도에서 의료봉사를 한 사례가 있습니다.(정창무)

---

71) 휘트모어, Notes on the Life of F. A. Gutzlaff, First Protestant, 1920.

9. 복음전도와 에덴동산

Q 귀츨라프는 원산도의 주민생활을 보고 어떤 선교를 소망했나?

A 귀츨라프 선교사는 원산도에 머물면서 주민생활을 조사한 결과 이곳 주민들의 삶은 매우 열악하고 빈곤함을 알게 되었다. 이때 만약 조선정부가 외국과 교류하도록 허락했다면 이들의 삶은 어떨까도 생각했다. 그 결과 쇄국주의적 우민정책 (愚民政策)이 외국문화를 수용할 수 없게 만들고, 주민들의 생활환경 개선이나 삶의 질 향상에도 도움이 되지 못했다고 판단하였다. 그리하여 자연의 주인인 인간으로서 부끄럽다고 개하면서 귀츨라프는 "이 땅에 복음의 말씀이 스며들고, 이것이 진리로 받아드려진다면 비참한 생활은 종지부를 찍게 될 것이다."라고 하면서 원산도를 <에덴동산>으로 바꿀 수 있다고 소망하였다. 이 같은 근거는

첫째, 귀츨라프 일기(8월 1일)에, 이곳의 주거환경은 "초라한 마을의 구조로 보아 일생을 빈곤 속에서 살아가고 있으며, 방은 2개로 구조는 오븐(ovens)과 같고, 부엌은 따로 떨어져 있으며, 가구도 형편이 없고, 사용하는 그릇도 질그릇뿐이다."라고 기록하였다.[72]

둘째, 이곳의 위생환경은, "여러 사람들을 만났는데 때꿉이 많이 끼어 마치 한 달 동안 씻지 않은 것처럼 보였으며, 외국인이 보는 앞에서 속옷에서 이를 잡아 서슴없이 죽이는 불결한 삶을 살고 있었다."고 하였다.[73]

---

72) 귀츨라프 일기, 1832. 8. 1, There were generally two apartments in each, shaped liked ovens. The kitchen was a separate building adjoining the house. To heat the room in winter, they had a large hole under the floor, by burning a proper quantity of wood in which, the whole apartment was kept warm.

73) 귀츨라프 일기, 1832. 8. 1, We met with many individuals whose skin was regularly incrusted with dirt; many had not washed themselves for months, and were covered with vermin, which they did not hesitate to catch and to dispatch in our presence.

셋째, 이곳의 비옥한 섬을 두루 거닐면서 도처에 피어 있는 아름다운 들꽃들과 덩굴들을 보며 "인간은 이 거친 자연을 변화시켜 에덴동산으로 만들 수 있는데 자연의 주인인 인간으로서 나태(懶怠)함에 부끄러움을 개탄한다."고 하였다. [74)]

넷째, 귀츨라프는 "이 땅에 복음의 말씀이 스며들고, 진리로 받아들여진다면 비참한 생활에 종지부를 찍을 것."이라고 기록하였다. [75)]

• 연구결과

1) 귀츨라프 선교사는 원산도 주민의 열악하고 비참한 생활환경을 상세하게 조사하였으며,
2) 외국과의 교류를 통하여 주민들의 삶의 질이 향상되기를 추구하고,
3) 이 땅에 복음의 말씀이 스며들고 진리로 받아들여지기를 소망하였다.

결론적으로, 귀츨라프는 원산도 주민들의 빈곤과 열악한 생활환경을 조사하고 이 땅에 복음을 전파하며, 비옥한 이곳의 자연환경을 이용하여 에덴동산으로 만들기를 소망하였다.

- 주민의 열악한 삶의 질 향상을 위하여 원산도의 비옥한 토지자원을 이용하여 에덴동산으로 만들기를 소망한 것은 훌륭한 착안입니다.(변광일)
- 통치자의 오판으로 국운이 번창할 수 있는 기회를 잃은 것은 가슴아픈 역사의 교훈입니다.(이재평)
- 백성들의 삶이 힘들 때 비옥한 토지자원을 활용하지 못하여 마음이 아프네요.(정선득)

---

74) 귀츨라프 일기, 1832. 8. 1, Walking over these fertile islands, beholding the most beautiful flowers everywhere growing wild, and the vine creeping among weeds and bushes, we accuse "the lord of nature," man, of shameful neglect; for he could have changed this wilderness into an Eden.
75) 귀츨라프 일기, 1832. 8. 1, Let the gospel penetrate these regions, and as far as it is accepted in truth, misery will cease.

10. 곤장 맞을 병졸의 구조

Q 귀츨라프 일행은 곤장을 맞을 위기에 처한 병졸들을 어떻게 구해주었는가?

A 귀츨라프 일행은 1832년 7월 26일 오후 교역청원을 위하여 군관 텡노 등의 안내로 원산도의 수군우후 관정을 방문하였으나, 부재중이어서 마을 골목으로 진입하였는데 두 병졸이 가로 막아 밀어 제치고 들어갔다. 마침 수군우후와 홍주목사가 가마를 타고 돌아오다가 이 광경을 보고 외국인이 마을에 들어오는 것을 막지 못한 벌로 두 병졸이 곤장을 맞을 위기에 처하게 되었다. 이때 린제이 함장과 그의 흑인 부하가 이를 막아 주었다. 이 같은 근거는

첫째, 수군우후의 명령에 따라 그의 수행 병사는 두 병졸을 수군우후 가마 앞에 무릎 꿇리고, 다시 엎드리게 한 다음, 아랫바지를 벗기고 곤장을 들어 치려고 하였다. [76]

둘째, 이때 귀츨라프 일행 중 린제이 함장과 흑인 부하가 각각 높게 든 곤장을 빼앗았고 흑인은 곤장을 멀리 던져 버렸다. [77]

셋째, 200여명의 주민들이 모여 보고 있는 상태에서 돌발적으로 명령의 집행을 방해 받은 수군우후는 당황하였다. [78]

---

76) 린제이 보고서, 1832. 7. 26, On the culprits arriving they were first made to kneel before the chiefs and then laid down, and while one man removed their lower garments another brought a long paddle, and one stood over each, in readiness to inflict summary punishment.
77) 린제이 보고서, 1832. 7. 26, I went straight to the soldier, who was in the act of striking, and stopping the uplifted blow, motioned him to stand aside; one of the crew, a stout negro, did the same to the other, and as the fellow did not seem inclined so quietly submit to his authority, he in a moment wrested the paddle out of his hand and threw it to a distance.
78) 린제이 보고서, 1832. 7. 26, A crowd of more than 200 people had assembled round the chiefs, who sat raised up among them in their open chairs, and appeared much troubled in mind.

넷째, 귀츨라프 선교사는 신속하게 수군우후에게 "병졸들이 우리의 행동 때문에 벌을 받는다면 우리는 즉시 배로 돌아가 이 나라를 떠나겠다."라는 쪽지를 전했다.[79]

다섯째, 수군우후는 결국 두 병졸을 풀어주라고 명령하여 이들은 방면되었다.[80]

• **연구결과**

1) 귀츨라프 일행의 마을진입 때문에 두 병졸이 체벌을 받게 되었으나 린제이와 흑인 부하의 과감한 행동으로 보호하여 주었으며,
2) 귀츨라프는 "이 나라를 떠나겠다" 라는 적극적 대응으로 책벌을 면하게 해 주었다.
3) 이 때문에 두 병졸로부터 감사 인사와, 많은 주민들로부터 박수를 받았다.
4) 곤장을 칠 때 옷을 입은 채 하는 것이 아니고 아랫바지를 벗기고 친다는 것도 알게 되었다.

결론적으로, 귀츨라프 일행은 두 병졸을 보호하여 줌으로써 200여명의 마을 사람들로부터 호의적인 반응과 친근감을 갖게 하여 그 후에 원산도에서 활동하는데 도움이 되있다고 힐 수 있다.

- 귀츨라프 선교사 일행이 원산도에서 병졸을 도와준 일도 하셨네요.(이난희)
- 린제이는 사랑이 많고 약자를 보호하고 도움을 주는 책임감도 투철하였던 것으로 짐작됩니다.(현석균)

---

79) 린제이 보고서, 1832. 7. 26, In the meanwhile Mr. Gutzlaff had written a few words saying that if these men were punished for our acts, we would instantly return to the ship and quit the country.
80) 린제이 보고서, 1832. 7. 26, They consulted for half a minute, and then old Le directed the prisoners to be liberated, and they scampered off as their legs could carry them.

11. 창리 내륙 선교

Q 귀츨라프는 원산도에 머물면서 육지에도 상륙하여 선교 활동을 하였는가?

A 귀츨라프 선교사는 원산도에 머물면서 육지(서산시 부석면 창리)에도 상륙하여 주민들에게 전도 책자를 나누어 주는 등 선교활동을 하였다. 이 같은 근거는

첫째, 귀츨라프 일행은 8월 7일, 원산도에 정박하면서 내륙과 어느 정도의 거리에 있는지를 확인하기 위하여 천수만을 탐사하였다. "예수회 지도에 만이 하나의 반도 안쪽으로 꽤 많이 들어간 것으로 표시되었기 때문이다."고 하였다. [81]

둘째, 귀츨라프 일기에, 계속 항해하니 만은 더욱 넓게 전개되고, 2개의 만으로 분리되었으며, 맞은 편 해안에서 우리를 찾아온 사람들에게 전도 책자 몇 권을 주니 받고 기뻐하였다."고 하였다. [82]

셋째, 이 부분에 대하여 순조실록(1832년 7월 21일)은 "태안의 창리 앞 포구에 와서 이 마을 주민들을 향하여 지껄이듯 말을 하면서 물가에 책자를 던지고 배로 돌아갔다."고 기록되었다. [83]

---

81) 귀츨라프 일기, 1832. 8. 7, We took a cruise to ascertain how far the bay where we were at anchor extended inland; for on the Jesuits' charts it is marked as entering very far into the peninsula.
82) 귀츨라프 일기, 1832. 8. 7, The people were so exceedingly shy, that they ran off in great haste as soon as they perceived us; but from the opposite shore they came off to us, and gladly received a few books.

• **연구결과**

1) 육지로 상륙한 장소는 서산시 부석면 창리로 조사되었다. 현재 창리를 중심으로 2개의 만은 대단위 간척사업의 시행(1984)으로 방조제(7,686m)가 축조되어 새로운 농지로 육지화되었다.
2) 순조실록은 "같이 온 사람이 7명이고 나누어 준 전도 책자는 4권이며, 받은 사람의 이름은 알지 못한다(而同往者七人 冊四卷給之 而人名不相知云)"라고 하였다.

결론적으로, 귀츨라프 선교사는 1832년 8월 7일 천수만을 탐사하였으며, 이때 서산시 부석면 창리에 상륙하여 전도책자를 주민들에게 나누어 주는 등 선교를 하였다고 볼 수 있다.

- 귀츨라프는 섬 뿐 아니라 내륙에도 상륙하여 주민들에게 전도책자를 나누어 주었네요.(권호열)
- 선교 목적으로 상륙한 '서산시 부석면 창리'에 귀츨라프 기념비를 건립하면 좋겠습니다.(이재평)
- 귀츨라프는 원산도에서 내륙에도 상륙하여 선교지를 확산하였군요.(이홍열)

---

83) 순조실록, 1832. (음)7. 21, 又於七月十二日, 有異樣小艇一隻, 自瑞山 看月島前洋, 來泊泰安舟師 倉里前浦, 向本里民人, 啁啾作語, 投諸冊子於洲邊, 仍卽回船以去.

12. 조선을 위한 소망

Q 조선을 위한 귀츨라프 선교사의 소망은 무엇이었나?

A 1832년 조선을 방문한 귀츨라프 선교사의 소망은, 이 땅에 복음이 스며들도록 하여 그것이 진리로 받아들여지고, 이곳 주민들의 삶의 질이 향상되어 머지않아 좋은 날들이 조선에 다가 오기를 그의 일기에 밝히고 소망하였다. 이 같은 근거는

  첫째, 7월 26일, 국왕께 드릴 예물에 성경책을 넣고 조선에 복음이 전파되기를 간구하며, 여러 주민들에게 전도지도 나누어 주면서 조선의 복음화를 기원하였다.[84]

  둘째, 7월 27일, 원산도의 들판을 돌아보며 "풀이 잘 자라는 비옥한 땅에 농업개발이 되지 않은 것을 보고 축산을 하면 좋겠다."고 소망하였다.[85]

  셋째, 7월 31일, 원산도 숲 속을 거닐면서 야생하는 과일나무를 보고 "이곳에 과수원을 조성하면 좋겠다."고 소망하였다.[86]

  넷째, 8월 1일, 주민들의 열악한 생활환경을 돌아보고 조선의 쇄국주의적 우민정책(愚民政策)은 외국문화를 수용할 수 없게 하였고, 삶의 질 향상에도 도움이 되지 못한다고 판단하며, 에덴동산을 만들기를 기원하면서 이 땅에 복음의 말씀이 스며

---

84) 귀츨라프 일기, 1832. 7. 26, Mr. L. very kindly requested me to make up a set of the Bible, and of all the tracts which I had, to send them in the present to his majesty. I had hitherto enjoyed the great satisfaction of seeing the people who came aboard, receive or books gladly; and now I strongly hoped that the ruler of so secluded a country might be benefited with the perusal of the oracles of God.
85) 귀츨라프 일기, 1832. 7. 27, The greater part is overgrown with grass and herbs, and would furnish excellent pasturage for goats; but we saw not one.
86) 귀츨라프 일기, 1832. 7. 31, So long as we have been here, we have not seen an orchard or garden. To-day we found peach trees growing wild in the jungle, and some says since discovered wild grapes. It is astonishing that the inhabitants do not plant these useful trees

들고 그것이 진리로 받아들여지기를 소망하였다.[87]

다섯째, 8월 11일, 귀츨라프는 이 작은 시작일지라도 하나님이 우리를 축복하심을 믿으라고 성경은 가르치신다. 머지않아 좋은 날들이 조선에 다가오기를 소망한다고 했다.[88]

여섯째, 8월 17일, 제주도를 지나면서 이곳에 공장을 설치하면 조선, 일본, 만주, 몽골, 중국 등과 교역이 용이할 것이며, 종교적으로 "기독교 전파의 선교기지로 삼으면 좋겠다."고 소망하였다.[89]

• 연구결과

1) 귀츨라프 선교사는 조선의 쇄국주의적 우민정책(愚民政策)은 외국 문화를 수용할 수 없게 만들었고,
2) 생활환경이나 삶의 질 향상에도 도움이 되지 못했다고 판단했다.
3) 그는 자연의 주인인 인간으로서 부끄럽게 개탄하며 이 땅에 복음의 말씀이 스며들고 진리로 받아들여진다면 비참한 생활은 종지부를 찍을 것이고,
4) 조선을 에덴동산으로 민들이 조선인의 삶의 질이 향상되기를 소망하였다.

결론적으로, 조선을 위한 귀츨라프의 소망은 현재 모두 이루어졌으며, 조선을 위하여 귀츨라프가 소망했던 1832년은 한국 개신교 선교역사의 원년이 되게 하였다.

- 주님의 뜨거운 사랑이 선교를 통하여 땅 끝까지 전파되기를 기도합니다.(김주복)
- 조선이 쇄국정책을 쓰지 않았으면 귀츨라프의 소망은 좀 더 빨리 이루어 졌을 것이다.(이홍열)
- 귀츨라프의 조선을 위한 소망은 그의 소망대로 한국 개신교 선교 역사의 원년이 되게 한 것 같습니다.(정진호)

---

87) 귀츨라프 일기, 1832. 8. 1, Let the gospel penetrate these regions, and as far as it is accepted in truth, misery will cease.
88) 귀츨라프 일기, 1832. 8. 11, The scripture teaches us to believe that God can bless even these feeble beginnings. Let us hope that better days will soon dawn for Corea.
89) 귀츨라프 일기, 1832. 8. 17, It is well cultivated, and so conveniently situated, that if a factory was established there, we might trade with the greatest ease to Japan, Corea, Mantchou Tartary, and China. But if this is not done, could not such an island become a missionary station?

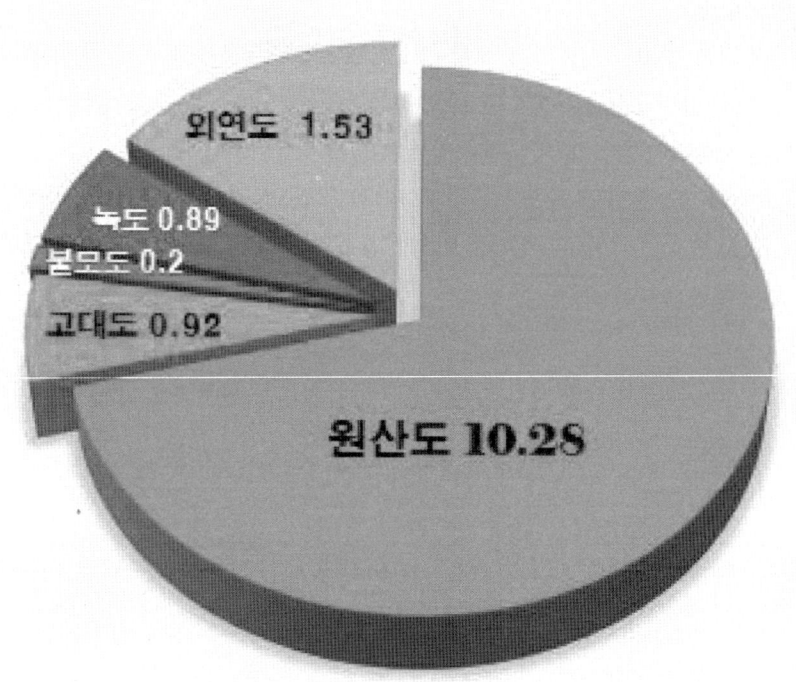

자료: 원산도와 고대도 등 면적통계(정창무 작성)

제2장
원산도 선교지의 인문환경과 지리 · 역사

제1절 원산도 선교지 인문 환경

1. 원산도 인문 환경(요약)
2. 고관의 만남과 원산도
3. 고관들이 머무는 곳
4. 수군의 지휘체계
5. 잠깐 동안 수백 명이 모일 수 있는 섬
6. 린제이와 귀츨라프의 조선어 채록
7. 교류협력과 음식 접대
8. 포도주 등 접대
9. 영국과 조선 측의 상호협력
10. 원산도의 귀츨라프 발자취
11. 원산도의 민속신앙
12. 수군우후 등의 의금부 진술

제1절 원산도 선교지 인문 환경

1. 원산도 인문 환경 (요약)

Q 귀츨라프 선교사 일행이 활동한 원산도의 인문 환경은 어떠하였나?

A 원산도는 충청남도에서 안면도 다음으로 큰 섬이다. 귀츨라프 선교사가 머물던 당시(1832년)의 인구는 잠깐 동안 수백 명이 모일 정도로 많은 인구가 살고 있었다. 최근에도 560가구에 1,175명이 살고 있다는 통계자료가 있다. 이곳 주민들은 김 양식 등 수산업과 농업 등 각 분야에 종사하고 있다.

문화적으로 원산도에는 말 목장과 조운선(漕運船)을 점검한 항만기지로 설정되어 관청이 소재하고 있었다. 이에 따라 귀츨라프 일행은 수군우후 등 고관을 통하여 국왕에게 교역을 청원하였으며, 그 휘하의 군관 텡노와 서기관 양씨 등과도 빈번하게 접촉하면서 서로 협력관계를 유지하였다. 이 과정에서 조선 군관은 영국 선박 등에 관한 주요한 정보와 관련 자료를 자세하게 조사하여 순조실록에도 수록하게 하였다. 귀츨라프 일행이 물을 길을 때와 감자를 심을 때에는 잠깐 동안 주민 수백 명이 모여 이들과도 접촉하였으며, 조선말을 채록하였다. 이밖에 충청수사와 수군우후는 귀츨라프 일행에게 음식을 대접한 사례도 있다. 이 같은 근거는

첫째, 원산도는 문화적으로 1425년(세종 7)부터 초지자원이 풍부하여 245년간 국립 말 목장이 설치되어 제주도에서 온 말을 사육하였다. 1669년(현종 10)부터 조운선의 점검과 해상방어 기지로 전환되어 수군우후가 주둔하는 관청이 소재하였다.[1]

---

1) 세종실록, 1425. (음) 7. 11. 兵曹啓 請於洪州元山島 以濟州體大 雌馬五十匹 雄馬六匹 入放息 所産 兒馬 若體小有咎者 卽便捉出 令高欒島 萬戶專管考察 從之.

둘째, 귀츨라프 일행이 원산도에 상륙하여 활동할 때에도 수군우후가 주둔하고 있어, 그를 통하여 영국 측에서 조선 국왕에게 교역을 청원하는 절차가 이루어 졌다. 그리고 귀츨라프 선교사는 수군우후 휘하에 있는 군관 텡노와 서기관 양씨 등과 친밀하게 접촉하며 협력 관계를 유지하고 중요한 정보와 자료를 수집하였다.

셋째, 귀츨라프 일행이 처음 원산도에 상륙했을 때 주민 2백여 명이 모인 가운데 병졸들이 잡혀와 곤장을 맞게 된 것을 풀어주게 하여 주민들의 박수도 받았다. 먹을 물을 길을 때와, 감자를 심을 때에도 잠깐 동안 주민 수백 명이 모여들어 물을 나르는데 도움을 주거나, 감자를 심고 재배하는 기술을 배우고 가르쳤다.

넷째, 수군우후와 충청수사는 귀츨라프 일행 전원(67명)에게 음식을 대접하였으며, 귀츨라프 측도 답례로 고관들과 군관들에게 포도주 등을 대접하였다. 원산도 주민들에게는 전도책자와 단추 등을 나누어 주면서 선교기반을 구축하였다.[2]

다섯째, 귀츨라프 일행이 머물던 시절의 원산도의 인문적 중심 권역은 수군우후의 관청이 소재하였던 진촌(관가포함) 지역이라고 추정할 수 있다.

- 여기까지 도우신 에벤에셀 하나님을 찬양합니다.(김은종)
- 큰 마을과 전략적인 위치에 관청이 있어 조운선을 점검하고 안전을 확보한 것을 알 수 있네요.(이재평)

---

2) 귀츨라프 일기, 1832. 7. 30. Our old friend, Kin, meanwhile prepared a dinner, consisting of cakes, vermicelli, honey, pork, melons, salad, vinegar and rice. This time they had taken all possible care to make the whole palatable, and we did not fail to enjoy their hospitality. They were greatly delighted with our cheerfulness, and that we did not refuse the well-meant though scanty dinner of Corea.

2. 고관의 만남과 원산도

Q 귀츨라프 일행이 상륙한 섬에서 관청과 고관의 만남 기록으로 원산도가 선교지임을 증명할 수 있는가?

A 귀츨라프 일행이 1832년 7월 25일부터 19일간 애머스트호가 정박해 있는 간갱에서 섬에 여러 번 상륙한 것이 영국 측 기록에 잘 나타나 있다. 즉 관청이 있는 마을로 가서 수군우후 등을 만난 기록 등을 통하여 원산도가 선교지임을 증명할 수 있다. 이 같은 근거는

첫째, 귀츨라프 일행은 7월 26일, 군관 텡노와 서기관 양씨의 안내로 애머스트호에서 관청이 있는 마을(원산도)에 보트로 이동하여 상륙했다. 그리고 이곳에서 수군우후와 홍주목사를 만나 교역청원서와 예물을 전달하였다.[3]

둘째, 린제이는 귀츨라프와 함께 8월 8일 오전, 섬 해안으로 가서 수군우후를 만났다. 이때 린제이는 요청했던 식량이 전달되지 않았다고 추궁하였으며, 수군우후는 다음 날 보내주겠다고 약속하였다.[4]

셋째, 귀츨라프 일행은 8월 11일, 작별인사차 관청이 있는 마을로 수군우후 등을 방문하였다.[5]

---

3) 귀츨라프 일기, 1832. 7. 26, Fresh boats came along-side; and the same questions were repeated till the two great mandarins arrived.
4) 린제이 보고서, 1832. 8. 8, In the forenoon Mr. Gutzlaff and myself went on shore; we saw none of the chiefs but Kin; to him I put the following questions: Why the letter and presents had not been forwarded, and why we had been repeatedly deceived by false promises of having the provisions we required sent to us? He replied, who would visit us on the following day, and that he would give every explanation. After some discussion, he pledged himself that the provisions should be sent the following day.

넷째, 정조실록(1791년 (음)12월 25일)에 수군우후가 원산도에 주둔한 기록으로 "충청 수우후로 하여금 원산도에서 선박을 점검하게 하다." 라는 역사적 기록을 확인하였다.[6]

• **연구결과**
1) 귀츨라프 일행이 7월 26일 처음 상륙한 곳과 8월 11일 작별인사차 방문한 곳은 관청이 있는 원산도로 확인되었다.
2) 원산도에 수군우후가 주둔한 역사 기록도 확인되었다.
3) 고대도에는 관청이 없으며 수군우후의 주둔 또는 상륙한 사실이 전혀 없다.
4) 따라서 귀츨라프 일행이 상륙한 섬은 관청이 있고 고관과 만남 기록이 있는 원산도임이 증명된다.

결론적으로, 귀츨라프 일행이 여러 번 상륙하여 수군우후와 만나 교역청원서 등을 전달하고, 작별 인사를 나눈 곳은 고대도가 아니라 관청이 위치한 원산도임을 확실히 알 수 있다.

• 원산도는 섬의 크기, 지형조건, 관청의 소재, 농지면적 등으로 볼 때 선교지로 볼 근거가 확실합니다.(이홍열)
• 저자의 연구 결과에 동의합니다.(정진호)

---

5) 린제이 보고서, 1832. 8. 11, In the afternoon we visited the chiefs in the village, to take our leave.
6) 정조실록, 1791. (음)12. 25, (정조 15), 亦使忠清水虞侯 點船於元山 著爲式 從之.

3. 고관들이 머무는 곳

Q 여러 섬 중에서 고관들의 거주지 기록으로 원산도가 선교지임을 증명할 수 있는가?

A 귀츨라프가 정박한 충청해안의 여러 섬 중에서 관청의 위치와 선교지 등에 대한 확실한 기록은 "간갱(Gan-keang)"이란 지명뿐이다. 그런데 린제이는 간갱에 와서 그 섬에 관청도 있고 고관이 거주하는 마을도 있는 것에 대해서 기록하였다. 관청과 수군우후의 거주지가 각각 다른 섬에 있을 수 없기 때문에 관청이 있는 곳만 찾으면 고관이 거주하고 있는 곳과 선교지가 저절로 확인된다. 이 같은 근거는

첫째, 린제이는 1832년 7월 25일 군관(텡노)의 안내를 받아 '간갱'에 도착할 때 "고관(수군우후)이 거주하고 있다고 들은 큰 마을 가까이에 정박하였다."고 기록하였다.[7]

둘째, 린제이는 7월 26일 관청 방문을 위하여 군관(텡노) 및 서기관(양씨)과 동행하여 애머스트호에서 보트로 "고관(수군우후)이 거주하는 마을로 갔다(We went to the village, which is the temporary residence of the chiefs)."고 기록하였다.[8]

셋째, 현종실록(1669년 2월 3일)에 "충청수군우후를 원산도에 주둔케 하여 조운선이 올라올 때 점검하다(忠淸水虞候進駐于元山..漕運船上來時使之點檢)."고 기록했다.[9]

---

7) 린제이 보고서, 1832. 7. 25. We here anchored near a large village, in which we were told the mandarins were staying.
8) 린제이 보고서, 1832. 7. 26. We went to the village, which is the temporary residence of the chiefs.
9) 현종실록, 1669. (음)2. 3. 佐明又曰 元山島牧場 馬移置于大山串 而使忠淸水虞候進駐于 元山以爲風和 待變之地 且於漕船上來時 使之點檢 上送便當矣.

넷째. 린제이는 8월 11일, "우리는 작별인사 차 마을에 있는 수군우후를 방문했다"고 기록하였다.[10]

- **연구결과**
  1) 고대도, 원산도, 삽시도 등이 위치한 충청 해안 지역에서 관청 즉 수군우후의 관청이 위치한 곳은 원산도뿐이다.
  2) 고관들이 머물거나 거주하는 마을은 관청이 위치한 곳에 있는 것은 당연하다.
  3) 따라서 귀츨라프 일행이 정박한 곳과 상륙한 곳은 관청과 수군우후의 거주지가 있는 원산도임이 확실하다.

결론적으로, 관청이 원산도에 있는 것은 역사적 사실이고, 고관들이 거주하는 마을이 관청과 같은 섬에 있다고 보는 것이 타당하기 때문에, 애머스트호가 정박하고 귀츨라프가 선교한 장소는 원산도가 될 수밖에 없으며, 이 때문에 고대도가 선교지라는 일부의 주장은 완전히 틀린 것이다.

- 원산도에 관청의 존재가 역사적으로 고증되고 고관들이 그곳에 거주한다는 기록이 있으면 관청을 상대로 해야 했던 귀츨라프 일행의 선교지는 원산도일 수밖에 없습니다.(김채수)
- 군관 텡노는 귀츨라프 일행과 조선 고관들 사이에서 소금과 같은 활동을 한 인물이네요.(정진호)

10) 린제이 보고서, 1832. 8. 11. We visited the chiefs in the village, to take our leave.

4. 수군의 지휘체계

Q 귀츨라프 일행을 맞아주고 주도적으로 상대한 수군우후와 당시 수군의 지휘체계는 어떻게 평가할 수 있는가?

A 수군우후는 충청 수사의 지휘를 받는 지역 책임자로 자기 휘하의 군관을 고대도 해역으로 보내서 귀츨라프 일행을 원산도 간갱으로 인도해 오도록 하였고, 교역청원서와 예물을 국왕께 전달해 달라는 영국 측 요청에 따라 공식적으로 그것들을 받았다. 그런데 이 때문에 함께 행동한 홍주목사는 물론이고 뒤늦게 합류한 수사까지 처벌을 받는 일이 발생한 것에는 문제가 숨어있다고 보아야 할 것이다.

첫째, 수군우후 휘하의 군관 텡노가 애머스트호를 처음 만나 위험하다고 간갱으로 초청한 것은 자기 판단으로 보인다. 수군우후가 현지상황을 모르면서 그것을 미리 지시하기는 어렵기 때문이다. 그러나 다음날에 인도해 오기로 했으므로 수군우후는 보고를 받고 거절할 기회가 있었지만 배가 원산도로 오는 것을 허용한 것으로 보인다.

둘째, 수군우후는 영국 측 요청, 즉 예물 등의 전달을 받기로 한 것을 상관인 수사에게 보고하여 승인을 받은 것으로 보이지 않는다. 이는 기록에도 없지만, 7월 25일 도착한 그들에게서 7월 26일에 예물 등을 받아 시간적으로 여유가 없었기 때문이다.

셋째, 충청수사는 7월 26일에서 사흘이 지난 7월 30일에야 귀츨라프 등을 만났는데, 이는 보고가 늦었거나 외국선박이 온 것을 심각하게 생각하지 않았기 때문이라고 볼 수 있다.[11]

• **연구결과**
1) 수군우후는 활력이 있는 사람, 즉 자기주장이 강한 사람이고 충청수사는 친절하고 정이 많고 품위를 지키는 사람이며, 수군의 지휘체계는 엄하지 않았던 것으로 추정된다.
2) 수군우후가 예물 등을 전달받는 것을 사전에 수사에게 보고하고, 수사는 충청감사에게 보고하여 미리 승인을 구했다면, 모두 처벌을 당하는 일은 없었을 것이다.
3) 충첨감사가 조정에 올리는 보고에 선박을 조사하여 좋은 정보를 얻었다고 세 고관을 감싸주지 않고, 처음부터 처벌을 요청한 것에는 미리 보고하지 않고 문제를 일으킨 것에 대한 노여움도 있었을 것으로 추정된다.

결론적으로, 수군우후는 국왕에게 올리는 예물 등을 상관의 승인없이 전달 받는 일에 숨겨 있는 위험을 미리 살피지 못하고 행동함으로써 홍주목사와 상관인 충청수사까지 처벌을 받게 하였다. 관리나 공적업무 담당자가 자기의 직무 한계를 잊고 그 범위를 벗어나 상관에게 해를 끼치면 안 된다는 것은 조선시대나 지금이나 마찬가지임을 여기서 알 수 있다.

• 수군우후는 7월 26일 영국 측에서 교연청원을 받았는데, 충청수사는 7월 30일 그들을 만났다고 기록되어 수군우후의 행위가 충청수사의 승인을 받고 한 것인지 의문이 생깁니다.(김채수)
• 외국인이 생소하고 어려웠을 텐데 수군우후와 서기관은 대단한 역할의 인물로 평가됩니다.(정진호)

11) 귀즐라프 일시, 1832. 7. 30. July 30.Two mandarins, of whom one was a general by the name of Kim, and stationed at the Tsee-che-to district, came to visit us in order to console us for our hardships. Both of them were dressed in most elegant silks.

5. 잠깐 동안 수백 명이 모일 수 있는 섬

Q 귀츨라프 일행이 상륙하면 여러 번 주민들이 수백 명 씩 모였는데 무슨 일이 있었으며 어떤 차이가 있는가?

A 귀츨라프 일행이 처음으로 황해도 몽금포에 상륙하였을 때는 지역 군관들과 주민 200여명이 모여들어 귀츨라프 일행에 적대감을 가지고 물러가라고 배척하였다. 그러나 충청도 원산도에 세 차례에 걸쳐 상륙하였을 때는 주민 수백 명이 잠깐 동안 모여들어 우호적으로 박수를 치거나 도움을 주면서 지켜보았다. 이 같은 근거는

첫째, 1832년 7월 18일, 귀츨라프 일행이 황해도 몽금포에 상륙하여 교역청원 등을 요청하려고 할 때, 군관들(별장 장치주 등)과 200여명의 주민들이 모여들어 당장 떠나가라고 위협하였다.[12]

둘째, 7월 26일, 충청도 원산도에 상륙하여 병졸들이 곤장을 맞게 된 것을 200여명의 주민들이 보고 있을 때, 귀츨라프 일행이 풀어주게 한 선행을 보고 박수를 쳐주었다.[13]

셋째, 7월 28일, 귀츨라프 일행이 원산도에서 먹을 물을 퍼 나르려고 할 때, 잠깐

---

12) 린제이 보고서, 1832. 7. 18. There were now upwards of 200 persons assembled, and as it appeared that any further delay might have brought unpleasant consequences, we commenced our return, much disappointed at this complete failure of our endeavours.
13) 린제이 보고서, 1832. 7. 26. A crowd of more than 200 people had assembled round the chiefs, who sat raised up among them in their open chairs, and appeared much troubled in mind. In the meanwhile Mr. Gutzlaff had written a few words saying that if these men were punished for our acts, we would instantly return to the ship and quit the country.

동안 주민 수백 명이 모여들어 물통 나르는 것을 도와주고 구경하기도 하였다.[14]

넷째, 7월 30일 귀츨라프 일행이 상륙하여 감자 100여개 심어주고 재배법을 가르쳐 줄 때, 주민 수백 명이 모여들어 이를 호기심으로 지켜보았다.[15]

• **연구결과**
1) 귀츨라프 일행이 황해도 몽금포에 처음 상륙할 때에는 적대감을 가지고 200여 명이 모여 귀츨라프 일행을 배척하였다.
2) 귀츨라프 일행이 충청도 원산도에 상륙하였을 때, 3회에 걸쳐 수백 명이 모여 우호적 관계에서 박수를 치거나 도움을 주면서 지켜보았다.
3) 특히 원산도에서는 모임마다 좋은 결과로 이어져서 주민들과 귀츨라프 일행 사이에 호감이 증진되어 귀츨라프의 선교 활동에도 많은 도움을 주었다고 할 수 있다.

결론적으로, 귀츨라프 일행이 황해도에 상륙하였을 때는 수백 명이 적대감으로 "물러가라"고 하였다. 충청도에서 수백 명이 모였을 때는 호기심으로 모이기 시작하여 귀츨라프 일행이 활동하는 것을 바라보고 도움을 주거니 우호적으로 지켜보았다.

• 황해도 상륙 때와 충청도 상륙 때와는 관리와 주민들의 자세가 너무 차이가 있네요.(권호열)
• 시대적 배경과 지역적 특성으로 미루어 저자의 설명이 정확한 것 같습니다.(이재평)
• 육지와 섬 차이 인지, 지방의 차이인지 많이 다른 것 같습니다.(이홍열)

---

14) 린제이 보고서, 1832. 7. 28. Although no village was near, yet a crowd of several hundred Coreans soon assembled; but instead of giving any annoyance, they cheerfully assisted in filling and passing the buckets to the boat, singing a monotonous song like the Lascars all the time.
15) 린제이 보고서, 1832. 7. 30. We selected the most favourable spot of ground we could find, and planted more than a hundred. Several hundred natives stood round, gazing in astonishment.

6. 린제이와 귀츨라프의 조선어 채록

Q 귀츨라프 일행이 충청수사와 대화하면서 채록(採錄)한 조선말은 무엇이며, 선교 활동에 어떤 영향을 주었나?

A 귀츨라프 일행은 1832년 7월 25일부터 8월 12일까지 원산도에 머무는 동안, 충청(공충)수사와 호감을 가지고 자유롭게 여러번 만나면서, 필담(筆談) 외에 '조선말'도 알아들었으며, 영국 측은 조선말을 영문으로 채록(採錄)하였다. 이 같은 근거는

첫째, 7월 30일 귀츨라프 일행과 충청수사 간의 첫 만남에서, 충청수사는 자신을 장군(tseang-keun)이라 소개하였는데, 영국측은 곧바로 그 의미를 알았다.[16]

둘째, 7월 31일 충청수사는 애머스트호로 방문하여, "손님은 주인의 말을 들어야 한다"고 하면서 상륙금지를 요청하자, 영국 측은 중국 고전을 인용 "주인은 손님을 잘 대접하는 것이다."라고 필답(筆答)하자, 충청수사는 "호타 호타(hota)"라고 소리쳤다.[17]

셋째, 8월 12일 다시 만났을 때에, 영국 측이 고려의 역사에서 원나라에 대하여 용기 있게 저항한 것을 글로 써주자 이 것을 읽고 충청수사는 눈이 빛나면서 "그렇지. 그렇지.(kow-chee, kow-chee)"라고 여러 번 반복하였다.[17]

---

16) 린제이 보고서, 1832. 7. 30. On the 30th we were visited by a chief of higher rank than any we had yet seen; his surname was also Kin; he stated himself to be a tseang-kean, and of the third class of mandarins.

17) 귀츨라프 일기, 1832. 7. 31. You are our guests," said he, "and guests ought to conform to the rules the host prescribes." We quoted some passages form the book of rites, which enjoin the host to give his guest the fullest liberty to walk about and to be at ease. When he read this he exclaimed, "Hota, hota!" (good, good) and never touched that point again.

넷째, 8월 12일 작별 할 때 충청수사는, "그대들은 아주 먼 곳에서 와서 선물도 주었는데 우리는 가당치도 않은 태도로 그대들을 대우했다"라고 하면서, "고얀, 고얀.(kohan, kohan)"이라 하였다.[19]

• **연구결과**

귀츨라프와 린제이는 원산도 활동 과정을 영문으로 자세히 기록하였는데 조선말을 영문으로 채록한 내용도 있다. 즉

1) 충청수사가 자신을 '장군(tseang-keun)'이라 소개할 때, 영국 측은 그가 장군(將軍, General)임을 알았으며,
2) '호타(hota)'라고 말 할 때에는 그 뜻이 '좋다(good)'라고 알았다.
3) 고려역사를 이야기 할때 '그렇지(kow-chee)'라고 한 말은 그 뜻이 '그렇지(so it is)'라고 알았으며,
4) 작별할 때 '고얀 또는 괴이한(kohan)'이라고 말할 때에는 그 뜻이 '유감(alas)'으로 해석하여 기록으로 남겼다.

결론적으로, 귀츨라프와 린제이는 조선말을 배우려고 많은 노력을 하였다. 충청수사는 이들과 여러 차례 만나면서 호감을 가지고 자기 의사를 전달하면서 조선말을 적절하게 사용하였다. 그 결과 조선 측과 영국 측의 최고 책임자 간에 서로 원만하고 친화적인 관계를 유지하였다. 결국 이로 인하여 귀츨라프는 원산도에서 활발한 선교활동이 가능했던 것으로 판단된다.

• 올려주신 글을 읽을 때 마다 감동을 느끼게 됩니다.(이재평)
• 영국 측에서는 관심을 가진 부분에 많은 준비를 한 것 같습니다.(이홍열)
• 조선말 까지 공부하면서 많은 준비를 하였는데, 체류 기간이 너무 짧아 아쉬움이 있습니다.(현석균)

---

18) 린제이 보고서, 1832. 8. 12. When the general read this, his eyes brightened, and he repeated several times with much energy, Kow-chee, "So it is."
19) 린제이 보고서, 1832. 8. 12. On one occasion he wrote, "You have come from a distance of so many myriads of le, bringing us presents, and we have treated you in so unworthy a manner. Kohan, kohan, (alas, alas,) such are our laws."

7. 교류협력과 음식 접대

Q 조선 관리는 영국 측에 음식 등 대접을 통하여 어떤 실익(實益)을 얻었나?

A 1832년, 수군우후는 원산도에 정박한 귀츨라프 일행에게 마늘과 술 등을 선물하고, 이들(67명)에게 조선 음식을 대접하였다. 그리고 충청수사는 외국인의 입맛까지 배려하여 귀츨라프 일행 전원에게 조선음식을 대접하였다. 이로 인하여 귀츨라프 일행과 친근감과 신뢰도를 높여 영국 측의 중요한 정보들을 수집하는 실익을 얻고, 그 내용을 조선왕조실록에 수록할 수 있었다. 이 같은 근거는

첫째, 7월 26일, 수군우후는 교역청원서와 예물을 접수한 뒤에 귀츨라프 측에 마늘과 술등을 함께 먹고 마셨다.[20]

둘째, 7월 26일 저녁, 수군우후는 "건어물, 콩음식, 술"을 제공하였다.[21]

셋째, 7월 30일, 충청수사는 "귀츨라프일행 전원을 위하여 두 척의 보트에 조선 음식을 가득실어 배로 방문하여 대접하였다.[22]

---

20) 린제이 보고서, 1832. 7. 26. Wine was now again handed round, with raw garlic as a relish, and we were made to take a glass, and the chiefs informed us of their intention again to pay us a visit to-morrow and we parted on very friendly terms.
21) 린제이 보고서, 1832. 7. 26. Shortly after noon some boats came alongside filled with small tables and baskets with salt fish and cakes, soy, and jars of spirit; we were informed that this was meant for the dinner(lunch) of ourselves and crew.

• **연구결과**

1) 조선 관리 측은 귀츨라프 일행에게 필요한 식자재와 음식을 대접하여 친근감을 높이며 국제협력관계를 잘 유지하였다.
2) 7월 26일 대접한 조선음식은 외국인의 입맛에 맞지 않고 메스꺼워 한 사람도 먹지 못했다. 그러나 성의에 감사했다.
3) 7월 30일 대접한 쌀밥, 떡, 국수, 꿀, 돼지고기, 참외와 수박 등은 외국인 입맛을 배려한 세심한 준비로 모두가 잘 먹었다.
4) 음식대접을 통하여 친근감과 신뢰도를 높여 조선관리는 영국 측의 중요한 정보와 자료를 얻을 수 있었다.
5) 쇄국정책 속에서 수군우후와 충청수사 두고관이 영국측 외국인 모두에게 조선음식을 대접한 사례는 매우 희소(稀少)하여 이해할 수 없으나 수군우후와 충청수사가 세상을 내다보는 혜안(慧眼)은 참으로 놀랍다.

결론적으로, 조선 관리가 귀츨라프 일행에게 음식을 대접한 배려는 친밀감과 신뢰도을 높여 국제협력관계가 잘 이루어져, 결국 영국 측 중요 정보와 자료수집이 가능하였다. 또한 귀츨라프 선교사의 원산도 선교활동을 통하여 조선의 개혁과 선교에 부분직으로 도움이 되는 실익의 효과가 있었다고 평기 할 수 있다.

• 개혁과 교류협력을 지향한 수군우후와 충청수사 같은 인물을 알아보지 못함이 아쉽습니다.(변광일)
• 옛날 선조들은 손님을 잘 대접하는 관습이 있었네요. 더 많은 교류를 못함이 아쉽습니다.(이홍열)

---

22) 린제이 보고서, 1832. 7. 30. A little after noon two large boats came off bringing a complete Corean dinner for the whole crew, consisting of chicken broth with vermicelly, slices of pork, salads, and various sorts of cake, and bowls of honey, with jars of wine.

8. 포도주 등 접대

Q 귀츨라프 일행은 조선 관리에게 포도주 등 대접을 통하여 어떤 외교적 성과를 얻었나?

A 귀츨라프 일행은 1832년 7월 24~25일 군관 텡노 등을 만나 포도주 등을 대접하고, 27일에는 수군우후 등 고관들과 술을 함께 마셨으며, 8월 12일에는 충청수사와 작별을 아쉬워 하면서 홍주목사 등에게도 술 몇 상자를 선물하겠다는 뜻을 밝혀 우호적 협력 관계를 증진하고 외교적 성과를 얻었다고 볼 수 있다. 이 같은 근거는

첫째, 7월 24일, 귀츨라프 일행은 군관 텡노 등이 처음으로 애머스트호에 올라가 몇 시간 동안 머물면서 문정(問情)할 때 포도주를 대접하고 선물도 주었다.[23]

둘째, 7월 25일 텡노 등이 도선사를 데리고 다시 배로 와서 술을 실컷 마시고 간갱으로 갔다.[24]

셋째, 7월 27일 귀츨라프 일행은 원산도에 상륙하였다가, "배로 돌아오는 길에 해안에서 고관들이 기다리고 있어 함께 앉아 포도주 등을 마셨다."[25]

---

23) 린제이 보고서, 1832. 7. 24. After having stayed some hours on board, during which we entertained them with sweet wine and spirits, they left us and went on shore. The Coreans have all a decided partiality to strong liquors, of which they drink considerable quantities without its producing any effect on them.
24) 귀츨라프 일기, 1832. 7. 25. July 25. The clouds dispersed, and we enjoyed again a little sunshine; our friends also returned and brought pilots aboard. When their excessive desire for spirits was satisfied, we got under way, and, with wind and tide favouring, soon reached Gan-keang, and found very convenient anchorage, sheltered from all winds.
25) 린제이 보고서, 1832. 7. 27. On returning we found the chiefs seated on the beach, waiting for us, and we had to sit down and take a cup of wine with them.

넷째, 8월 12일 충청수사와 작별 인사를 하면서 "린제이는 홍주목사 등 고관들에게도 술 몇 상자를 해안으로 보내겠다."고 하는 배려에 충청수사는 감동하였다.[26]

• 연구결과

1) 귀츨라프 측은 조선 관리들과 포도주 등을 함께 마시며 선물도 주는 등 친교의 노력과 배려를 통하여 당국자들 간에 호감과 친밀감을 키웠다.
2) 귀츨라프 일행은 고대도 해안에서 원산도로 이동하는 동안 복잡한 항로를 도선사 등의 친절한 안내로 안전한 항해가 가능하였다.
3) 조선측에 교역청원서 등을 전달하는 외교적 의식을 원만하게 진행하였다.
4) 원산도를 떠날 때 작별의 아쉬운 정표로 지방 고관들에게 술 몇 상자를 선물하겠다는 배려에 충청수사는 감동하였다.

결론적으로, 귀츨라프 일행은 조선 관리 들에게 포도주 대접과 선물을 통하여 친근감과 신뢰감을 다지며 교역청원서 전달 등 외교적 성과를 달성하였다. 영국 측은 일찍부터 외국인을 술과 선물로 친밀감을 얻는 외교적 능력과 경험이 있었다고 볼 수 있다.

- 포도주를 함께 마시고 선물을 교환하는 것은 친밀감과 신뢰도를 높이는데 도움이 됩니다.(최대성)
- 귀츨라프 일행을 맞이하여 시종 친절과 예의로 접대한 것은 의협심이 강한 것이라 여겨지네요.(이재평)

---

26) 린제이 보고서, 1832. 8. 12. On my wishing to send on shore a few cases of liqueurs for himself and the other two chiefs, Kin and Le, he refused them with much emotion, saying," We treat you thus slightingly, and yet you continue to esteem us as friends, and honour us with gifts!

9. 영국과 조선 측의 상호 협력

Q 귀츨라프 일행과 수군우후 측이 서로 만나면서 선물, 음식, 술을 어떻게 얼마나 주고받으며 상호간의 호감을 키워나갔는가?

A 선물, 음식, 술은 낯선 사이를 가깝게 해주고 교제하는데 도움을 준다. 1832년에 귀츨라프 일행과 지방 관리 사이에도 이런 것들이 작용하여 작별인사를 할 때에도 애석해 하면서 헤어질 정도의 친밀감을 유지하였다. 이 같은 근거는

첫째, 귀츨라프 일행은: 1) 녹도에서 어민들의 초청으로 술과 건어물 대접을 받았다. 2) 원산도에서 7월 26일, 수군우후가 마련한 점심식사로 간절인 생선, 건어물, 떡, 술 등을 제공받았다. 3) 교역청원서와 예물 전달식을 마치고 수군우후 등과 술을 하게 마셨다. 4) 수군우후가 보낸 돼지 두 마리, 채소, 쌀, 생강 등 식자재를 선물로 받았다. 5) 7월 30일, 공충수사가 마련한 점심식사로 떡, 국수, 꿀, 돼지고기, 참외, 채소, 쌀밥 등을 대접 받았다.

둘째, 지방 관리 들은: 1) 귀츨라프 측으로부터 7월 24일 애머스트호에 처음 올라가 텡노 등 관리들이 럼주 술 대접을 받았다. 2) 텡노 등 선원들이 옥양목과 모직물, 사자문양 단추를 받았다. 3) 7월 25일 안내하러온 도선사 등이 술 대접을 받았다. 4) 7월 27일 수군우후와 홍주목사가 모직 방석(Brussels carpet)을 받았다. 5) 8월 12일, 작별인사차 공충수사가 린제이 함장을 방문하였을 때 홍주목사 등 3인에게 술 몇 상자 주려고 하였으나 고마워하면서 사양하였다.[27]

• 연구결과
1) 조선의 지방 관리들은 귀츨라프 일행을 손님으로 정중하게 맞아, 음식도 제공하며 떠나갈 때까지 충돌 없이 대화로 평화를 유지할 수 있었다.
2) 귀츨라프 측은 교역청원 목적은 달성하지 못했지만, 강요하거나 지방 관리들

을 자극하지 않고 술 대접과 선물 제공 등 좋은 관계를 유지함으로써 선교 활동을 잘 마칠 수 있었다.

결론적으로, 귀츨라프 측과 조선 관리들은 상호간에 예의 존중은 물론이고 음식, 술, 선물 등으로 처음부터 좋은 관계를 유지하여 우리나라 선교역사에 귀중한 업적을 남길 수 있었다.

- 영국 배의 안전 도모와 교역청원서 접수는 원산도 선교기반을 구축하는 교량 역할이 됩니다.(김형식)
- 선조들이 손님을 예절바르게 대접한 풍습이 묘사되어 있네요.(이홍열)

27) 린제이 보고서, 1832. 7. 27. To each of the chiefs I made small presents, which, after some apparent reluctance, were accepted; nothing gave so much pleasure as small pieces of Brussels carpet, for seats to lay down over their mats.

10. 원산도의 귀츨라프 발자취

Q 『한국 최초 개신교 선교지, 원산도의 귀츨라프 발자취』 책에는 어떤 내용이 기록되어 있는가?

A "한국 최초 개신교 선교지, 원산도의 귀츨라프 발자취" 책은 2017년 10월 29일 발행되어 ISBN 978-89-967000-4-3(부가기호 03230)으로 등재되고, 신호철, 김주창 공저로 다음과 같은 내용이 수록되어 있다. 이 책의 내용은 [28]

자료: 책 표지

첫째, 우리나라 개신교 선교역사의 원년은 1832년 이며.

둘째, 조선에 최초로 온 개신교 선교사는 귀츨라프 이고.

셋째, 그의 선교지는 원산도라고 하는 것을 귀납적 연구방법 등으로 고증을 통하여 찾아낸 내용이 상세하게 기록되어 있다.

조선 측의 왕조실록, 일성록, 비변사등록, 승정원일기 등 한문 기록과, 귀츨라프 일기, 린제이 보고서 등 영문 기록을 인용하여 이를 정밀하게 검토하고 조사와 연구가 진행되었다.

그러나 조선의 기록 내용에는 영국 선박에 승선한 귀츨라프 일행이 오고간 것과 우리나라에 정박한 장소 만 기록되고, 귀츨라프 측 기록에는 조선에서 선교 활동한 내용이 구체적이고 자세히 기록되어 있지만 그 장소는 "간갱"이라는 이름 뿐이어서 지금까지 "간갱"이 어디에 있는지 올바르게 찾아 낼 수 없었다.

따라서 귀츨라프 선교지는 아직도 확정되지 못한 상태에서 연구자 간에 주장이 서로 다르고, 원산도와 고대도에서는 귀츨라프 기념사업을 서로 경쟁적으로 하고 있다. 하나의 역사적 사실을 가지고 서로 다른 곳에서 기념사업이 추진되고, 개신교 선교역사가 올바로 정립되지 못하여 진짜와 가짜가 함께 병존하고 있다. 이는 기독교계는 물론이고 국가적 망신을 자초하는 일이 되고 있다.

이 책은 귀츨라프 선교사의 활동내용과 고대도와 원산도의 역사, 지리, 자연환경, 인문조건 등을 비교 연구하여 원산도가 우리나라 최초의 선교지임을 확실하게 고증한 것으로, 개신교 선교역사 바로 세우기 차원에서 큰 기여를 하고 있다.

- 영국의 신사도와 조선의 동방예의지국 정신이 인도주의 측면에서 같다고 생각됩니다.(이재평)
- 역사를 바로잡기 위한 논의는 많을수록 관심을 유도할 수 있고 진실을 밝히는데 도움이 됩니다.(이홍열)
- 잘못 알려진 선교지 역사를 바로 세우는데 기여한 좋은 책입니다.(정진호)

---

28) 원산도의 귀츨라프 발자취, 2017.

11. 원산도의 민속신앙

Q 귀츨라프 선교사가 활동한 원산도에는 어떤 민속신앙이 있었나?

A 귀츨라프 선교사가 머물던 원산도의 민속 신앙은 각 마을 단위로 남성 중심 당제(堂祭)와 여성 중심 풍어제 등 민속 신앙이 형성되어 있었다. 이 같은 근거는[29]

첫째, 수군우후가 주둔했던 진촌 마을에서 마주보이는 앞 산 정상에 당집이 위치하여 이곳을 당산(堂山)이라 하였다. 이곳은 국토지리정보원 지도에도 당산이라 표기되었다. 신명(神物)은 동물(말)상이며, 당제는 매년 음력 정월 열나흘 날 밤, 마을 원로 중 흠이 없는 사람을 당주로 뽑아 의식이 거행하였다. 그러다가 1989년 신물이 도난당해 당제는 폐지되었다. 이곳은 사방으로 토담이 둘러싸여 그 가운데에 조그만 당집이 있었고 출입문과 지붕 등은 훼손되었다.[A]

둘째, 귀츨라프 일행이 정박했던 개갱만(선촌)의 서쪽 뒷산 정상의 소나무 숲 가운데도 당집이 있어 이곳도 당산이라 하였다. 이곳도 국토지리정보원 지도 당산으로 기록되었다. 신명(神物)은 당 할머니, 산신(山神), 각시신 등이며, 당제는 매년 음력 정월에 의식이 거행되다가 1980년대 중반에 폐지되었다.[B]

셋째, 초전, 저두, 짐말, 진고지 등 8개 마을에도 각각 당산과 당집이 있었다. 이들의 신명은 당 할머니, 당신, 산신, 고양할머니 등 다양한 민속신앙 공동체가 형성되어 있었다. 그리고 당제는 음력 정월을 기준으로 거행되었으며 이들 당집도 1980년대 중반에 폐쇄되고, 오직 저두 마을 당제만 존속되고 있다.[C]

넷째, 풍어제(豊漁祭)도 민속 신앙의 하나로 여성 중심으로 진촌, 초전, 진고지, 저두 마을 등에서 거행되었다. 용왕(龍王)을 신격으로 하여, 음력 정월에 갯벌에 제물을 진설하고 풍어(풍작)를 기원하는 민속신앙 공동체로 형성되어 있었다.[D]

• **연구결과**

1) 진촌 당집의 신물은 특이하게 '동물상(말)'으로 되어 있어 1425(세종 7)년 원산도에 말 목장이 조성된 이후 말을 민속 신앙 대상으로 삼은 것으로 추정된다.
2) 선촌 당집은 개갱만을 중심으로 위말, 아랫말, 도랫말 개경(개건너) 등 여러 마을 단위로 자연스럽게 신앙공동체가 형성되고 신명도 당신(堂神) 등 다양하게 섬겼다.
3) 1990년대 이후 기독교의 전파와 과학의 발전 등 영향을 받아 원산도의 민속신앙은 쇠퇴하였다고 할 수 있다.

결론적으로, 원산도의 민속신앙은 바다와 육지를 연계하여, 안녕, 풍어, 해상 안전 등을 기원하며, 마을 단위로 자생한 민속신앙 공동체가 형성되었다고 할 수 있다.

자료: 원산도 풍어제 광경

- 해안 지대의 민속 신앙은 어디나 안녕과 풍어 등을 소원했다고 생각이 드네요.(권호열)
- 원산도의 민속 신앙에는 남성 중심의 당제와, 여성 중심의 풍어제 등이 있습니다.(정창무)

---

29) 박종익, 보령 원산도(섬마을의 민속), 2007.

12. 수군우후 등의 의금부 진술

Q 수군우후는 의금부에서 영국 측 예물의 접수과정을 어떻게 진술하였나?

A 수군우후 김형수와 홍주목사 이민회는 의금부에 불려가 귀츨라프 일행으로부터 받은 공문(교역청원서)과 예물의 접수 과성을 진술하였다. 이 같은 근거는

첫째, 일성록에 수군우후는, "그들(귀츨라프 일행)이 공문과 예물을 바닷가에 가져다 놓고 조정에 올려 보내 달라고 하였으나, 누차 엄하게 물리쳤는데 거두어 가지 않고 배를 타고 돌아갔다."고 하였다. 30)

둘째, 홍주목사는 "공문과 예물의 접수는 선례가 없어 거절하였으나 저들이 바닷가에 옮겨 놓고 갔다."고 진술하였다. 31)

셋째, 위 2인은 "물건들이 바닷물에 떠내려가게 놔둘 수가 없어, 부득이 동장집에 가져다 주고 잘 지키도록 하였다.(不得已洞任處 逢授守直)"고 공통으로 진술하였다. 32)

넷째, 그러나 린제이는 "나는 일어나 예의를 갖추어 손을 올리고 제일 높은 고관(수군우후) 앞으로 걸어가 공문을 그의 손에 전달하였다."고 기록하였다. 33)

---

30) 일성록, 1832년 8월 7일, 屢加嚴却 彼人仍不收還 乘船徑歸.
31) 일성록, 1832년 8월 7일, 則此是無前之例 又係不經 之事 嚴辭斥退 百般牢拒 則彼人輸置浦邊
32) 일성록, 1832년 8월 7일, 則物旣無主 不可任他漂失 不得己洞任處 逢授守直
33) 린제이 보고서, 1832년 7월 26일, I now rose, and in a formal manner, with my hands raised up, walked forward to the principal chief, and delivered the letter into his hands

다섯째, 귀츨라프 일기는 "공문과 예물을 공식적으로 전달 받은 고관들(수군우후, 홍주목사)은 위탁받은 물품은 신속히 전달하겠다고 약속했다."고 하였다. [34]

• 연구결과

1) 예물(내역)은 고급 모직물(4필), 고급 천(6필). 옥양목(14필), 망원경(2개), 유리구릇(6세트), 단추(12세트), 전도책자 등 3상자에 들어있었다.
2) 수군우후와 홍주목사는 죄인의 신분으로 의금부에서 면책을 위한 변명성 진술을 한 것으로 판단된다.
3) 귀츨라프와 린제이 기록은 종합적인 정황으로 미루어 신빙성이 있는 것으로 확인되었다.

결론적으로, 수군우후와 홍주목사는 파직을 당한 후에 의금부에 출석하여 심문을 받으면서 진술한 내용으로 더 이상의 형벌이 두려워 면책을 위한 거짓 진술이라고 볼 수 있다. 또한 진술 내용에 합리성이 부족하고, 귀츨라프와 린제이 기록과 배치(背馳)되므로 신뢰성이 낮다고 할 수 있다.

- 비록 거짓 진술을 했으나, 수군우후와 홍주목사는 국익을 위한 훌륭한 처사였다고 할 수 있습니다.(이재평)
- 기록으로 살펴보니 그 당시의 시대적 상황을 이해 할 수 있겠습니다.(이홍열)

---

34) 귀츨라프 일기, 1832년 7월 26일, After our formally delivering the letter and presents, they handed us raw garlic and liquor, and promised speedily to forward the things entrusted to their charge.

간갱만을 상징하는 그림

자료: 이동현 화가 작품

제2장
원산도 선교지의 인문환경과 지리·역사

제2절 원산도 선교지의 지리·역사

1. 원산도의 지리(요약)
2. 원산도의 귀츨라프 기념비
3. 간갱의 구비 조건
4. 원산도 상륙
5. 간갱 만(bay)의 실존
6. 관청 소재지와 선교지
7. 예물 준비와 운반 장소
8. 애머스트호의 정박지
9. 농업용지로 적합한 원산도
10. 원산도의 말 목장 역사
11. 수군우후의 원산도 주둔
12. 귀츨라프 행전과 원산도

제2절 원산도 선교지의 지리·역사

1. 원산도의 지리(요약)

Q 귀츨라프 일행 활동 당시 원산도의 지리적 환경은 어떠하였나?

A 원산도 면적(1,028ha)은 고대도(92ha)의 11배 이상의 큰 섬으로 경사가 완만한 넓은 들판이 있으며, 점촌과 개갱촌 사이의 앞바다는 만이 잘 형성되어 배가 안전하게 정박할 수 있고, 동북쪽에는 효자도와 안면도가 위치하여 바람막이가 잘되어 있었다. 특히 이곳에는 '천마지'라는 1등급 항구도 있었다. 이 같은 내용은

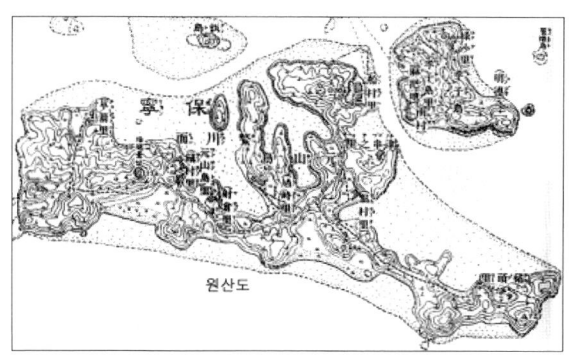

자료: 원산도 옛 지형도(1919년)

첫째, 1832년 귀츨라프 일행이 원산도에 머물고 있을 때, 이곳 자연환경은 경사가 완만한 넓은 들판과 땅이 비옥하고 풀이 무성하게 자라 목장용지로 적합하다고 판단하였으나 잘 활용되지 못하였다.

둘째, 원산도는 섬으로 분리되고, 초지자원과 물이 풍부하여 역사적으로 조선왕조 초기부터 목장을 조성하여 제주도에서 생산된 말을 군마(軍馬)와 역마(驛馬)로 사육하여 교통수단으로 활용하게 하였다.

셋째, 원산도 지형은 섬의 생김새가 잔잔한 수면위에 마치 한자의 '뫼산(山)' 글자를 떠올리게 하고, '원래 산이 있었던 섬'이라는 지명 유래가 있다. 즉 선촌과 개갱촌을 중심축으로 우뚝 솟아 있는 중앙 권역을 원산1리로 정하고, 오른 쪽 낮게 솟아

있는 곳의 저두 마을 등을 원산2리라 하였으며, 왼쪽에 낮게 솟아있는 초전 마을 등을 원산3리로 구획하였다.

넷째, 귀츨라프 선교사 정박 당시의 교통 여건은 원산도의 간갱(개갱)에서 수군우후 주둔지 진촌까지 4km 정도의 뱃길과 육로로 접근이 용이하였다. 오천성과도 인접하여 충청수사와 뱃길의 통로가 연결되어 있었다.

다섯째, 원산도는 전라. 충청도의 세곡미(稅穀米)를 서울로 운반하는 뱃길의 중간에 위치하고, 안전한 항구도 있어 조운선(漕運船) 점검기지와 관청이 있었다.

여섯째, 귀츨라프의 원산도 활동 당시 행정구역은 홍주목사(홍성) 관할이었으나 1914년 보령군으로 편입되어 선촌, 진고지, 점촌, 진촌, 초전, 사창, 구치, 저두 등 8개리로 편성되어 있었다.

일곱째, 원산도를 고만도(高戀島) '고란도(孤蘭島)'라고 하는 기록이 있으나, 별개의 섬이라는 주장도 있다.[35]

여덟째, 원산도는 섬으로 분류되었으나 현재 안면도-원산도-대천항을 연결하는 국도77호가 개통단계에 있어 앞으로 육지화 되어 교통은 매우 편리할 것으로 전망된다. 이밖에 귀츨라프는 숲 속을 거닐면서 비옥한 땅에 야생하는 과일나무가 잘 자라 이곳에 과수원을 조성하면 좋겠다고 기록하였다.

- 원산도가 귀츨라프 선교지라는 지리적 배경이 흥미롭습니다.(김주유)
- 안면도-원산도-대천항을 연결하는 도로의 개통을 앞두고 있다니 복음이 펼쳐지는 기회입니다.(이재평)
- 귀하고 진실한 역사를 알게 되어 감사합니다.(정창무)

---

35) 고려사절요, 1272. (음) 9. 三別抄寇孤瀾島 焚戰艦六艘 執洪州副使 李行儉及結城藍浦監務(원종 13년)

2. 원산도의 귀츨라프 기념비

Q 원산도에 귀츨라프 선교사의 기념비는 어떻게 세워졌는가?

A 충남 보령시 오천면 원산도리에는 귀츨라프 한국선교 150주년을 기념하여 1982년 7월 17일 학교법인 송죽학원(이사장 김옥선 장로) 주도로 세워진 귀츨라프 선교사 기념비가 있다. 이 기념비는 귀츨라프 원산도 선교를 기념하여 한국에서 가장 먼저 세워진 중요한 역사적 기념물의 하나이다. 이 같은 근거는

자료: 귀츨라프 기념비

첫째, 귀츨라프 기념비 건립자(김옥선 장로)는, "길보른(Elmer Kilbourne) 선교사의 이야기와 백낙준 박사의 저서를 통하여 귀츨라프 선교사가 원산도에 정박하며 선교 하였다는 것을 알게 되어 이곳에 기념비를 세우게 되었다."고 증언하였다. [36]

둘째, 기념비 내용은 "카알 귀츨라프 선교사는 1832년 7월 17일 이곳에 도착하여 한문으로 된 전도지와 주기도문 그리고 감자 종자를 이곳 도민에게 전함. 그의 전기에는 그는 확신을 가지고 <보다 훌륭한 여명의 날이 한국에 빨리 오기를 바람>이라고 언급함." 이라 기록되었다. 아울러 하단에 '그가 오셨든 150주년을 기념하여 1982년 7월 17일 세움'이라 쓰여있다. [37]

셋째, 비문을 건립한 단체는 "한국기독교교회협의회(KNCC), 한국기독교의료선

---

36) 백낙준, 1993. 3. 5. 한국개신교사

교협의회(KCMEA), 주한서독대사관, 주한화란대사관, 학교법인 송죽학원, 지역사회개발위원회" 등 공동명의로 되어 있다.

• 연구결과

1) 기념비 건립 단체 중에 '주한서독대사관'의 경우는 귀츨라프의 출생국이 독일이며, '주한화란대사관'의 경우는 선교의 첫발을 네덜란드 선교사로 아시아(인도네시아)에서 시작하였기 때문으로 해석된다.
2) 그러나 귀츨라프는 1832년의 경우 영국(런던)선교회 중국 주재 선교사로 조선에 왔기 때문에 '주한영국대사관'이 누락된 것은 아쉬움이 있다.
3) 비문 내용에 원산도 도착 날자가 "7월 17일"로 기록된 것은 오류이므로 "7월 25일"로 바로잡아야 한다.
4) 원산도 귀츨라프 기념사업은 더욱 다양하게 이루어져야 한다고 판단된다.
5) 비문의 도착 날자 오류를 근거로 귀츨라프 원산도 도착을 부정하는 일부 주장론은 잘못된 것이다.

결론적으로, 원산도에 건립된 귀츨라프 기념비는 그의 원산도의 도착과 선교활동을 기념하여 건립된 대단히 중요한 역사기념물로 평가된다. 다만 건립 당시 고증 불충분으로 "원산도 도착일자" 등 오류는 수정하여 불신요인을 없애야 할 것이다.

- 기념비 비문 내용의 도착날짜 오류는 바로잡고, 기념사업은 더욱 활발하게 이뤄져야겠습니다.(김은주)
- 건립자 김옥선 장로는 사회사업가, 교육자, 정치인(3선 국회의원)으로 활동하였다.(이재평)
- 원산도에 귀츨라프 기념비가 건립되어 있다는 것은 의미 있는 일입니다.(이홍열)

---

37) 귀츨라프 일기, 1832. 8. 12. The scripture teaches us to believe that God can bless even these feeble beginnings. Let us hope that better days will soon dawn for Corea.

3. 간갱의 구비 조건

Q 귀츨라프 일행의 조선 방문 기록에 나오는 영문지명 '간갱'은 어떤 곳인가?

A 간갱(Gan-keang)의 자연환경 등에 대하여, 귀츨라프는 다섯 번 린제이는 한번 모두 여섯 번 기록했나. 산생은 그들이 배를 정박하고 상륙하여, 지방 관리늘을 만나고. 주민들에게 전도하고. 활동한 섬에 있는 만의 이름이기 때문에 이곳은 귀츨라프의 선교지라고 확정 지을 수 있다. 이 같은 근거는

첫째, 귀츨라프 기록에 조선 관리는 "우리가 당신들을 간갱이라 불리는 만으로 데려갈 것이다."라고 했다. 고로 간갱이 위치한 섬에는 만이 있어야 한다.[38]

둘째, 귀츨라프는 "곧 간갱에 도착하였는데 그곳은 모든 바람에서 보호되는 편리한 정박지다."라고 기록했다. 고로 간갱이 위치한 섬에는 바람막이가 잘 된 정박지가 있어야 한다.[39]

셋째, 그는 "우리 정박지인 간갱은 1등급 항구이다."라고 했다. 고로 간갱은 1등급 항구이어야 한다.[40]

넷째, 간갱에는 관청이 있어야 한다.[41]

---

38) 귀츨라프 일기, 1832. 7. 24. They inquired politely our country, and remarked that we had anchored in a very dangerous place, adding, we will bring you to a bay called Gan-keang, where you may find safe anchorage,
39) 귀츨라프 일기, 1832. 7. 25. we got under way, and, with wind and tide favouring, soon reached Gan-keang, and found very convenient anchorage, sheltered from all winds.
40) 귀츨라프 일기, 1832. 8. 11. Though there are spacious and secure harbours, among which, Gan-keang, the place of our anchorage, holds the first rank.

다섯째, 귀츨라프는 "우리는 간갱항에 오라고 관리가 초청했다."고 기록했다. 이는 처음에 관리를 만나 초청을 받았음을 뜻한다.

여섯째, 다른 한편 린제이는 "거기서 우리는 간갱에 들어오도록 고관들의 초정을 받았다."라고 기록했다. 그러므로 강제 진입이 아니고 초청받아 간갱에 온 것을 알 수 있다.

- **연구결과**
1) 간갱이 위치한 섬은 만, 바람막이가 잘 된 정박지, 1등급 항구가 있어야하는데 이는 원산도에 해당하고 고대도는 해당하지 않았다.
2) 원산도에는 옛 지도의 만 근처 같은 위치에 있는 마을이 개강 또는 개경 및 개갱으로 표기되어, 간갱과 발음이 매우 유사하였다.
3) 따라서 간갱은 원산도의 개갱 마을 앞에 있는 만을 지칭하는 것으로 확인하였다.

결론적으로, 귀츨라프와 린제이가 기록한 간갱은 원산도에 있는 마을 및 만을 의미한다. 따라서 귀츨라프의 신교지는 원신도임을 확인힐 수 있다.

- 귀츨라프 선교사의 원산도에서 첫 발을 내딛었다는 그의 흔적을 찾아보고 싶습니다.(이난희)
- 간갱 만 구비조건에 대하여 원산도는 이 같은 모든 조건이 만족되네요.(이재평)
- 귀츨라프 기록과 다른 관련 기록을 비교하여 객관적인 사실이 확인되면 명확해질 것입니다.(이홍열)

41) 현종실록, 1669. (음) 2. 3. 佐明又曰 元山島牧場 馬移置于大山串 而使忠淸水虞侯進駐于 元山以爲 風和 待變之地 且於漕船上來時 使之點檢 上送便當矣 上從之.

4. 원산도 상륙

Q 귀츨라프 선교사가 원산도에 상륙했다는 것을 어떻게 증명할 수 있는가?

A 귀츨라프 선교사가 충청해안에서 5회에 걸쳐 기록(1832년 7월 24일~8월 17일)한 "산생 만"에 대하여, 원산노의 "개갱 만(개갱촌과 선촌 사이)"과 비교하고 이를 귀납법으로 연구한 결과 같은 장소로 고증되었기 때문이다. 이 같은 근거는

첫째, "간갱 만(灣)"은 배가 안전하게 정박 할 수 있고, 고관을 만나 교역을 협의할수 있다는 귀츨라프 기록과, "개갱만" 즉 원산도의 개갱촌과 선촌 사이의 해양여건은 일치한다. 고관과 교역을 협의할 관청도 원산도에 소재하였다.

둘째, 바람막이가 잘되고 편리한 정박지라는 귀츨라프 기록과, 개갱만 북쪽은 효자도가, 남서쪽은 섬이 길게 뻗어 태풍도 막을수 있어 서로 일치하였다.[42]

셋째, 소를 많이 기르고, 1등급 항구라는 귀츨라프 기록과 원산도는 넓은 들판과 초지가 풍부하여 소를 기르기에 적합하다. "천마지"라는 항구는 개갱만에 위치하여 예로부터 육지와 연결된 항구로 이용되었다.

넷째, 간갱에 거주하는 관리들과 많은 주민들이 전도지를 받았다는 귀츨라프 기록과 원산도는 조운선 점검기지 등이 있어 관리들과 주민들이 많이 살았다.

다섯째, 간갱은 관리들의 초대를 받은 장소라는 귀츨라프 기록과, 원산도는 수군우후가 상주하고 충청수사가 왕래하였으며 귀츨라프 일행을 오찬에 초대한 사례가 있었다. 이밖에 "간갱"과 원산도의 "개갱(또는 개강)"지명은 발음이 유사할 뿐 아니라, 원산도 전체지명(199개), 고대도 전체지명(25개)을 조사한 결과 오직 이곳만 유사하였다.

• **연구결과**
1) 귀츨라프가 기록한 "간갱 만"과 원산도의 "개갱 만"의 해양 여건을 귀납법으로 살펴본 결과 이들은 같은 위치로 고증되었다.
2) 이는 1857년 프랑스 군함(Virginie호)이 작성한 해도와 1919년 제작된 지형도 (1/50,000)에도 잘 나타나 있다.
3) 원산도는 수군우후가 주둔한 관청이 있어 교역 협의가 가능하였다.

결론적으로, 귀츨라프 일행이 상륙한 "간갱 만"과 원산도의 "개갱 만"은 서로 같은 위치이므로 귀츨라프 선교사는 원산도에 상륙하였다고 귀납법으로 증명할 수 있다.

• 간갱에 대하여 잘 집약된 새로운 사실을 알게 되었습니다.(권호열)
• 귀츨라프 활동기록과 원산도의 지리 해양여건을 비교하면 원산도 상륙이 증명됩니다.(권태웅)

---

42) 귀츨라프 일기,1832. 7. 25. we got under way, and, with wind and tide favouring, soon reached Gan-keang, and found very convenient anchorage, sheltered from all winds.

5. 간갱 만(bay)의 실존

Q 충청 해안에서 '간갱 지명과 만(灣)의 유무'로 원산도가 선교지임을 증명할수 있는가?

A 귀츨라프의 선교지는 '간갱(Gan-keang)' 이라 불리는 지명이 확실하다. 그러나 간갱이 어느 섬에 있는지, 향토(鄕土) 지명은 무엇인지, 등에 대하여는 그동안 잘못 전해져 왔다. 귀츨라프 기록에 따르면 간갱에는 만(bay)이 있다. 그리고 배가 안전하게 정박할 수 있고, 바람 막이가 잘되어 있으며, 1등급 항구라고 하였다. 따라서 간갱이 어느 섬에 있는지 그 위치를 밝히려면, 귀납적(歸納的) 방법으로 귀츨라프 기록과 원산도 및 고대도의 해양 조건을 기준으로 하나씩 비교하면서 고증해 보면 쉽게 판단될 수 있다. 그 결과 원산도는 귀츨라프의 기록 조건과 완전하게 일치되므로 그의 선교지임을 증명할 수 있다. 이 같은 근거는

자료: 원산도 개갱항구 추정

첫째, 귀츨라프 7월 24일 일기에, 군관(텡노)이 "간갱이라 불리는 만(灣)으로 우리를 안내하겠다.(we will bring you to a bay called Gan-keang)"고 하였다.[43]

둘째, 귀츨라프는 7월 25일 일기에, "간갱에 도착하였는데 이곳은 배가 안전하게 정박할 수 있고, 바람막이가 잘된 곳이다.(soon reached Gan-keang, and found very convenient anchorage. sheltered from all winds)"라고 기록하였다.[44]

• 연구결과

1) 귀츨라프의 간갱 관련 기록을 근거로 원산도와 고대도의 해양 여건을 비교 조사한 결과 원산도에는 유사한 지명 '개갱'이 있고, 만(bay)이 존재하며, 바람막이가 잘되어 있고, 조운선(漕運船)을 점검한 1등급 항구가 있었으며, 수군우후 관리들이 주둔한 역사적 기록도 확인되었다.
2) 그러나 고대도의 경우는 귀츨하프가 기록한 여러 조건 중에서 하나도 부합되지 않았다.
3) 따라서 원산도가 선교지임을 확실하게 증명할 수 있다. 한편 고대도 경우는 그동안 귀츨라프 기록과는 다른 오류와 착각의 잘못된 것으로 밝혀졌다.

결론적으로, 귀츨라프 기록의 간갱과 원산도의 제 여건은 귀납적 방법으로 완전히 일치되므로 귀츨라프 선교지는 원산도라고 증명할 수 있다.

- 1등급 항구라는 기록만으로도 원산도는 선교지가 확실한 것 같습니다.(이민영)
- 저자의 귀츨라프 연구가 점점 흥미로워지며 원산도를 꼭 가보고 싶습니다.(현석균)

---

43) 귀츨라프 일기, 1832. 7. 24. They inquired politely our country, and remarked that we had anchored in a very dangerous place, adding, we will bring you to a bay called Gan-keang, where you may find safe anchorage.
44) 귀츨라프 일기, 1832. 7. 25. we got under way, and, with wind and tide favouring, soon reached Gan-keang, and found very convenient anchorage, sheltered from all winds.

6. 관청 소재지와 선교지

Q 충청 해안의 섬 중에서 관청과 고관의 거주지 기록으로 원산도가 선교지임을 증명할 수 있는가?

A 귀츨라프가 정박한 충청해안의 여러 섬 중에서 관청의 위치와 선교지 등에 대한 확실한 기록은 "간갱(Gan-keang)"이란 지명뿐이다. 그런데 린제이는 간갱에 와서 그 섬에 관청도 있고 고관이 거주하는 마을도 있다고 기록하였다. 관청과 수군우후의 거주지는 서로 다른 섬에 있을 수 없다. 따라서 관청이 있는 섬만 찾으면 고관의 거주 장소와 선교지는 쉽게 확인될 수 있다. 이같은 근거는

첫째, 린제이는 1832년 7월 25일 군관(텡노)의 안내를 받아 '간갱'에 도착할 때 "고관이 거주하고 있다고 들은 큰 마을 가까이에 정박하였다."고 기록하였다. [45]

둘째, 린제이는 7월 26일 관청 방문을 위하여 군관(텡노) 및 서기관(양씨)과 동행하여 애머스트호에서 보트로 "고관(수군우후)이 거주하는 마을로 갔다."고 기록하

자료: 수군우후의 원산도 관가 터

---

45) 린제이 보고서, 1832. 7. 25. We here anchored near a large village, in which we were told the mandarins were staying.

였다.[46]

셋째, 현종실록(1669년 (음)2월 3일)에 "충청수군우후를 원산도에 주둔케 하여 조운선이 올라올 때 점검하다."고 기록했다.[47]

넷째. 린제이는 8월 11일, "우리는 작별인사 차 마을에 있는 수군우후를 방문했다.(We visited the chiefs in the village, to take our leave)"고 기록 하였다.[48]

• 연구결과
1) 고대도, 원산도, 불모도, 녹도 등이 위치한 충청 해안지역에서 관청 즉 수군우후의 관청이 위치한 섬은 오직 원산도뿐이다.
2) 수군우후가 머물거나 거주하는 섬은 관청이 위치한 원산도가 당연하다.
3) 귀츨라프 일행이 정박한 곳과 상륙하여 활동한 섬은 관청과 수군우후의 거주지가 있는 원산도임이 확실하다.

결론적으로, 수군우후의 관청이 원산도에 있다는 것은 역사적 사실이고, 그 관청의 고관들은 같은 섬(원산도)에 있다고 보는 것이 당연하므로, 애머스드호가 정박하고 귀츨라프가 선교한 장소는 원산도가 될 수밖에 없다. 때문에 고대도가 선교지라는 일부의 주장은 완전히 틀린 것이다.

• 원산도 관청소재지 근거는 현종실록(1669)과 정조실록(1792)에 있습니다.(김채수)
• 수군우후는 수군을 지휘하는 사령관으로 원산도에 주둔하였다는 타당성이 있습니다.(이홍열)

---

46) 린제이 보고서, 1832. 7. 26. A little before four Mr. Gutzlaff and myself, with Mr. Simpson and Mr. Stephens, started in the long-boat, accompanied by our two friends, who, however, as the time approached, gave evident signs that they were not quite at ease. We went to the village, which is the temporary residence of the chiefs.
47) 현종실록, 1669. (음)2. 3. 佐明又曰 元山島牧場 馬移置于大山串 而使忠淸水虞侯進駐于 元山以爲 風和 待變之地 且於漕船上來時 使之點檢 上送便當矣 上從之.
48) 린제이 보고서, 1832. 8. 11. In the afternoon we visited the chiefs in the village, to take our leave.

7. 예물의 준비와 운반 장소

Q 귀츨라프 일행은 교역청원서와 예물을 언제 어디에서 준비하여 어디로 갔는가?

A 귀츨라프 일행은 원산도(개갱만)에 정박한 다음 날, 애머스트호를 방문한 수군우후와 홍주목사에게 교역청원서와 예물을 공식적으로 전달하고 싶다는 뜻을 밝히고, 예물은 배안에서 포장하여 보트 편으로 관청이 있는 마을(진촌)로 상륙하였다. 이 같은 근거는

첫째, 1832년 7월 26일 오전, 수군우후와 홍주목사는 원산도(개갱만)에 정박 중인 귀츨라프 일행을 방문하였다. 이때 린제이 함장은 수군우후에게 교역청원서와 예물을 공식적으로 전달하고 싶다는 뜻을 밝히고, 오후에 예물 등을 가지고 상륙하겠다는 제안과, 군관 탱노와 서기관 양씨가 자기들을 수행할 수 있도록 요청하여 수군우후의 승낙을 받았다.[49]

둘째, 귀츨라프 선교사는 배에 찾아온 사람들에게 책자들을 나누어 주니 기쁘게 받는 것을 보고 흐뭇해하였고, 국왕께 드릴 청원서와 성경 등 예물을 탱노 등의 입회하에 배 안에서 포장하였다. 예물의 목록은 다양한 색상의 우단(4필), 여러 색깔의 모직물(羽毛, 6필), 양포(洋布,14필), 망원경(2대), 유리그릇과 꽃병 및 향수병, 사자무늬 단추(12타), 지리, 천문, 과학 등 각 분야의 서적 등이었다.[50]

---

49) 린제이 보고서, 1832. 7. 26. Before the chiefs departed I again repeated (on paper) that I meant to come on shore in the afternoon with the letter and presents, and that Yang-yih, and Teng-no had better stay on board and accompany us. This point was ratified by old Kin exclaiming hota (good), and directing the two secretaries to remain with us.
50) 귀츨라프 일기, 1832. 7. 26. I had hitherto enjoyed the great satisfaction of seeing the people who came aboard, receive our books gladly; and now I strongly hoped that the ruler of so secluded a country might be benefited with the perusal of the oracles of God.

셋째, 포장된 예물은 정박지(개갱만)에서 보트편으로 운반하여 수군우후의 관청이 있는 마을로 상륙하였다. 린제이 보고서에는 관청에 3.6m(12피드) 높이의 울타리가 쳐져있었고 2명의 병사가 경비하고 있었다고 하였다.[51]

• **연구결과**
1) 귀츨라프 일행은 원산도(개갱만)에 정박한 다음날 수군우후와 홍주목사가 애머스트호 배 안으로 방문하였을 때, 교역청원의 뜻을 밝히고, 이를 공식적으로 전하고 싶다고 제안하였다.
2) 그리고 귀츨라프는 예물 등을 배안에서 포장하여 텡노와 양씨의 안내로 보트(從船) 편으로 운반하여 수군우후의 관청이 있는 원산도(진촌)로 상륙하였다.

결론적으로, 귀츨라프 일행은 1832년 7월 26일 교역청원서와 예물을 포장하여 보트 편으로 운반하고 상륙하여 수군우후의 관청이 있는 원산도(진촌) 마을로 갔다고 할 수 있다.

• 조선시대 전도책자를 받은 사람들은 어떤 신분이며, 어떤 생각과 반응을 했는지 궁금하네요.(변광일)
• 칼럼을 통해 이 땅에서 귀츨라프 선교사의 사역을 알게 됩니다.(이민영)
• 확실한 고증과 정확한 이론으로 의문을 풀어가는 칼럼입니다.(이재평)

---

51) 린제이 보고서, 1832. 7. 26. This intimation was now too late, and I was determined to see the thing fairly out, so we walked unarmed straight up to one of the alleys of the village, which is surrounded with a thick wattled fence 12 feet high, so that no houses can be seen. As we approached we heard the sound of trumpets, and saw two solders (who are distinguished by a blue dress, felt hat, with red tuft of hair hanging from it) matching down the lane blowing with all their might.

8. 애머스트호의 정박지

Q 조선의 관리들이 간갱에 정박한 애머스트호를 방문한 기록을 통하여 원산도가 선교지임을 증명할 수 있는가?

A 귀츨라프 일행이 간갱에 체류한 18박 19일 동안에, 조선 관리들이 빈번하게 방문했다는 영국 측 기록을 통하여, 애머스트호는 관청이 있는 원산도 해안에 정박했음을 알 수 있다. 이 같은 근거는

첫째, 1832년 7월 26일, 수군우후와 홍주목사는 인사차 애머스트호를 방문하고, 귀츨라프 일행은 오후에 관청이 있는 원산도에 보트로 상륙하여 교역청원서와 예물을 전달했다. 그리고 군관 텡노는 저녁에 방문하여 한 밤중까지 조사하고 돌아갔다.[52]

둘째, 7월 27일~31일, 서기관이 방문하여 귀츨라프와 함께 주기도문을 한글로 번역했다(27일). 공충수사와 수군우후는 오찬 제공 등을 위해 방문했다(30일). 공충수사는 귀츨라프 일행의 원산도 상륙자제 요청차 방문했다(31일).[53]

셋째, 8월 5일~7일, 역관(오계순)은 선적 화물 조사차 방문했다(5일). 수군우후는 예물 등 반환차 방문했으나 거절되었다(7일).[54]

---

52) 귀츨라프 일기, 1832. 7. 26. July 26. Fresh boats came along-side; and the same questions were repeated till the two great mandarins arrived. They were both elderly men, of venerable aspect; in their dress no way distinct from the common people, except the a small piece of bamboo, hanging down their side, on which their rank and station were written.
53) 린제이 보고서, 1832. 8. 27. One day, the 27th, after a great deal of persuasion we succeeded in inducing Yang-yih to write out a copy of the Corean alphabet, and Mr. Gutzlaff having written the Lord's Prayer in Chinese character, the both gave the sound, and wrote it out in Corean character.

넷째, 8월 9일~12일, 오계순, 공충수사, 수군우후, 홍주목사는 청원서와 예물 반환 차 거듭 방문했다(9일, 11일). 공충수사는 작별 인사차 방문했다(12일). "수군우후와 공충수사 등은 끊임없이 우리들을 방문했다.(Kin and the general were our constant visitors)"라고 린제이는 기록하였다. [55]

• 연구결과
1) 관리들은 각종 조사, 음식 대접, 예물 반환 등을 위해 애머스트호를 여러 차례 방문했다.
2) 군관 등은 한밤중까지 배 안에서 조사하고 간 일도 있다.
3) 수군우후와 공충수사는 빈번하게 방문했다.
4) 이런 상황들은 애머스트호가 관청 소재지 원산도에 인접해 정박하고 있음을 확인하는 근거가 될 수 있다.

결론적으로, 관청과 관리들의 거주지, 원산도에서는 수시 또는 한밤중에도 애머스트호를 방문할 수 있지만, 고대도는 배를 타고 바다를 건너야 하기 때문에 어려운 일이다. 따라서 애머스트호의 정박지는 고대도가 아니라 원산도라는 것을 증명하는 요건이 될 수 있다.

• 서로 다른 주장이 있을 수 있지요. 고증을 위하여 합동조사는 어떤지요?(이재평)
• 여러 기록이나 정황으로 보아 선교지가 원산도임이 확실합니다. 고대도 반론이 궁금합니다.(이홍열)

---

54) 린제이 보고서, 1832. 8. 7. old Kin Tajin had come in a boat, which contained not only the letter and there cases of presents to the king, which we were repeatedly assured had been long ago forwarded to the capital, but every trifling article which had at various times been presented to the chiefs and others, even to a few yards of calico.
55) 린제이 보고서, 1832. 7. 31. They even appeared apprehensive lest we should abruptly depart, which was apparent from their constantly evading to send us the supplies we were in want of, merely sending a few articles for our daily consumption. Kin and the general were our constant visitors, and both showed the most friendly feeling towards us; the general, on repeated occasions, expressing his regret at the reserve he was compelled to treat us with, which was on account of orders received from superior authority.

9. 농업용지로 적합한 원산도

Q 귀츨라프는 원산도의 자연환경을 처음 둘러보고 왜 이곳은 농업개발이 필요하다고 생각하였나?

A 귀츨라프는 1832년 7월 27일 원산도에 상륙하여, 넓은 땅에 풀과 덤불이 무성하게 자라고 있는 자연환경을 둘러보면서 이곳은 목축(牧畜)을 하기에 좋은 땅인데 염소 한 마리도 보지 못했으며, 좋은 기후와 비옥한 토지자원을 가지고 있으면서 대부분의 넓은 땅에서 농사를 짓지 않는 것을 보고 매우 안타까워하였다. 이 같은 근거는

첫째, 7월 27일 귀츨라프는 군관(텡노)의 안내를 받아 걸어서 섬 전체를 두루 돌아보며 마을 부근의 좁은 땅만 농사를 짓고 있는 것을 보았다.[56]

둘째, 대부분의 넓은 땅은 풀과 덤불(herbs) 들이 무성하게 자라 가축을 길러 번식시키는 목축업을 하기에 아주 훌륭한 조건을 구비하였는데 염소 한 마리도 보지 못하였다.[57]

셋째, 이 섬은 돌이 많고 척박한 중국의 해안지역보다 식생(vegetation) 상태로 보아 매우 비옥해 보였는데, 이렇게 좋은 땅은 개간하여 농사를 지어야 한다고 기록하였다.[58]

---

56) 귀츨라프 일기, 1832. 7. 27. We walked over the whole island, of which only the small part in the immediate vicinity of the village is cultivated.
57) 귀츨라프 일기, 1832. 7. 27. The greater part is overgrown with grass and herbs, and would furnish excellent pasturage for goats; but we saw not one.

• **연구결과**

1) 귀츨라프가 기록한 목축하기에 적합하고, 염소를 기르기에 매우 좋은 땅이라고 한 곳은, 조사결과 원산도의 점존과 진촌 구간 지역으로 충청해안의 어느 곳에서도 볼 수 없는 넓은 평원의 구능지로 형성되어 있고, 땅이 비옥하고 식생상태가 좋은 농지와 목야지의 적지 요건을 구비하고 있었다.
2) 원산도는 예로부터 초지자원과 물이 풍부하여 1425년부터 245년간 말(馬) 목장으로 사용하였다는 세종실록 등 역사적인 기록도 확인되었다.
3) 귀츨라프는 염소 등 가축의 사육과 영농지식을 알고 있었으나, 원산도 주민들은 이 방법을 생각하지 못한 문화 수준 차이가 있었다.

결론적으로, 귀츨라프는 1832년 원산도의 자연환경을 둘러보고 초지자원이 풍부하고, 좋은 기후와 식생상태가 좋은 비옥한 땅에 농사를 짓지 않는 것을 매우 안타까워하면서 이 섬의 발전을 위해서 농업개발의 필요성이 있음을 실감하였다고 할 수 있다.

• 조선의 발전을 위하여 무엇인가 해야하는데, 농업개발을 생각했군요.(권호열)
• 식생 상태만 보아도 토양의 비옥도 등 생육인자를 파악한 해박한 지식의 소유자였네요.(이재평)
• 선교사는 다방면으로 식견을 가져야 한다는 것을 보여 주네요.(이홍열)

---

58) 귀츨라프 일기, 1832. 7. 27. In point of vegetation, the coast of Corea is far superior to that of China, where barren rocks often preclude any attempt at cultivation; but here, where the land is fertile, the inhabitants do not plough the ground.

10. 원산도의 말목장 역사

Q 원산도의 말 목장은 언제부터 왜 설치되었는가?

A 원산도에 말목장이 설치되어 말을 사육한 것은 1425년(세종 7)부터 1669년(현종 10)까지 245년간 지속되었다. 특히 원산도는 초지와 수자원이 풍부하여 말사육의 적지였기 때문이다. 또한 제주도에서 생산된 말을 들여와 국마(國馬)로 사육하여 한양으로 보내는 지리적 위치로도 적합하였다. 이 같은 근거는

첫째, 세종실록에, "병조에서 아뢰기를 제주도에서 생산된 몸집이 큰 암말 50마리와 수말 6마리를 홍주 원산도에 방목하여 번식시키고, 그곳에서 생산된 새끼 말 중에서 몸집이 작거나 흠이 있는 것은 곧 잡아내어 버리도록 하되, 그 일을 고만도 만호에게 전담시켜서 살피게 하다."라고 기록되어 있다.[59]

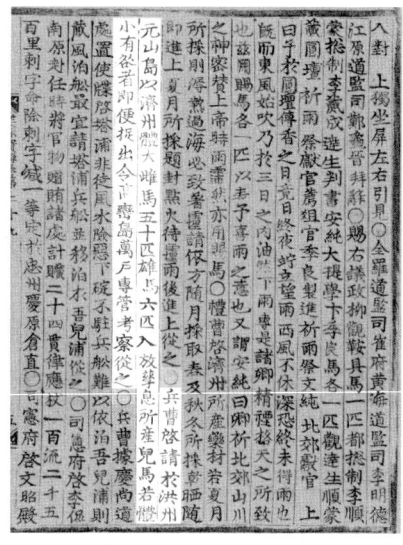

자료: 원산도 말 목장 설치 근거(세종실록)

둘째, 세종지리지에는 "원산도는 그 둘레가 40리 인데, 바다 가운데 있어 물과 풀이 모두 넉넉하므로, 국마 100마리를 방목하였다."고 기록되어 있다.[60]

---

59) 세종실록, 1425. (음) 7. 11. 兵曹啓 請於洪州元山島 以濟州體大 雌馬五十匹 雄馬六匹 入放息 所産 兒馬 若體小有答者 卽便捉出 令高欒島 萬戶專管考察 從之.
60) 세종실록 지리지, 元山島 周回四十里 在海中 水草俱足 放國馬一百匹.
61) 성종실록, 1470. (음) 1. 4. 洪州元山島 元放馬 一百二十二而遺失

셋째, 성종실록에, "홍주 원산도에는 본래 방목한 말이 1백 22마리였는데 유실된 말이 10마리이다."고 하였다.[61]

넷째, 현종실록에 "원산도 말 목장을 대산곶으로 옮기고" 거기에 수군우후를 주둔시켜 조운선 점검기지로 전환하였다.[62]

• 연구결과

1) 원산도 말 목장에서 사육한 국마(國馬)는 군사용 병마(兵馬)와 역마(驛馬)의 관용으로 쓰였다.
2) 원산도는 초지(草地)와 수자원이 풍부하여 말을 비롯한 소, 염소 등 가축 사육의 적지로 조사되었다.
3) 조선왕조실록 등의 원산도 말 목장 사육기록은 신빙성이 높다.
4) 말 사육이 2백년 이상 지속되면서 이곳에는 민속 신앙으로 말을 성황신으로 당제를 지낸 사례도 있다.
5) 원산도의 초지가 말 사육에 적합하다는 조선왕조실록과 귀츨라프 기록의 소, 염소 등 기르기에 적합하다는 기록은 일치하는 것으로 확인되었다.

결론적으로, 원산도는 초지가 풍부하여 245년간 국립 말 목장으로 사용하였다는 역사적 기록과, 넓은 들판이 있어 소와 염소를 기르기에 적합하다는 귀츨라프의 기록이 일치하므로 원산도는 귀츨라프의 선교활동지로 보아야 한다.

- 귀츨라프 일기에 소와 염소이야기를 쓴 것은 원산도가 그의 선교지임을 알려주는 중요한 증거입니다.(김주창)
- 원산도 말 목장은 1425(세종)년에 설치되고, 1470(성종)년에 폐쇄 되었습니다.(최 연)

---

62) 현종실록, 1669. (음) 2. 3. 佐明又曰 元山島牧場 馬移置于大山串 而使忠淸水虞侯進駐于 元山以爲 風和 待變之地 且於漕船上來時 使之點檢 上送便當矣 上從之.

11. 수군우후의 원산도 주둔

Q 원산도에 수군우후는 언제부터 왜 주둔하게 되었나?

A 원산도에 수군우후 관청이 설치된 것은 1669년부터이며 조운선(漕運船)의 점검과 해상방어에 목적을 두었다. 1832년 귀츨라프 일행이 간갱(원산도)에 도착하였을 때에도 수군우후는 여전히 원산도에 주둔하고 있었다. 이때 귀츨라프 선교사는 원산도에 여러 날 머물고 활동하면서 수군우후와 그 휘하의 군관과 서기관 등과도 빈번한 만남이 있었다. 이 같은 근거는

첫째, 현종 실록에 "예조판서 김좌명이 아뢰기를 원산도 말목장의 말을 대상곳으로 옮기고, 충청 수군우후를 원산도에 주둔하게 하여 바람이 잔잔한 계절의 사고에 대비하게 하고, 조운선이 올라올 때 점검하여 올려 보내게 하는 것이 편리하다. 고 하니 임금이 윤허하였다."고 기록되어 있다.[63]

둘째, 정조실록에 "좌의정 채재공의 청원으로 - - -충청도 수군우후로 하여금 원산도에서 조운선을 점검하는 것

자료: 수군우후의 원산진 설치근거(현종실록)

---

[63] 현종실록, 1669. (음) 2. 3. 佐明又曰 元山島牧場 馬移置于大山串 而使忠淸水虞侯進駐于 元山以爲 風和 待變之地 且於漕船上來時 使之點檢 上送便當矣 上從之.

을 격식으로 삼아야 한다."고 기록되어 있다. [64]

셋째, 일성록에 "수군우후가 원산도에서 배를 점검하는 것은 오래된 규례이니 이대로 시행해야 사리에 맞는다."라는 역사적 기록도 있다. [65]

•연구결과

1) 조선 정부는 1669년부터 원산도에 수군우후를 주둔시켰다.
2) 수군우후의 주둔 목적은 조운선의 점검과 해상 방어에 두었다.
3) 원산도에 수군우후와 그 휘하의 군관과 서기관 등이 주둔하고 있을 때 귀츨라프 일행이 이곳에 머물며 활동하는 과정에서 관청을 방문하고 교역청원서를 전달하는 등 빈번한 만남이 있었던 것으로 확인되었다.
4) 이는 귀츨라프 선교 활동지가 원산도였다는 것을 뜻한다.

결론적으로, 원산도에 수군우후가 주둔하였다는 기록은 수군우후의 관청이 원산도에 소재하고 있다는 것을 의미한다. 따라서 귀츨라프가 수군우후의 관청을 방문하고 이곳에 머물며 활동하였다는 기록과, 수군우후 및 그 휘하의 군관 텡노와 서기관 양씨가 주둔하며 빈번하게 만난 장소는 원산도가 확실하다고 할 수 있다.

- 수군우후의 원산도 주둔은 1669(현종)년부터 시작되었습니다.(최대성)
- 관청 소재지에 머물며 선교활동을 한 것은 원산도가 선교지 임을 기록으로 명확히 증명하네요.(이재평)

---

64) 정조실록, 1791. (음) 12. 25. 左議政蔡濟恭請 聖堂倉漕轉 使咸悅縣監乘船領運而 亦使忠淸 水虞侯 點船於元山 著爲式 從之 [正祖實錄 1791년]
65) 일성록, 1791. (음) 12. 25. 忠淸水虞候之元山 點船卽是舊規 依此施行實合事宜 至於點閱 發送之 請戶郞同點事近 屑使 差員預爲申飭 似好請以 此分付 從之.

12. 귀츨라프 행전과 원산도

Q 귀츨라프 선교지는 원산도라는 신호철 저서의 핵심과 문제점은?

A 신호철 장로는 『귀츨라프 행전(2009)』과 『원산도의 귀츨라프 발자취(2017)』 저서(김주창 공저)를 통하여, '귀츨라프 선교지는 원산도'라는 새로운 연구와 논리를 펼쳐 기독교 역사를 올바르게 정립하는 안내자 역할을 했다. 그러나 기존의 잘못된 인식(고대도)을 해소하는 노력에 어려움을 겪고 있다. 이 같은 근거는

첫째, 귀츨라프 선교지가 고대도라는 근거는 순조실록에 "이양선 1척이 고대도 뒷 바다에 와서 정박했다(來泊於古代島後洋)."라는 기록과, 동 자문에 "고대도 안항에 정박했다(到泊於古代島安港)."는 기록에서 비롯된다. 그러나 '1일 정박' 한 것을 상륙, 체류, 활동 등으로 착각과 과장되게 해석하여 비롯된 오류로 확인되었다.[66]

자료: 『귀츨라프 행전』 표지

둘째, 귀츨라프 선교지로서 확실한 기록은 영문기록 "간갱(Gan-keang)" 뿐이다. 그러나 조선지명 기록이 없어 고대도가 선교지라는 논리로 과오를 범했다.[67]

셋째, 귀츨라프 선교지 위치를 올바르게 찾는 방법은 귀츨라프가 5회 기록하고, 린제이가 1회 기록한 '간갱' 관련기록을 종합적으로 검토하고, 사안별로 열거하여 고대도와 원산도의 지리적 여건

---

66) 순조실록, 1832. 음 7. 21.
67) 귀츨라프 일기.

과 인문적 환경을 비교하고 귀납법(歸納法)으로 고증하면 쉽게 원산도가 선교지인 것을 확인할 수 있다.[68]

• 연구결과

1) 1874년 프랑스의 달레와, 1973년 백낙준 박사가 제기한 '원산도 상륙 설(說)'은 리진호에 의하여 부정되고, 후속 연구는 진행되지 않았다.
2) 귀츨라프 선교지 확정이 미흡 할 때, 허호익 등은 "간갱"이 고대도에 소재한다는 착각으로 큰 과오를 범했다.
3) 신호철의 원산도 선교지 확정 논리는, 귀츨라프 기록의 '간갱'에 근거하며 이곳에 만이 있어 바람막이가 잘되는 1등급 항구이고, 관청이 있어 고관을 만나고, 소와 염소를 기를 수 있는 넓은 들판이 있고, 과수원을 만들 수 있는 비옥한 땅이 있으며, 2개의 당집을 보았고, 잠깐 동아 수백 명 주민이 모인 섬으로 향토 지명이 개강, 개경, 개갱 등으로 영문의 간갱(a bay called Gan-keang) 기록과 매우 유사한 것 등으로 확인되었다.
4) 그러나 고대도의 지리적 여건 등은 조사결과 간갱의 기록 내용과 어떤 조건도 부합되지 않았다.

결론적으로, 귀츨라프 선교지는 원산도로 고증되었으므로 귀츨라프 기념사업은 이곳에서 이루어져야 한다. 만일 선교지도 아닌 곳에 기념사업을 계속한다면 이는 올바른 기독교 역사 정립을 방해하고 왜곡하는 과오를 범하게 되는 것이다.

• 선교사역의 이정표가 될 귀츨라프 선교사 행적 연구 성과가 확실합니다. (김익성)
• 고대도에 이미 기념물이 설치되어 있어 큰 문제가 되고 있습니다. 이는 역사의 왜곡입니다. (김주창)

---

68) 귀츨라프 일기.

REPORT OF PROCEEDINGS

ON

A VOYAGE

TO THE

NORTHERN PORTS OF CHINA,

IN THE SHIP

LORD AMHERST.

EXTRACTED FROM PAPERS, PRINTED BY ORDER OF THE HOUSE OF COMMONS, RELATING TO THE TRADE WITH CHINA.

LONDON:
B. FELLOWES, LUDGATE STREET.
1833.

> In concluding this Paper, I sincerely express my hope that this voyage may tend to awaken that general interest for Chinese trade which so extensive a field for mercantile enterprise has to claim.
> (True copy.)
> (Signed)   H. H. LINDSAY,
> *Secretary.*
> *Canton, 10th October,* 1832.

자료: 린제이 보고서 표지

제3장
귀츨라프 일행과 조선 관리의 활동

제1절 귀츨라프 일행의 원산도 활동

1. 귀츨라프의 원산도 활동(요약)
2. 린제이 함장의 활동
3. 귀츨라프의 혁신운동
4. 리스 선장의 활동
5. 린제이 외교 활동
6. 교역청원서의 성공적 전달
7. 안면운하 탐사
8. 천수만 탐사
9. 조정특사와 협상
10. 오천성 탐사
11. 식량과 재난구조 협약
12. 조선고관에 대한 평가

제1절 귀츨라프 일행의 원산도 활동

1. 귀츨라프의 원산도 활동(요약)

Q 귀츨라프 일행의 원산도 활동에는 어떤 것들이 있는가?

A 귀츨라프 일행은 1832년 7월 25일부터 8월 12일까지 원산도에 머물면서, 교역의 청원과 감자재배를 위한 혁신을 비롯하여, 천수만과 안면운하의 해양을 탐사하고, 오천성을 조사하는 등 폭넓은 활동을 하였다. 이 같은 근거는

첫째, 7월 26일, 원산도에 도착한 다음 날, 린제이 함장은 귀츨라프와 함께 영국을 대표하여 조선에 통상교역을 요청하고자 수군우후 등을 통하여, 조선 국왕께 올리는 교역청원서와 예물의 전달의식을 거행하였다. 이 자리에는 영국 측에서 린제이, 귀츨라프, 스티븐스 및 심손 과장 등이 참석하고, 조선 측에서 수군우후, 홍주목사, 군관, 서기관 등이 참석하였다.

둘째, 7월 30일, 귀츨라프 선교사는 원산도에 머물며 감자를 심어주려고 할 때, 주민 수백 명이 모여들어 외국의 농작물 즉 감자 파종을 반대하자, "혁신이 있어야 수익이 생긴다."며 주민들을 끝까지 설득하여 씨감자를 심어주어 우리나라 최초의 감자 전래 역사가 되도록 하였다.

셋째, 귀츨라프 일행은 통상교역 청원에 대한 회신을 기다리는 동안, 원산도에 수차 상륙하여, 7월 27일에는 자연환경과 토양을 조사하고, 8월 1일에는 주민들의 생활환경 조사 등을 비롯한 다양한 활동을 하였다.

넷째, 8월 7일과 8일, 귀츨라프 선교사는 정박지에서 육지와 얼마나 떨어져 있는

지? 해양의 상태는 어떤 형태로 되어 있는지? 등 조사를 위하여 천수만과 안면운하 등을 탐사하였다.

다섯째, 8월 9일, 영국 측의 교역청원에 대하여 조정 특사는 "조선은 중국의 속국이며 중국황제 명령 없이는 아무것도 할 수 없는 것이 우리 법이다."라는 발언을 지적하여 항의하고 사과를 받았다. 그리고 영국 선박이 조선 해안에서 조난을 당할 경우 구조해주고 식량도 제공하기로 협약하였다.

여섯째, 8월 10일, 원산도에 인접한 본토의 상황을 조사하기 위하여 서양인으로서는 처음으로 오천성을 답사하고 성(城)의 형태와 구조 등을 조사하였다. 아울러 이곳의 토지이용 상황도 조사하였다.[1]

일곱째, 귀츨라프 일행은 원산도에 19일간 머물면서 충청수사, 수군우후, 홍주목사, 조정역관 등 고관을 비롯하여, 군관 및 서기관 등 관리들과 빈번하게 접촉하면서 이들에 대한 개별적인 평가도 하였다.

- 귀츨라프는 한국 최초의 선교사이고, 그 활동지가 원산도임을 알게 되어 감사합니다.(신석재)
- 원산도 섬에서 복음말씀이 전해졌네요.(이난희)
- 귀츨라프 선교사는 원산도에서 교역청원, 감자파종, 생활환경 조사 등 많은 활동을 하였네요.(정진호)

---

1) 귀츨라프 일기, 1832. 8. 10. We ascended the hills of the largest islands near our anchorage, and inspected a fort built on the peak of one of them. It consists of a stone wall, and the interval filled with earth, but without any guns of martial apparatus.

2. 린제이 함장의 활동

Q 귀츨라프가 타고 온 애머스트호 함장 린제이는 어떤 일을 했는가?

A 린제이(1802~1881)는 애머스트호의 함장(chief and supercargo)이었으며, 영국의 상무관(4품 자작)으로 조선과 통상교역 개척을 위한 교역청원의 최고 책임자였다. 그는 호하미(胡夏米)라는 중국 이름도 사용하였으며. 마카오로 귀환한 다음 "린제이보고서(Report of Proceedings on a Voyage to the Northern Ports China in the Ship Lord Amherst, 1833)"를 저술하여 귀츨라프 연구에 공헌 하였다. 이 같은 근거는

첫째, 린제이(H. H. Lindsay) 함장은 귀츨라프의 도움을 받아 조선의 국왕께 올리는 교역청원서를 예물과 함께 수군우후에게 예를 갖추어 전달하였다.

둘째, 그는 수군우후, 공충수사 등의 지방관리와 긴장관계 속에서도 좋은 관계를 유지하여 귀츨라프의 선교활동에 도움을 주고 평화롭게 귀환하였다.

셋째, 그는 교역청원이 거절된 후 귀츨라프와 협력하여 경과보고서를 한문과 영문으로 작성하여 조정특사(오계순), 공충수사(이재형), 수군우후(김형수), 홍주목사(홍희근)에게 전달하여 마무리를 확실하게 하였다.[2]

넷째, 영국의 상무관으로 조선과 통상교역 개척을 위하여 1832년 7월 17일부터 8월 12일 원산도를 떠날 때 까지 영국 동인도회사의 애머스트호(Lord Amherst)의 최고 책임자였다.

• **연구결과:**
1) 린제이 함장은 교역청원서를 수군우후에게 품위를 지켜 전달하고 존경 받았다.
2) 교역청원이 조정특사에 의하여 거절된 후에도 예물 등을 공식 문서가 없으면 반환을 받지 않는다고 하였다.
3) 8월 12일 원산도를 떠날 때에는 공충수사와 작별하면서 이별의 정을 나누며 수군우후와 홍주목사에게도 감사하였다.

결론적으로, 린제이 함장은 영국의 상무관으로 조선과 통상교역 개척을 위하여 많은 노력을 하였으며, "린제이 보고서"를 통하여 귀츨라프 선교사의 조선활동에 많은 도움을 주었다.

- 허리를 굽힌 린제이 함장의 공손하고 정중한 행동이 성공적인 임무로 연결된 것이라 생각됩니다.(이재평)
- 영국의 교역청원 방법과 절차는 예의를 존중했네요.(이홍열)

---

2) 린제이 보고서, 1832. 8. 10. A Memorial for the Inspection of the King.

3. 귀츨라프의 혁신운동

Q 귀츨라프가 행한 혁신 운동은 어떤 것이며 그 결과는 무엇인가?

A 귀츨라프 선교사는 원산도에 머물며 씨감자를 심으려고 할 때, 주민들이 감자 심는 것을 반대하자 "혁신이 있어야 수익이 생긴다."며 그들을 설득하고 100여개의 감자를 심어주었다. 이로 인하여 충청도를 비롯하여 우리나라 중남부 지역에 감자가 들어온 가장 확실한 기록을 남기고, 1832년을 우리나라 감자도입 역사로 확정하게하였다. 이는 귀츨라프가 주민들의 반대에 물러서지 않고, 혁신과 수익을 강조한 결과이다. 이 같은 근거는

첫째, 외국 농산물이 들어오면 안 된다는 조선정부의 쇄국정책을 따르려고 반대하는 원산도 주민들도 수익이 생긴다는 귀츨라프의 설득에 반대를 멈추었다.[3]

둘째, 귀츨라프는 눈에 보이는 모든 것에 혁신이란 표현을 사용하지 않았지만, 식량이 부족하고 주민의 생활환경이 열악한 것을 보고 혁신의 필요성을 찾아냈다.

셋째, 귀츨라프 선교사는 눈에 들어오는 원산도의 자연여건을 볼 때마다, 왜 경작을 하지 않는가? 왜 과수원을 만들지 않는가? 왜 염소 등의 가축을 기르지 않는가? 라고 생각하면서 혁신의 필요성을 강조했다고 볼 수 있다.[4]

넷째, 귀츨라프 선교사는 "이 땅에 복음이 스며들도록 하자. 그것이 진리도 받아들

---

3) 귀츨라프 일기, 1832. 7. 30, Even this act of benevolence they at first strenuously opposed; for it was against the laws of the country to introduce any foreign vegetable. We cared very little about their objections, but expatiated upon the benefits which might arise from such innovation, till they silently yielded.
4) 귀츨라프 일기, 1832. 8. 1. So long as we have been here, we have not seen an orchard or garden.

여진다면 빈곤이 멈출 것이다"라고, 큰 혁신 후에 빈곤이 사라질 것을 예언하였다.[5]

• 연구결과

1) 귀츨라프는 야생하는 과일나무를 보면 과수원을, 묵힌 땅을 보면 경작지를, 들판을 보면 가축을 기르는 것을 생각하면서 혁신을 강조하고 기원하였는데 지금 우리나라는 그 모든 것을 다 이루었다.
2) 귀츨라프는 사람들을 만나면 복음 안으로 인도할 것을 생각하고, 이 땅에 복음이 스며들고 진리로 받아지기를 기원하며 전도 책자를 나누어 주었는데 그의 예언은 이루어 졌다.
3) 지금부터 우리는 사회생활과 정신세계에도 이 같은 혁신운동을 접목하고 강조하여 새 시대를 향해 나아가야 할 것이다.

결론적으로, 혁신에는 반드시 대가도 따른다는 것을 알아야 한다. 귀츨라프는 여러 사람들의 반대를 설득하는 노력을 했다. 배 안에서 자기들에게 필요한 식재료를 나누어주어야 하는 자기희생을 극복했다. 귀츨라프의 혁신운동 정신은 앞으로도 계속되어야 할 것이다.

• 귀츨라프는 혁신을 주장했습니다. 이 시대에도 혁신을 외치고 실천하는 지도자가 필요합니다.(김주창)
• 주민들을 가르치고 일깨운 귀츨라프는 위대한 교육자이기도 했네요.(이재평)
• 묵은 관습과 방법을 새롭게 바꾸는 '혁신' 운동이 선교에도 사용되었다니 또 다른 의미를 갖습니다.(정진호)

---

5) 귀츨라프 일기, 1832. 8. 1, Let the gospel penetrate these regions, and as far as it is accepted in truth, misery will cease.

4. 리스 선장의 활동

Q 귀츨라프가 타고 온 애머스트호의 선장 리스는 어떤 일을 했는가?

A 리스(Thoma Rees)는 귀츨라프가 승선한 애머스트호의 선장으로 이사(李士)라는 한자 이름도 사용한 항행을 책임진 선장이었다. 그는 이 배의 함장 린제이와 통역겸 선교사인 귀츨라프 다음의 위치에 있던 인물로 항행하면서 수심측량과 해도를 작성하는 기술적 업무도 담당하였다. 이 같은 근거는

첫째, 리스 선장은 1832년 당시 32세의 영국인으로 애머스트호의 항행에 관한 책임자로 일했다.[6]

둘째, 리스 선장은 항행을 계속하면서 필요한 경우 항로 부근의 수심 측량을 하였으며, 이를 근거로 해도(海圖)를 작성하는 일을 하였다.

셋째, 린제이 함장과 귀츨라프 선교사가 보트로 8월 7일과 8일 천수만을 탐사하는 동안에 국왕께 드릴 예물을 반환하려고 배로 찾아온 수군우후를 맞아 예물의 반환을 거절하는 등 책임자로서 역할을 충실하게 이행하였다.[7]

---

6) 귀츨라프 일기, 1832. 7. 30, Even this act of benevolence they at first strenuously opposed; for it was against the laws of the country to introduce any foreign vegetable. We cared very little about their objections, but expatiated upon the benefits which might arise from such innovation, till they silently yielded.
7) 린제이 보고서, 1832. 8. 8, On returning I heard from Captain Rees, that shortly after we had left the ship, old Kin Tajin had come in a boat, which contained not only the letter and there cases of presents to the king, which we were repeatedly assured had been long ago forwarded to the capital, but every trifling article which had at various times been presented to the chiefs and others, even to a few yards of calico.

넷째, 원산도에서 8월 12일 출발하여 8월 17일 제주도를 지날 때 까지 5일간은 필요한 곳에서 수심을 측정하고 해도를 작성하였으며, 8월 22일 오키나와에 도착하였다.[8]

• 연구결과

1) 리스 선장은 황해도에서 충청도 해안으로 오기까지 7월 18일부터 7월 25일(7일간)은 여러 섬을 경유하면서 날씨도 좋지 않아 항행에 어려움이 있었다.
2) 그가 원산도에 머물러 있는 18일 동안은 애머스트호가 한 곳에 계속 정박하여 비교적 편안한 활동을 하였다.
3) 영국으로 돌아간 뒤에 영국 해군성 수로국에 조선 서해안의 항행기록을 보고하여, 안면도를 "린제이 섬(Lindsay island)"이라 명명하고, 안면도 동쪽 바다를 수심이 얕다는 뜻으로 "Shoal gulf"로 명명하여 천수만(淺水灣)이라는 이름 유래가 되게하였다. 장고도와 고대도 사이의 바다를 "Majoribanks harbour"라고도 명명하였다.

결론적으로, 리스 선장은 애머스트호를 잘 운행하여, 마카오에서 1832년 2월 26일 출항하여 같은 해 9월 5일에 돌아가 6개월여의 여정을 안전하게 마무리하였다. 그는 천수만 등 영문 지명을 명명하여 세계에 알리는 역사적 기록을 남겼다.

- 수심측량과 해양탐사까지 수행한 걸 보면 영국은 문명이 발달한 선진국이네요.(이재평)
- 선장이 되려면 상당한 해양탐사 지식과 경험이 필요하다고 생각됩니다.(이홍열)
- 개신교 선교역사와 기록된 글 잘 읽었습니다.(정선득)

---

8) 린제이 보고서, 1832. 8. 16, The chart drawn out by Captain Rees, which has already been forwarded, exhibits the result of his observations, and may prove of service to future navigators on approaching this part of the coast.

5. 린제이 외교 활동

Q 영국의 린제이 함장은 원산도에서 어떤 외교적 활동을 하였나?

A 귀츨라프와 동행한 린제이는 4품 자작 귀족 신분으로 애머스트호 최고 책임자였다. 그는 1832년 7월 원산도에 도착하여 조선 관리들과 만나 공무를 수행하면서 영국의 명예를 지키며 외교적 역량을 분명하게 보여 주었다. 이 같은 근거는

첫째, 린제이는 7월 25일 간갱(원산도)에 도착하여 "국왕께 드리는 문서(교역청원서)와 예물을 가지고 도착했으니 받아서 신속히 전해 달라."라는 글을 수군우후에게 전달하였다. [9]

둘째, 그는 수군우후 등을 만나 "우리가 조선에 온 목적은 교역을 위한 것이고, 이 배는 공선(公船)이며, 이 문서는 공무에 관한 것이다."라고 분명하게 밝혔다. [10]

셋째, 그는 예물 등을 해변에 차일(텐트)을 치고 받으려하자 "조선 국왕께 드리는 예물 등을 무례한 방법으로 전할 수 없다."고 주장하며 국왕의 권위를 존중하였다. [11]

넷째, 외교문서를 전달할 때에는 "일어서서 격식을 갖추어 두 손으로 받들어 수석 고관 앞으로 걸어가 그의 손에 문서를 전했다." [12]

---

9) 린제이 보고서, 1832. 7. 26. In reply to a question whether the letter I had to present was on (kung) public business, I considered it advisable to say it was, and accordingly wrote, "Our object in coming here is to trade with your country; the ship is a (kung) public ship, and the letter treats on public subjects."
10) 린제이 보고서, 1832. 7. 26, Our object in coming here is to trade with your country; the ship is a (kung) public ship, and the letter treats on public subjects.
11) 린제이 보고서, 1832. 7. 26, presents to the King of Corea cannot be delivered in such a disrespectful way.

다섯째, 고관들이 예물 등을 돌려주려 할 때, "공식 문서가 없으면 되돌려받을 수 없다."고 하면서 반환 이유를 명시한 공문서를 요구하고, 끝내 거부하고 떠나갔다.[13]

• 연구결과
1) 린제이는 영국을 대표하여 조선 국왕께 교역청원서와 예물을 드리는 자세로 임하였다.
2) 영국의 명예를 지켜야 한다는 투철한 사명감을 가지고 고관들을 상대하였다.
3) 외교관으로서 자국의 명예를 지키고, 공익을 추구하는 자세를 보여준 좋은 사례라 할 수 있다.

결론적으로, 린제이는 조선과의 교역을 위한 고관들과의 접촉에서 자신이 공무를 성실하게 수행하면서 영국의 명예를 지키고, 영국과 조선 간의 공동 이익을 추구하는데 노력하였다고 볼 수 있다.

- 눈이 있어도 제대로 보지 못하고 귀가 있어도 듣지 못하는 시대에 우리에게 약을 주고 지금 이렇게 잘살게 되었다고 생각됩니다.(권태웅)
- 린제이 함장이 영국을 대표하여 명예를 지키고자 정중하고 예의바른 행동에 노력한 것은 귀감이 됩니다.(이재평)

---

12) 린제이 보고서, 1832. 7. 26, I now rose, and in a formal manner, with my hands raised up, walked forward to the principal chief, and delivered the letter into his hands.
13) 린제이 보고서, 1832. 8. 9, I would not receive them without an official document.

6. 교역청원서의 성공적 전달

Q 영국의 교역청원서 전달이 황해도에서 실패하고, 충청도에서 성공한 이유는 무엇인가?

A 영국의 린제이 함장은 조선에 도착한 첫 날 교역청원서를 작성하여 그 지방 고관을 통해 국왕께 올리려고 하였다. 그런데 황해도(몽금포)에서는 청원서 전달에 실패하고, 충청도(원산도)에서는 성공하였다. 이 같은 근거는

첫째, 그 지방 고관을 통하여 교역청원서를 전달하겠다고 필담한 장소가, 황해도에서는 상륙지(上陸地)였고, 충청도에서는 해안(海岸)의 선박 안이었다.

둘째, 황해도에서는 고관을 만날 수도 없었으나, 충청도에서는 수군우후, 홍주목사, 공충수사 등 고관들을 만날 수 있었다.

셋째, 교역을 청원하고자 할 때, 황해도에서는 2백여 명의 군중들과 적대적 만남이었고, 충청도에서는 지방관리 몇 사람과의 우호적 만남이었다.

넷째, 역사적으로 황해도는 정묘호란(1627)과 병자호란(1636) 등 외국의 침략으로 인하여 피해도 많았고 피해의식이 컸지만, 충청도 해안지역은 그렇지 않았다.

• **연구결과**
1) 1832년 당시는 외국인이 조선 땅에 상륙만 해도 국법을 위반한 침략자로 간주되었으나, 바다(선박)에서 외국인과의 만남은 그렇지 않았다.
2) 황해도에서는 적대감을 가진 조선의 군중들이 강자였으나, 충청도에서는 선박에 들어간 몇 명의 지방 관리들이 약자 입장이었다.
3) 충청도 관리들은 처음 보는 67명이 승선한 큰 선박, 신기한 물품들, 술대접과

선물 등으로 호기심과 친근감이 생겼다.
4) 특히 충청도에는 수구우후와 같은 개방적인 고관이 귀츨라프 일행이 원산도에 도착하자 직접 만났지만, 황해도에서는 그렇지 못했다.
5) 지역 성격상 황해도 사람들은 충청도 사람에 비하여 거칠었다.
6) 황해도에서는 귀츨라프 일행을 침략자로 여겨 배척하였고, 충청도에서는 그들 선박의 보호와 안전을 위하여 친절하게 항구로 안내하였다.

결론적으로, 황해도에서는 귀츨라프 일행의 상륙을 침략으로 보았고, 고관은 만나지도 못하여 교역청원서 전달은 실패하였다. 충청도에서는 고관들과 주로 배 안에서 우호적인 만남과 침략자가 아닌 교역의 상대자로 보았기 때문에 교역청원서 전달은 성공하였다고 볼 수 있다.

- 교역 청원과 선교역사에 대하여 이 글을 통하여 흥미와 관심이 많아집니다.(이재평)
- 귀츨라프 일행은 황해도에서는 상륙에 저항을 받았고, 충청도에서는 안내를 받아 정박한 결과가 되었네요.(이홍열)

7. 안면운하 탐사

Q 귀츨라프 일행은 원산도에 머물면서 안면도 운하를 탐사하였는가?

A 귀츨라프 일행은 원산도에 머물면서 그들이 가지고 온 예수회 지도에 깊은 만이 표시되어 이곳이 어떤 형태로 되어 있는지 알기 위하여 보트를 타고 탐사하고 다음 날 아침 애머스트호로 돌아왔다. 이 같은 근거는

첫째, 귀츨라프 일행은 1832년 8월 7일 원산도에 정박한 애머스트호를 떠나 보트로 안면도 동쪽 해안을 따라 안면운하와 안면도의 형태 등을 탐사하였다.

둘째, 그들은 "마침내 큰 돌출 부분에 운하(運河)가 있어 섬과 본토가 분리되고 그 곳을 통해 물이 바다로 흐르는 것을 알았다.(We finally ascertained that the large projecting point was an island, and separated from the main land only by a stream which disembogue into the sea)" [14]

셋째, 또한 귀츨라프 일행은 "안면운하에서 북동쪽으로 더 간다면 서울(首都)에 도착할것이 확실하다.(Had we gone in a north-east direction, we should very probably have arrived at the capital)"고 하면서, 이는 고관들이 탄 모든 배들이 이 방향에서 오기 때문이라고 기록하였다. [15]

넷째, 안면도는 나무가 울창하며, 만난 사람들에게서 안면도에 호랑이가 살고 있

---

14) 귀츨라프 일기, 1832. 8. 7, We finally ascertained that the large projecting point was an island, and separated from the mainland only by a stream which disembogues into the sea.
15) 귀츨라프 일기, 1832. 8. 7, Had we gone in a north-east direction, we should very probably have arrived at the capital.

다는 이야기를 들었다고 하였다.[16]

다섯째, 안면도의 영문 지명을 애머스트호 함장의 이름을 따 '린제이 섬(Lindsay Island)'이라 명명되었다.

• **연구결과**
1) 안면도는 원래 섬이 아니었다. 인조 때(1645~47) 현재의 태안군 안면읍 창기리와 남면 신온리 사이를 인공 운하로 굴착(掘鑿)하여 섬이 되었다.
2) 안면운하의 건설은 안면도 외해의 항로에서 세곡선(稅穀船) 등 해난사고가 빈번하고 큰 손실이 생겨 주민 방경삼(房景岑) 건의로 영의정(金瑬)에 의하여 개설하게되었다.
3) 안면운하는 그 규모(1km)는 작지만, 역사적으로 1869에 건설된 스에즈운하(168km)와 1914년의 파나마운하(82km) 보다 200여년 앞선 것이었다.

결론적으로, 귀츨라프 일행은 원산도에 머물며 안면운하를 탐사하였으며, 안면운하는 서울로 통하는 인공으로 굴착된 해상통로가 확실하고, 운하 건설로 인하여 섬이 되었으며, 이 섬의 이름이 '린제이 섬(Lindsay Island)' 유래가 되었다.

- 안면운하가 세곡선 운항을 위하여 인공으로 굴착된 사실을 알게 되었습니다.(김대년)
- 안면운하가 인조 때 인공으로 만들어진 운하라는 것도 놀랍고, 스에즈 운하보다 2백년 앞섰다니 더욱 놀랍습니다.(이재평)

---

16) 린제이 보고서, 1832. 8. 7, It is a complete forest, and the natives say contains tigers.

8. 천수만 탐사

Q 귀츨라프 일행은 천수만을 탐사하며 간월도에 정박하였는가?

귀츨라프 일행은 원산도에 머물면서 만(bay)이 육지와 얼마나 떨어져 있는지 확인하기 위하여, 보트를 타고 천수만 북쪽 끝까지 탐사하고 간월도(看月島)에 잠시 정박하였으며, 돌아오는 길에 배 안에서 밤을 새우고 다음날 애머스트호로 돌아왔다. 이 같은 근거는

A 첫째. 귀츨라프 일행은 1832년 8월 7일, 원산도에서 보트에 옮겨 타고 좁은 해역을 얼마 들어가지 않았는데 만이 점점 넓어졌다. "북서 방향으로 계속 진입하니 이곳의 만은 더욱 넓어졌다." [17]

둘째, 린제이는 천수만의 입구에서 27km(16~18마일)정도 진입한 북쪽 끝에서 2개의 만으로 분리되어 있는 것을 확인하였다. [18]

셋째, 귀츨라프는 망원경으로 여자들이 마당에서 키질을 하고, 어린애를 돌보고, 숨어서 귀츨라프 일행을 바라보고, 남자들이 여자들을 몰아내는 것을 관찰하였다. [19]

넷째, 순조실록(1832년 7월 21일)에 "모양이 이상한 작은 배 한 척이 서산의 간월도 앞바다에 정박하였다." 고 기록되었다. [20]

---

17) 귀츨라프 보고서, 1832. 8. 7, We went in a northwest direction, where the bay again opened to a great extent.
18) 린제이 보고서, 1832. 8. 7, About 16 or 18 miles from the entrance the bay divides into two.
19) 린제이 보고서, 1832. 8. 7, On scrutinizing with a telescope, they proved to be all women, some with children on their backs.

다섯째, 귀츨라프 일행은 천수만 입구를 '메이저리뱅크스(Marjoribanks' Harbour)라 명명하고, 천수만은 '쇼올걸프(Shoal Gulf)'라 이름 지었다.[21]

• **연구결과**

1) 귀츨라프 일행이 천수만 북쪽 끝에서 탐사한 2개의 만은 대단위 간척사업(1984)에 의해 농지로 조성되었다.
2) 2개의 만은 방조제를 축조하여 바다와 차단되고 우측은 간월호, 좌측은 부남호라는 담수호(淡水湖)가 되었다.
3) 천수만입구 즉 '메이저리뱅크스(Marjoribanks)' 지명 유래는 애머스트호 선박 소속사의 회장 이름에서 비롯되고,
4) 천수만 즉 '쇼올걸프(Shoal Gulf)'의 지명 유래는 수심이 얕다는 뜻으로 천수만(浅水灣)이 되었다.
5) 프랑스 Guerin의 해도(1857)에는 "천수만 입구의 메이저리뱅크스 (Havre Marjoribanks et Entree du Shoal Gulf)"로 표기되었다.

결론적으로, 귀츨라프 일행은 원산도에 머물며 천수만을 탐사하고 간월도에 정박하였으며, 천수만 북쪽에 2개의 만이 분리된 탐사해역은 현재 간척사업으로 인하여 육지화 되었다. "Shoal Gulf"는 수심이 얕다는 뜻의 천수만(淺水灣) 유래가 되었다.

- 귀츨라프가 탐사했던 천수만의 일부는, 서산A.B지구로 간척하여 농사를 잘 짓고 있습니다.(권태웅)
- 간월도에도 귀츨라프 상륙 기념비를 세우면 관광의 효과도 커질 것입니다.(신호철)
- 천수만은 우리가 명명한 지명인 줄 알았는데, 귀츨라프 일행이 명명하였네요.(이재평)
- 간월도에 귀츨라프가 탐사하며 '천수만'이라는 지명을 지었다니 놀랍습니다.(정진호)

---

20) 순조실록, 1832. 7. 21, 有異樣小艇一隻, 自瑞山 看月島前洋, 來泊泰安舟師 倉里前浦.
21) 린제이 보고서, 1832. 8. 7, which was named Marjoribanks' Harbour, in a compliment to the late president, at whose suggestion the present experimental voyage was undertaken.

9. 조정 특사와 협상

Q 조정에서 파견된 역관 오계순은 영국과의 협상을 어떻게 하였나?

A 1832년 원산도에 급파된 역관 오계순(吳繼淳)은 교역을 협상하는 대표자로서 영국 측에 온당하지 못한 사유를 제시하며 교역청원을 거절하였다. 이에 영국 측은 외교적, 논리적 반론을 통하여 협상 주도권을 장악하게 되었다. 이 같은 근거는

첫째, 충청감사는 "불모도 뒷 바다에 외국선박이 왔는데 외국인을 문정할 역관을 시급히 보내달라."요청하여 조정은 1832년 8월 2일 오계순을 원산도에 급파하였다.[22]

둘째, 오계순은 애머스트호 정박지(원산도)에 도착하여 수군우후와 협의된 영국 측 교역청원에 대하여 "조선은 중국의 속국이니 중국 황제의 명령 없이는 아무것도 할 수 없는 것이 우리의 법이다."라고 하면서 청원을 거절하였다.[23]

셋째, 이에 대하여 영국 측은 "조선은 중국에 조공을 받치지만, 조선 법령으로 통치되고, 중국의 법령으로 통치되지 않기 때문에 속국이 아니다."라고 반론하였다.[24]

넷째, 이로 인하여 오계순은 "관리가 외국인 앞에서 자기 나라 명예를 손상시키는 말을 한 것이 되었다."[25]

---

22) 비변사등록, 1832. (음)7. 6, 司啓曰, 卽見公忠監司洪義瑾狀啓, 則以爲洪州地方不毛島後洋, 漂到異國船一隻云, 是英吉利國人, 而問情一時爲急, 問情譯官下送事, 請.
23) 귀츨라프 일기, 1832. 8. 9, Our kingdom is a dependent stat of China; we can do nothing without the imperial decree; this is our law.
24) 귀츨라프 일기, 1832. 8. 9, Corea is no dependent state, but only tributary to China; it has its own laws, and is by no means ruled by the decrees of the Celestial Empire.

• **연구결과**
1) 쇄국정책 속에서 역관 오계순은 영국과 교역을 위한 협상에서 조선의 자주권(自主權)을 처음부터 부인한 결과가 되었다.
2) 오계순은 협상에서 "속국" 발언으로 자존과 자주의 개념이 상실되고 스스로 권위를 잃어 협상 주도권을 유지하지 못하였다.

결론적으로, 오계순은 교역청원을 거절하면서 "조선은 중국의 속국"이라는 발언으로 인하여 영국 측으로부터 질책을 받고, 자신의 체면과 협상의 주도권을 잃었다. 국제간의 협상에서 자기 나라 약점부터 드러내며 협상에 임하는 자세는 온당하지 못하다는 것을 역사적 교훈으로 알려주는 사례라 할 수 있다.

- 지금도 조정 역관과 같은 생각을 하는 관리들이 있을 거라는 생각을 해봅니다.(변광일)
- 외교적 상식과 협상력이 없는 사람을 파송한 상위 고관들이 이 더 문제인 듯합니다.(이재평)
- 쇄국정책으로 외교에 어려움이 있었을 것이나, 당시 고관들의 사고방식을 짐작할 수 있네요.(이홍열)

25) 귀츨라프 일기, 1832. 8. 9, It reflected very little honour on a public functionary to degrade his own country in the eyes of foreigners.

10. 오천성 탐사

Q 귀츨라프 일행은 본토에 상륙하여 오천성을 어떻게 탐사하였는가?

A 귀츨라프 일행은 정박지(원산도)에서 그 주변의 상황을 탐사하기 위하여 조사지역을 확대하여 본토(반도)에 상륙하여 오천성(鰲川城)의 형태와 구조 등을 치밀하게 조사하였다. 이 같은 근거는

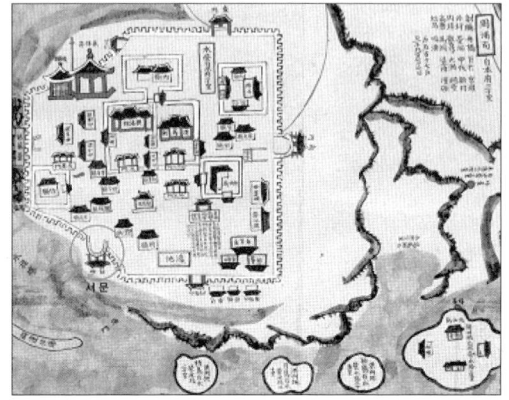

자료: 오천성의 위치와 평면도

첫째, 1832년 8월 10일 귀츨라프 일기에, "우리는 정박지 근처에서 가장 큰 섬(주: 육지를 큰 섬이라 기록한 것으로 보여짐)의 언덕에 올라가 그곳에 구축한 성(城)을 탐사하였다." [26)]

자료: 오천성(서문)

둘째, 그 결과, "이 성은 돌담으로 쌓았고 돌 사이에 흙으로 채워져 있었으며, 총이나 어떤 다른 무기도 갖추어 있지 않았다."고 하였다. [27)]

---

26) 귀츨라프 일기, 1832. 8. 10, We ascended the hills of the largest islands near our anchorage, and inspected a fort built on the peak of one of them.
27) 귀츨라프 일기, 1832. 8. 10, It consists of a stone wall, and the interval filled with earth, but without any guns of martial apparatus.

셋째, 귀츨라프는 "이제까지 우리가 보아 온 성 가운데 가장 잘 갖추어져 있었고, 땅도 매우 잘 경작되고 있었으며, 주민들이 조밀하게 살고 있었다." 고 기록하였다.[28]

• 연구결과

1) 귀츨라프 선교사가 탐사한 '오천성'은 충청남도 보령시 오천면 소성리에 위치하고 있었다.
2) 오천성의 축조 재료와 형태 등을 현지 확인 결과 귀츨라프 기록과 일치하였다.
3) 오천성의 구조와 무기류 등의 탐사는 귀츨라프 일행이 천수만의 탐사(8월 7일)와 연계하여 장차 영국이 조선의 진출에 대비한 탐사에 목적으로 추정되었다.
4) 특히 오천성은 충청수사의 군영(軍營)으로 왜적의 침입에 대비하여 1510년(중종 5년)에 쌓은 성이었다.
5) 토지이용 실태와 인구밀도 등의 조사는 인문 지리 상황을 폭넓게 파악한 것으로 해석되었다.

결론적으로, 귀츨라프 일행의 오천성 탐사는 서양인으로서는 최초의 탐사이며, 그 목직은 징박지(원산도)를 중심으로 조사엉억을 확대하여 정밀하게 파악함으로씨, 장차 영국이 조선의 진출에 도움을 주기 위한 치밀한 의도였다고 볼 수 있다.

- 오천성에도 귀츨라프 방문 기념비를 세우면 역사적 관광 효과가 더할 것입니다.(김형식)
- 현재의 법령으로 보면 오천성 방문은 위법 행위로도 볼 수 있네요(이홍열)

---

28) 귀츨라프 일기, 1832. 8. 10, This island is densely inhabited, and the best cultivated which we have seen.

11. 식량과 재난구조 협약

Q 귀츨라프는 식량의 조달과 재난 구조 협약을 어떻게 이끌어 내었는가?

A 귀츨라프는 조정 특사의 "조선은 중국의 속국이며 중국 황제 명령 없이는 아무 것도 할 수 없는 것이 우리 법이다."라는 발언을 문제삼아, 항의하고 사과를 받아, 앞으로 영국 선박이 조선해안에서 조난을 당할 경우 구조해주고 식량을 조달해 줄 것을 요청하여 승낙을 받는 성공적인 협약을 이끌어 냈다. 이 같은 근거는

첫째, 영국 측은 조정특사(오계순)에게 적정하지 못한 발언을 문제삼아 이를 항의하는 서면을 보내고 사과를 받았다. 이에 대하여 귀츨라프는 "특사는 용기를 잃었다. 그는 너무 설쳤으며 자신의 잘못을 사과할 길이 없다고 과오를 시인하였다."고 기록하였다.[29]

둘째, 귀츨라프는 "앞으로 영국 선박이 곤경에 처하여 이곳에 오면 식량을 조달해 줄 것"을 요청하였으며, 조선 측은 무상으로 식량을 제공해 주기로 동의하였다.[30]

셋째, 귀츨라프는 "어느 영국 선박이 난파했을 경우 조난당한 배의 선원을 구조하여 북경(北京)을 경유하여 송환하여 줄 것을 요청하여 동의를 받았다."[31]

---

29) 귀츨라프 일기, 1832. 8. 11, the royal commissioner, lost all courage; he had committed himself too much, and could find no excuse for his faults.
30) 귀츨라프 일기, 1832. 8. 11, We stipulated that whenever and English ship came hither in distress, they should immediately furnish her sufficient provisions. To this they readily agreed, with the single condition that they should not receive pay for it.

• **연구결과**

1) 영국 측은 어느 협상 목표가 설정되면 이를 달성하기 위하여, 우선 상대방을 통찰하고 약점을 찾아내어 논리적으로 공격하고, 상대방이 잘못을 인정하고 사과하게 하여 협상의 주도권을 장악하는 전략과 전술 기법을 도입, 적용하였다.
2) 조선 측이 영국 측에 식량을 무상 제공한 내역은 "소 2마리, 돼지 4마리, 닭 80마리, 절인 물고기 4담(주: 1담은 60kg 정도임), 각종 채소 20근, 생강 20근, 파 20근, 마늘 20근, 고추 10근, 곡물 4담, 맥면 1담, 밀당 50근, 잎담배 50근" 등으로 다양하였다.
3) 재난 구조 협약 요청은, 조정특사의 사과를 이끌어내어 위상을 약화시킨 다음 영국 측에 유리한 조건을 일방적으로 수용토록 치밀하게 진행되었다.

결론적으로, 통상교역 협상에 임하면서 주도권 장악을 위하여, 영국 측은 이 분야의 다양한 전문지식을 숙지하고, 상대방의 미숙한 약점을 찾아 협상에 임하여 결과적으로 자기편에 유리한 방향으로 유도한 외교협상의 교훈적 사례라 할 수 있다.

- 외교에서 선경험자와 부딪치면 백전백패한다는 교훈을 얻은 값진 경험입니다.(이재평)
- 귀츨라프 일행은 선교, 외교 통상 등 여러 분야에서 활약하였네요.(이홍열)
- 옛날에도 통상협상은 자국의 이익과 관련되기 때문에 쉽지가 않네요.(정진호)

---

31) 귀츨라프 일기, 1832. 8. 11, If any ship should be wrecked on their coast, we requested them to send the unfortunate sailors back by way of Peking, to which they agreed also.

12. 조선 고관에 대한 평가

Q 귀츨라프 일행은 원산도에 머물며 조선고관을 만나고 어떻게 평가하였나?

A 귀츨라프 일행은 원산도에 19일간 머물면서 수군우후, 홍주목사, 공충수사 등 3인의 고관을 만나 그들을 협상 상대자로 여겨 관찰 결과를 기록한 것은 선교 역사 연구에 도움이 된다. 조선 측 기록에는 귀츨라프 일행의 승선자 명단과 국적, 나이 등만 기록되어 탐구한 내용이 부족했음을 알 수 있다. 이 같은 근거는

첫째, 린제이는 수군우후가 7월 26일 애머스트호를 처음 방문했을 때, 60세의 노인으로 솔직하고 유머가 있고 활기가 넘치는 사람으로 보았다. 그리고 헤어질 때까지 변함이 없었다고 기록하였다.[32]

둘째, 홍주목사는 7월 27일 수군우후와 함께 애머스트호에서 만났는데, 멋있는 하얀 턱수염을 가진 늙고 병약한 사람으로 보였다고 기록하였다. 그러나 그날 식사 자리에서 거칠고 부적절한(with so much coarseness & impropriety) 행동을 하여 린제이 등이 역겨움을 참지 못하자, 수군우후가 이를 알아차리고 그를 심하게 책망한 후, 대신하여 정중하게 사과했다는 흥미 있는 기록도 있다.[33]

셋째, 공충수사는 귀츨라프 일행을 처음으로 7월 30일에 만났고, 귀츨라프는 떠나기 전날에 "모든 관리 중에서 공충수사는 가장 예의바르고 품위가 있었으며, 고

---

32) 린제이 보고서, 1832. 7. 26, Kin was a fine old gentleman of 60, who from the first saluted us with perfect frankness and good humour

33) 린제이 보고서, 1832. 7. 27, other chief behaved with so much coarseness and impropriety, that it was impossible to conceal our disgust. Kin immediately perceived this, and reprimanded him very sharply; at the same time, calling for a pencil, he wrote, "I fear we transgress the rules of politeness, and are ignorant of our honourable nation's customs."

관으로서의 위엄을 지니고 있었고, 항상 진지했고, 일반적으로 핵심을 찌르는 질문과 대답을 했으며, 공정하게 관찰했고, 그가 반대하면 반박하기가 어려웠다."고 기록하였다. [34]

• 연구결과

귀츨라프와 린제이는 그들의 상대자인 지방 고관들을 잘 파악하고 설득하여 교역청원서와 예물을 공식적으로 수구우후에게 전달하는데 성공했다.

결론적으로, 귀츨라프 등은 지방 고관들과의 접촉에서 교역이라는 최종 방문 목적을 이룰 수 없었지만, 린제이가 3인의 고관들에게 술이라도 몇 상자 전해주고 떠나겠다고 하여, 공충수사는 눈물까지 글썽이며 감동했다는 린제이의 기록은 양측이 서로 작별의 아쉬움을 가지고 있었음을 알 수 있다.

- 원산도에서 만난 조선 고관들에 대한 좋은 평가는 후손으로서 우리의 자부심입니다.(이재평)
- 만난 사람들의 모습과 성격 그리고 느낌까지 기록하는 세심함을 보였군요.(이홍열)
- 우리 선조들의 마음속에 간직한 참 마음을 그대로 보여준 것이라 이해됩니다.(정진호)

---

34) 귀츨라프 일기, 1832. 8. 11, Among all the officers who came on board, none behaved with such politeness and dignity as Kim. He had something commanding in his aspect; he was always grave, and answered and asked questions generally to the point. His observation were just, and his objections usually unanswerable.

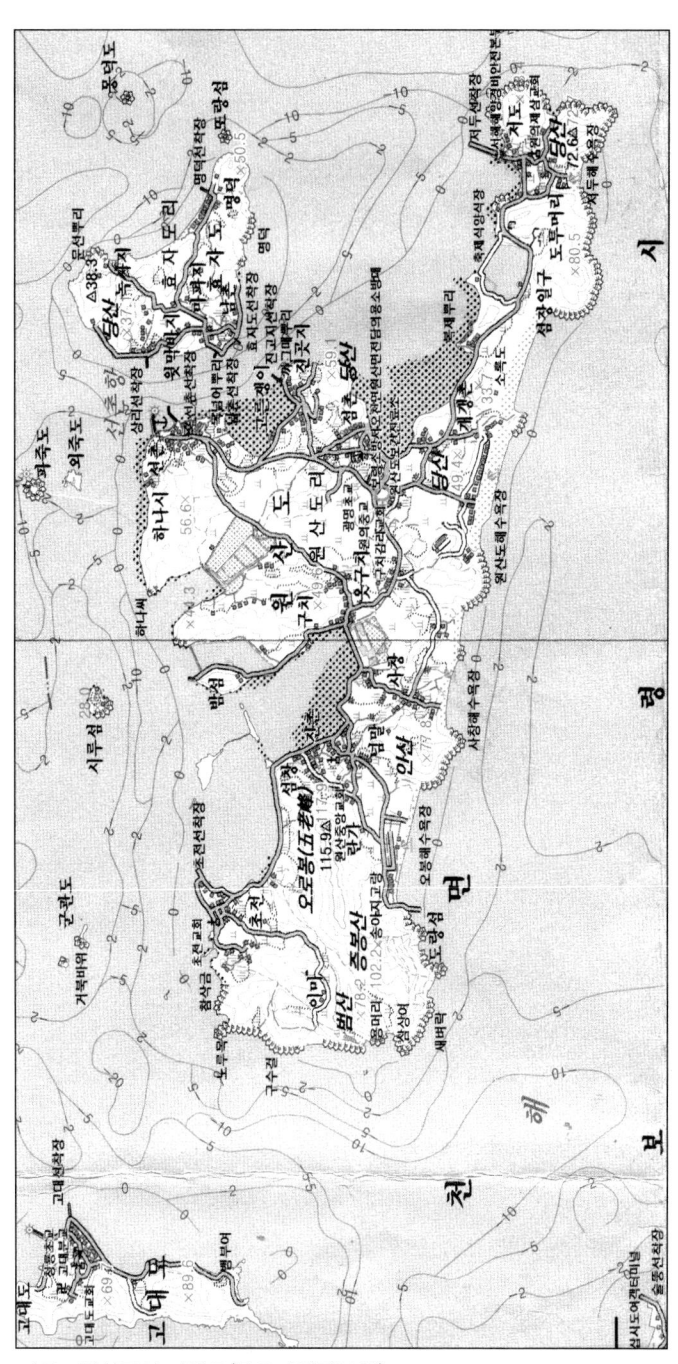

자료 : 원산도의 지형도(국토지리정보원)

제3장
귀츨라프 일행과 조선 관리의 활동

제2절 조선관리의 원산도 활동

 1. 조선관리의 활동(요약)
 2. 군관 텡노와 서기관 양씨의 활동
 3. 교역청원서와 예물의 접수 후 한일
 4. 수군우후의 활동
 5. 홍주목사의 활동
 6. 충청수사(공충수사)의 활동
 7. 애머스트호 승선자 조사 등
 8. 승선자의 국적과 나이 조사
 9. 선적된 하물의 조사
10. 수군우후 등의 예물의 반환 시도
11. 조정 역관의 예물 반환 시도
12. 고관들의 의문의 행동

제2절 조선관리의 원산도 활동

1. 조선 관리의 활동(요약)

Q 귀츨라프와 관련된 조선 관리의 원산도 활동에는 어떤 것들이 있는가?

A 조선 관리는 1832년 7월 25일부터 8월 12일까지 귀츨라프 일행의 원산도 정박을 허용하고, 교역청원서를 접수하며, 귀츨라프 선교사가 주기도문을 번역하는 등의 선교활동과 씨감자를 심어주게 하여 농업의 혁신을 도모하였다. 그리고 영국 선박 등에 대한 중요한 정보와 자료를 수집하여 기록으로 남겼다. 이 같은 내용은

첫째, 군관 텡노는 수군우후의 지휘를 받아 7월 24일, 고대도에 정박한 애머스트호를 방문(問情)하여, 귀츨라프 일행에게 안전한 만이 있는 개갱(Gan-keang)으로 이동할 것을 권고하고, 다음날 도선사와 함께 원산도로 인도하였다. 그리고 귀츨라프 일행이 원산도에 체류하는 동안 조사관과 연락관 업무를 수행하였다.

둘째, 서기관 양씨는 수군우후의 지휘를 받아 7월 25일 귀츨라프 일행을 영접하고, 7월 27일에는 애머스트호에 방문하여 귀츨라프 선교사와 함께 주기도문을 한글로 번역하였다. 그리고 귀츨라프 일행의 수행과 조사관 업무도 수행하였다.

셋째, 수군우후 김형수는 원산도 해역을 관할하는 수장으로, 영국 측의 린제이 함장으로부터 국왕에게 드릴 교역청원서를 접수(7월 26일)하고. 애머스트호의 원산도 정박을 허용함으로써, 귀츨라프의 선교활동을 가능하게 하여 원산도를 한국 최초의 개신교 선교지가 되게 하였다. 그리고 씨감자 심는 것을 묵인하여 원산도가 한국 최초 감자 전래지가 되게 하였다.

넷째, 홍주목사 이민회는 원산도(洪州牧)를 관할하는 행정의 수장으로, 수군우후와 함께 귀츨라프 일행을 수시 접견하고, 그 결과를 충청감사를 경유하여 조정에 보고하여 비변사등록, 승정원일기, 일성록, 조선왕조실록 등에 수록하는 근거를 제공하였다.

다섯째. 충청수사 이재형은 충청수군의 최고사령관으로 귀츨라프 일행 전원에게 7월 30일 오찬을 제공하고, 그들을 원산도에서 물리치지 아니하였으며, 외국인으로부터 예의 바르고, 품위가 있으며, 위엄을 지닌 훌륭한 고관으로 평가 받았다.

여섯째, 역관 오계순은 조정에서 파송된 특사로서, 8월 9일 귀츨라프 일행을 배로 방문하여 영국 측의 교역청원에 대하여 "조선은 중국의 속국으로 교역이 불가하다"고 하면서 교역청원을 거절하였다. 이로 인하여 귀츨라프 일행이 원산도를 떠나게 되는 원인을 제공하였다.³⁵⁾

일곱째, 특히 수군우후의 지휘를 받는 군관과 서기관은 귀츨라프 일행이 원산도에 머물고 있는 동안, 그들이 타고 온 영국 배의 구조 등을 비롯하여, 승선자의 이름과 나이, 배에 실은 하물 등 다양한 조사를 통하여 기록으로 남기는 역할을 하였다.⁽⁷⁾

- 군관 텡노는 귀츨라프의 원산도 선교활동에 크게 도움을 주었습니다.(신석재)
- 당시 조선 관리의 업무분장에 대하여 유추해볼 수 있는 기회가 되었습니다.(이홍열)

---

35) 귀츨라프 일기, 1832. 8. 9. Our kingdom is a dependent stat of China; we can do nothing without the imperial decree; this is our law. Hitherto we have had no intercourse with foreigners; how could we venture to commence it now?"

2. 군관 텡노와 서기관 양씨의 활동

Q 귀츨라프 선교사가 만난 텡노와 양씨는 누구이며 어떤 역할을 하였는가?

A 텡노와 양씨는 수군우후의 지휘를 받는 군관과 서기관으로, 텡노는 귀츨라프 일행을 고대도 해역에서 최초로 만나 조사하고, 원산도 간갱으로 인도한 후 양씨와 함께 연락관과 조사관으로 여러 가지 활동을 하였다. 이 같은 근거는

첫째, 군관 텡노는 1832년 7월 24일 고대도 해역에 정박한 애머스트호를 방문하고, 귀츨라프 일행에게 안전한 만(灣)이 있는 원산도 개갱(Gan-keang)으로 가야 한다고 설득하고, 다음날 도선사와 함께 다시 와서 원산도로 인도하였다.[36]

둘째, 서기관 양씨는 7월 25일 원산도에 텡노와 함께 도착한 귀츨라프 일행을 만난 후에 린제이의 편지를 받아 고관에게 전하였다.[37]

셋째, 7월 26일 수군우후와 홍주목사를 안내하여 애머스트호를 방문하고, 귀츨라프 측이 조선국왕께 드리는 예물을 붉은 비단으로 싸는 것을 지켜보았고, 그들을 원산도의 관청이 있는 곳(진촌)으로 안내하였으며, 오후에 원산도에서 거행된 교역청원서와 예물의 전달식 때에 수군우후, 홍주목사, 린제이, 귀츨라프, 심손, 스티븐슨이 참석한 기록으로 볼 때 텡노와 양씨도 함께 참석한 것으로 추정된다.[38]

넷째, 7월 26일 밤 8시, 텡노와 양씨는 애머스트호를 방문하여 한밤중까지 선적한 하물과 승선자의 명단 및 선박의 제원(길이, 나비, 돛대 높이) 등을 조사하였다.[39]

---

36) 귀츨라프 일기, 1832. 7. 24, we will bring you to a bay called Gan-keang, where you may find safe anchorage, meet the mandarins adjust the affairs of your trade, and obtain provisions.
37) 린제이 보고서, 1832. 7. 25, By one of these messengers I wrote a short letter to the chief mandarin, who they styled Kin Tajin, informing him of our arrival.

다섯째, 7월 27일, 텡노는 귀츨라프 일행이 섬에 상륙하려고 할 때 이를 제지하는 병졸에게 비키도록 지시하여 귀츨라프 일행이 섬을 돌아볼 수 있게 하였다.

여섯째, 7월 27일 밤 9시, 두 사람은 애머스트호를 방문하여 배를 만든 목재 이름과 돛대의 높이 및 선실의 수 등을 조사하였다. 그리고 양씨는 배안에서 귀츨라프 선교사와 함께 한문 주기도문을 조선말(한글)로 번역하는 일을 하였다.

일곱째, 7월 28일, 두 사람은 애머스트호를 방문하여 선박등록증, 대포의 수, 장총, 권총, 창, 칼 등 수량까지 자세히 조사하였다. 이밖에 귀츨라프 일행이 물을 길러 갈 때(7월 28일), 충청수사가 귀츨라프를 방문할 때(7월 30일), 8월 7일, 8월 9일 등 고관들이 귀츨라프 일행을 찾아가 만날 때마다 함께 간 것으로 추정할 수 있다.

• 연구결과

1) 군관 텡노는 애머스트호를 고대도에서 원산도로 이동시키고, 서기관 양씨는 원산도에 온 귀츨라프 일행을 영접하였다.
2) 이들은 국왕께 드리는 예물의 포장을 지켜보고 전달식에 참석 하였으며,
3) 고관들이 애머스드호를 방문힐 때 수행하고,
4) 애머스트호에 대한 각종 조사를 실시하였다. 그리고 텡노는 귀츨라프 일행이 원산도 들판을 돌아보는데, 그리고 양씨는 주기도문의 번역에 협력하였다.

결론적으로, 군관 텡노와 서기관 양씨는 함께 귀츨라프 측과 고관들 사이에 연락관과 조사관 업무를 수행한 인물들이었다.

- 서기관 양씨는 주기도문의 한글 번역에 크게 기여하였습니다.(김주창)
- 군관(텡노)과 서기관(양씨)은 원산도에 복음을 전파하는데 일익을 담당했다고 생각됩니다.(이재평)

---

38) 린제이 보고서, 1832. 7. 26, I accordingly made the following selection of articles, all of which were packed up in the presence of Yang-yih and Teng-no.
39) 린제이 보고서, 1832. 7. 26, At eight in the evening we were again visited by the two secretaries, with a string of questions as to the ship's cargo, the names of all the officers and men, length and breadth of the ship heights of the masts, & c.,

3. 교역청원서와 예물의 접수후 한 일

Q 수군우후는 교역 청원서와 예물을 받은 다음 어떤 일을 하였는가?

A 1832년 7월 26일 수군우후는 접수된 예물 등은 동임(洞任 - 현재의 동장)에게 주어 보관하게 하고 전도책자 등과 예물 목록은 공충감사 등에게 전달하였다. 그리고 귀츨라프 일행 모두에게 점심을 제공하고 몇 가지 식품도 배에 보냈으며, 부하들에게는 한 밤중까지 조정에 보고할 내용을 조사하게 하였다. 이 같은 근거는

첫째, 접수된 예물 등은 마을 일을 집행하는 동장에게 보관케 하고 조정의 처분을 기다리기로 하였으며, 전도 책자 등과 목록은 공충감사 등에게 전달하였다.

둘째, 수군우후의 직인이 찍힌 목록과 함께 돼지 두 마리, 생강, 채소, 쌀 등을 귀츨라프 측에 선물로 제공하였다. [40]

셋째, 수군우후는 점심 때에 귀츨라프 일행 전원(67명)에게 건어물, 소금에 절인 생선, 떡, 된장, 술 등을 제공하였다. [41]

넷째, 군관 텡노와 서기관 양씨 등이 저녁 8시부터 한 밤중까지 애머스트호를 방문하여 조정에 보고할 내용을 조사하게 하였다. [42]

---

40) 귀츨라프 일기, 1832. 7. 26, Meanwhile, they sent us two pigs, and a little ginger and rice, aboard, a very satisfactory proof of their good intentions.
41) 귀츨라프 일기, 1832. 7. 26, How surprised were we, when about dinner (lunch) time, small dishes were handed aboard, containing dried fish, soy and liquor, which were placed upon low tables, and we were requested to sit down and partake of a meal.

• **연구결과**

1) 전달된 책자 등과 예물의 목록은 모두 3질(set)로 그 중 하나는 공충감사(營門)에게, 또 하나는 공충수사(水營)에게, 또 다른 하나는 병마절도사(兵營)에 올린 것으로 조사되었다. 그리고 공충감사에게 전한 것은 비변사에 진달되었다 (일성록, 음력 1832년 7월 8일).
2) 수군우후가 보낸 음식은 선원들의 입맛에 맞지 않고 메스꺼워 한 사람도 먹지 못하였다.
3) 텡노 등이 조사한 내용은 영국선박의 구조와 제원, 승선자 명단 등이었다.

결론적으로, 수군우후가 접수한 예물은 국왕께 전달하지는 못했으나 전도 책자 등과 예물의 목록은 공충감사를 통하여 조정(비변사)에 진달되었다고 볼 수 있다.

• 당시의 행정 체계와 보고 내용 등도 알 수 있네요.(이홍열)
• 교역청원서를 접수하고 회신을 기다리는 동안 귀츨라프는 위대한 선교활동을 했습니다.(최 연)

---

42) 린제이 보고서, 1832. 7. 26, At eight in the evening we were again visited by the two secretaries, with a string of questions as to the ship's cargo, the names of all the officers and men, length and breadth of the ship heights of the masts.

4. 수군우후의 활동

Q 귀츨라프 일행이 만난 수군우후는 누구이며 어떤 역할을 하였나?

A 수군우후는 김형수(金瑩綬)이며, 충청수사(忠淸水使) 다음 서열의 수군 책임자(고관)로 귀츨라프 일행을 원산도로 안전하게 데려오게 하여, 교역청원서 등을 받아주고 그들이 7월 25일부터 8월 12일까지 머무는 동안 만나주고 식사도 대접하며 접촉하여, 원산도를 한국 최초의 개신교 선교지와 감자 최초 도입지로 만드는데 이바지하였다. 이 같은 근거는

첫째, 외국 선박이 불모도 쪽으로 항해한다는 녹도별장의 급보를 받고, 군관 텡노를 급파하여 방문 목적을 조사하게 하였으며, 배를 고대도에서 원산도로 안전하게 이동하도록 지휘하였다.[43]

둘째, 영국 측에서 국왕께 올리는 교역청원서와 예물을 접수하고, 이들과 원만한 협력관계를 유지하여, 승선자 명단, 배의 구조, 적재 하물 등 중요한 자료를 텡노 등이 조사하게 하여 조정에 보고하였다.

셋째, 귀츨라프 일행이 원산도에 머물도록 허용함으로써 주기도문의 번역과 전도 등 선교지로 개척 할 수 있는 기회를 제공하였다.

넷째, 외국농산물 도입을 금하던 시절에 귀츨라프 선교사가 씨감자를 심어주고 과학 영농을 지도할 수 있는 기회를 제공하였다.

• 연구결과

1) 수군우후 김형수는 충청해역의 수군을 지휘하는 정4품 무관으로 충청수사 다음 서열의 고관이었다.
2) 녹도별장, 군관 텡노, 서기관 양씨 등은 수군우후의 직속 부하였다.
3) 교역청원서를 접수함으로써 귀츨라프 일행이 원산도에 19일간 머물 수 있게 하므로 귀츨라프 선교사의 활동을 통하여, 원산도를 개신교 최초의 선교지가 되게 하고, 감자가 조선의 중부지방에 최초로 보급되게 하였다.
4) 애머스트호의 승선자, 하물, 선박에 대한 많은 정보를 조사하여 조선왕조실록에 기록되게 하였다.
5) 츨라프와 린제이가 기록을 남겨 19세기 조선의 생활상을 알 수 있게 하였다.

결론적으로, 수군우후 김형수는 조선의 쇄국정책이라는 억제 속에서 귀츨라프 일행을 배척하지 않고 호의적으로 대함으로써 역사 발전에 큰 공적을 남겼다.

• 수군우후는 쇄국정책 속에서 두려움을 극복하고 국가의 앞날을 내다본 선각자 역할을 하였네요.(이재평)
• 수군우후의 개혁적 성향과 혁신적 노력 정신은 기념사업으로 연결되어야 할 것입니다.(조병진)

43) 일성록, 1932.9.1. 金瀅綏 則渠時當風和 留防於元山島 六月二十五日 (7/22) 鹿島別將馳報內 異樣船一隻 漂到於不毛島 外洋云

5. 홍주목사의 활동

Q 귀츨라프 일행이 만난 홍주목사는 누구이며 어떤 역할을 하였는가?

A 홍주목사는 이민회(李敏會)이며 충청(公忠)감사(도지사) 산하의 원산도, 고대도, 불모도 등을 포함한 홍주목(홍성군)을 관할하는 수장이었다. 그는 외국 선박이 불모도에 정박하고 있다는 것을 통보 받고, 귀츨라프 선교사 일행이 원산도에 도착하였을 때와 예물 등의 전달 의식 때에 배석하였으며, 조정 특사가 내려와 교역 청원을 거절하는 회의에도 배석하는 등 수군우후와 함께 귀츨라프 일행을 원산도에서 여러 차례 만나 우호적 관계를 유지하였다. 이 같은 근거는

첫째, 1832년 7월 23일 외국 선박이 불모도 해역에 정박하고 있다는 통보 (甘結)를 수군우후에게 받았다.

둘째, 7월 26일 귀츨라프 일행이 국왕께 올리는 교역청원서와 예물의 공식 전달 의식에 배석하였다.

셋째, 8월 9일 조정 특사 오계순이 귀츨라프 일행에게 교역청원을 거절하는 공식적인 회의에 배석하는 등 귀츨라프 일행과 여러 차례 만났다.

넷째, 조선왕조실록에 따르면 귀츨라프 일행을 만났을 때 "거행이 지연되고 처리가 전착(顚錯)된 죄"로 관직에서 파출되었다.[44]

• **연구결과**

1) 홍주목사 이민회는 공충감사 산하의 홍주목(洪州牧)을 관할하는 수장(군수)이었다.
2) 외국 선박의 출현을 통보받고 수군우후와 함께 원산도에 도착한 애머스트호를 방문하였으며, 국왕께 드리는 예물 등의 전달의식에 배석하였다.
3) 조정 특사 오계순과 귀츨라프 측 사이에 교역청원을 거부하는 공식 회의 등에 배석하였다.
4) 홍주목의 수장으로 귀츨라프 선교사가 원산도에 주둔한 관리와 많은 주민들에게 성경과 전도지를 나누어 주는 것을 허용(묵인)한 결과 원산도가 한국 최초의 개신교 선교지가 되게 하는데 도움을 주었다.

결론적으로, 홍주목사 이민회는 귀츨라프 일행과 주도적인 만남과 역할은 하지 않았으나, 홍주목의 수장으로 수군우후와 함께 귀츨라프 일행과 호의적 관계를 유지함으로써 결과적으로 원산도의 여러 주민들과 관리들에게 전도하여 한국 최초의 개신교 선교지로 개척하는데 기여하였다.

• 당시 행정구역상 '충청도'는 '공충도'로 되어 있었군요.(이종섭)
• 당시에는 외국과 교류를 금하는 시기여서 파직을 당하셨군요.(정선득)

44) 순조실록, 1832. (음) 7. 21. 公忠水使李載亨, 虞候金瑩綏, 地方官洪州牧使李敏會, 問情時 舉行之稽滯 顚錯之罪, 請依道臣論勘, 施以罷職之典

6. 충청수사(공충수사)의 활동

Q 귀츨라프 일행이 만난 충청수사(공충수사)는 누구이며, 어떤 역할을 하였나?

A 공충수사(충청수사)는 이재형(李載亨)이며, 충청수군의 최고 사령관이다. 그는 귀츨라프 일행이 1832년 7월 25일부터 8월 12일까지 원산도에 체류할 때, 위로차 방문을 시작으로, 식사도 대접하고, 상륙 문제도 논의하고, 그들과 작별을 아쉬워하며, 끝까지 귀츨라프 일행과 좋은 관계를 유지하였다. 이 같은 근거는

첫째, 7월 30일, 귀츨라프 일기에 공충수사는 "우리의 노고를 위로하기 위하여 방문하였다." 그리고 린제이는 "지금까지 우리가 만난 고관보다 더 높은 분이 우리를 방문 하였다." 그리고 공충수사의 직위, 나이, 인품 등을 기록하고 "수군우후를 대동했다."고 기록하였다. [45), 46)]

둘째, 7월 31일, 공충수사는 재차 방문하여, 더 이상 상륙하지 말라고 당부하면서 당신들은 우리 손님이니 "손님은 주인의 규칙을 지켜야 한다."고 했다. 이에 귀츨라프는 중국의 예기(禮記)를 인용하며 "주인은 손님에게 산책하고 평안하게 하도록 자유를 충분히 주어야한다."고 필답(筆答)하니, "호타-호타(good good,좋다, 좋다)"라고 대답하고 더 이상 상륙 금지를 요구하지 않았다. [47)]

셋째, 8월 12일, 귀츨라프 일행이 원산도를 떠나려 할 때 그는 홀로 찾아가 작별을 매우 아쉬워하였다. 한편 일성록(日省錄, 1832년 7월 11일)에도 공충수사와 귀츨

---

45) 귀츨라프 일기, 1832. 7. 30, came to visit us in order to console us for our hardships.
46) 린제이 보고서, 1832. 7. 30, On the 30th we were visited by a chief of higher rank than any we had yet seen; his surname was also Kin; he stated himself to be a tseang-kean, and of the third class of mandarins.

라프 간의 접촉 사실이 확인되었다(又接水使李載亨 今月初五日).

• 연구결과

1) 충청수사(공충수사)는 충청수역의 수군을 지휘하는 최고 수장(首長)으로서 귀츨라프 일행을 처음부터 물리치지 않은 사유로 후에 파직처벌을 받았다.
2) 그는 귀츨라프 일행을 처음 만나는 날에도 음식을 대접할 정도로 우호적이었다.
3) 그는 귀츨라프 일행과 협력을 증진하고 영국과의 교역을 통한 개화에 긍정적이었던 인물이라 할 수 있다.

- 아주 훌륭한 지휘자로 보이는데, 시대 상황이 충청수사를 어렵게 했군요.(이홍열)
- 충청수사의 활동은 귀츨라프 일행과 우호적 협력관계를 유지하는데 크게 도움을 주었군요.(최병우)

---

47) 귀츨라프 일기, 1832. 7. 31, "You are our guests," said he, "and guests ought to conform to the rules the host prescribes." We quoted some passages form the book of rites, which enjoin the host to give his guest the fullest liberty to walk about and to be at ease. When he read this he exclaimed, "Hota, hota!" (good, good) and never touched that point again.

7. 애머스트호 승선자 조사 등

Q 조선왕조실록에 기록된 귀츨라프 일행의 승선자 명단과 타고 온 배의 구조 및 적재하물 등은 어디에서 어떻게 조사되었나?

A 조선왕조실록에 기록된 귀츨라프 일행이 타고 온 승선자들의 이름, 배에 실은 하물, 배의 구조와 영국에 관한 많은 기록들은 애머스트호가 1832년 7월 26일 밤 원산도 해안에 정박하였을 때 수군우후 휘하의 군관과 서기관에 의하여 조사된 것이 공충감사 등을 경유하여 보고된 내용이다. 이 같은 근거는

첫째, 수군우후와 귀츨라프 일행은 7월 26일 국왕께 올릴 교역청원서과 예물의 전달 의식을 성공적으로 마치고, 수군우후는 호의 표시로 돼지 두 마리와 쌀 등 식량을 선물함으로써 귀츨라프 측과 조선관리 측은 신뢰감이 증진되어 상세한 조사가 가능하였다.

둘째, 수군우후 휘하의 군관(텡노)과 서기관(양씨)은 교역청원서 접수와 연계하여, 조정에 보고할 자료로 저녁 8시부터 한밤중(midnight)까지 애머스트호로 찾아가 승선자의 이름, 배의 크기, 배에 있는 하물, 돛대의 높이 등에 이르기 까지 자세한 조사를 하였다.[48]

셋째, 조사 날짜인 7월 26일은 음력 6월 29일로 달빛이 없는 그믐날이라 캄캄한 밤에 배를 타고 섬과 섬 사이를 왕래할 가능성은 거의 없었다.[49]

---

48) 린제이 보고서, 1832. 7. 26. At eight in the evening we were again visited by the two secretaries, with a string of questions as to the ship's cargo, the names of all the officers and men, length and breadth of the ship heights of the masts, &c., together with numerous inquiries about England, why it was called Ta Ying, Great Britain; was there a Seaon Ying, Small Britain. The conference lasted till near midnight, but was entirely kept up on paper.

넷째, 애머스트호는 원산도 해안에 정박하였으므로 관리들의 숙소가 있는 원산도에서는 한 밤중이라도 왕래가 가능했던 것으로 판단되었다.

• **연구결과**
1) 조선왕조실록에 자세하게 기록된 내용을 귀츨라프와 린제이 기록을 근거로 할 때 조사장소는 원산도일 수밖에 없는데, 이는 관리들의 숙소가 있는 원산도로 돌아가야 하기 때문이었다.
2) 조명시설이 없는 배를 타고 그믐날 캄캄한 한밤중에 고대도에서 원산도로 간다는 것은 비합리적임으로 애머스트호가 고대도에 정박해 있지 않았다는 증거가 된다.

결론적으로, 조선왕조실록에 기록된 귀츨라프 일행 관련 기록의 조사는 원산도 해안의 애머스트호 배안에서 이루어졌다. 조사관은 수군우후 휘하의 군관(텡노)과 서기관(양씨)이었다. 조사된 내용은 공충감사 등을 통하여 조정에 보고되었다.

• 린제이 함장이 이끄는 배의 승선자 등에 대하여 조선 군관이 한밤중까지 조사하였네요.(윤정식)
• 귀츨라프 선교 활동을 알게 되어 감사합니다.(정선득)

49) 음력 29일은 그믐날 밤이라 캄캄하다.

8. 승선자의 국적과 나이 조사

Q 영국 선박 애머스트호에 승선한 귀츨라프 일행의 국적과 나이는?

A 영국선박 애머스트호 배를 타고 원산도에 도착한 귀츨라프 일행은 모두 67명이었으며, 이들의 국적은 영국인 10명, 인도인 등 57명으로 구성되었다. 그리고 애머스트호 승선자들의 평균 나이는 28세로 대부분이 젊은 청년들이었다. 이 같은 근거는

첫째, 애머스트호에 승선한 대표적 인물 3명의 경우, 영국 국적의 린제이 함장 나이는 30세였으며, 귀츨라프 선교사는 29세, 리스 선장은 32세의 청년이었다.

둘째, 애머스트호에 승선한 간부 7명의 경우, 영국 국적의 제1과장(Stephens)은 38세로 비교적 높은 편이었으나 제2과장(Simpson)은 22세, 제3과장(Johan)은 20세로 젊은 청년이었다. 그리고 화가(弟文)는 19세, 제1비서(必都盧)는 20세, 제2비서(米土)는 15세로 어린 청소년이었다. 서기(老濤高)도 청년이었다.

셋째, 인도 국적의 애머스트호 갑판원(水手) 6명의 경우, 20세(耶) 부터 44세(明夏) 나이에 이르기까지 차이가 있었으며, 이 들의 평균 나이는 27세였다.

넷째, 인도 국적의 잡역부 6명의 경우: 26세(馬行) 부터 40세(多羅) 나이에 이르기까지 차이가 있었다. 평균 나이는 31세로 갑판원보다 많았다.

다섯째, 인도 국적의 진주(陳舟) 10명과, 손해(遜海) 20명의 경우: 이들 나이는 각각 달랐다. 이밖에 요리사(廚子) 2명, 하인(跟班) 7명, 지범(止帆) 등의 나이도 각각 다르나 대부분 청년들이었다.

• **연구결과**

1) 애머스트호의 승선자 이름과 나이 등 자료는 1832년 7월 27일 귀츨라프가 제공한 것을 수군우후 휘하의 군관과 서기관이 기록하여 조정에 보고된 것으로 나타났다.
2) 승선자의 명단은 순조실록에 기록되어 있고, 나이 등 상세한 기록은 연원직지 (燕轅直指) 등에 수록되어 있다. [50]
3) 1832년의 경우 외국인 청소년들도 직업을 자지고 애머스트호에서 여러 직종에 종사하였다.

결론적으로, 1832년의 조선은 쇄국정책으로 외국인과 만나기만 해도 중벌이 가해지던 시절이었다. 귀츨라프 선교사와 수군우후가 원산도에서 우호적이고 신뢰를 바탕으로 하여 외국인에 대한 상세한 정보를 역사적 기록으로 담을수 있게 된 것은 수군우후 김형수의 개혁과 개방을 지향한 노력의 결과라고 할 수 있다.

• 우리나라도 많은 젊은이들이 귀츨라프처럼 세계로 뻗어가기를 희망합니다.(김연중)
• 영국의 애머스트호 승선자 67명 중 나이가 20세부터 40세 까지라면 젊은 편이네요.(신원선)

50) 연원직지, 1833. (음) 11. 25.

9. 선적된 하물의 조사

Q 귀츨라프가 승선한 애머스트호 배 안에는 어떤 물품들이 실려 있었는가?

A 귀츨라프가 승선한 애머스트호에 실린 물품은 여러 종류의 교역 상품들을 비롯하여, 무기류, 국왕께 드릴 예물, 각종 식량 등이다. 이 같은 근거는

첫째, 교역을 위한 물물교환 상품으로 유리그릇 500개, 초 1,000담, 부싯돌(火石) 20담, 꽃무늬 천 50필, 부엌 칼 100개, 가위 100개, 밀초 20담, 등잔대 30개, 초롱 40개, 단추 10,000여개 등이 실려 있었다.[51]

둘째, 방어를 목적으로 하는 무기류에는 대포 8좌, 총 35자루, 창 24자루, 환도(環刀) 30자루 등이 실려 있었다.

셋째, 국왕께 올리는 예물로는 각종 옷감과 망원경(2개), 유리그릇(6종), 전도 책자 등 26종이 실려 있었다.

넷째, 배 안에는 흑백 염소를 키우며, 오리와 닭의 홰를 설치하고, 돼지우리도 갖추고 있었다. 이밖에 보트(boat) 4척을 배 좌우에 매달아 놓고 필요에 따라 바다에 띄웠으며, 승선자의 식량 등이 실려 있었다.[D]

• **연구결과**
1) 물물교환 상품으로 가져온 유리그릇, 옷감, 단추 등 여러 종류의 생필품은 당시의 가격으로 은화(銀貨) 8만냥에 해당한다.
2) 비밀에 해당하는 무기류의 종류와 자세한 수량의 조사는 지방 관리들의 친절과 신뢰감이 귀츨라프 측에 전달되어 얻어낸 값진 결과물이다.

3) 전도문서와 성경 등은 오키나와에서도 상당량을 선물한 것으로 보아 많은 양이 실려 있었다.
4) 승선자 67명의 식량과 접대용 술도 여러 상자 실려 있었다고 할 수 있다.

결론적으로, 귀츨라프가 승선한 애머스트호는 1832년에 이미 교역(物物交換)을 위하여 다양한 종류의 귀한 생필품을 가지고 조선에 왔으나 쇄국정책으로 인하여 성공하지 못했다. 동서양의 정보교류가 대단히 어려웠던 시절에 수군우후 등 지방 관리의 노력으로 애머스트호에 실린 물품을 교역상품과 무기류에 이르기 까지 조사하여 조정에 보고하고, 이를 조선왕조실록의 역사적 기록으로 남길 수 있게 한 수군우후(김형수) 등의 공적은 높이 평가된다.

• 배안에서 가축을 기르는 것은 장기간의 항해기간 동안 식재료를 공급하기 위한 것으로 보입니다.(김주창)
• 애머스트호에 실린 하물 중 여러 가지 귀중품들이 많이 실려 있었네요.(신혜민)
• 애머스트호가 배 안에서 가축을 사육하였다는 기록이 흥미롭습니다.(이홍열)

51) 순조실록, 1832. (음) 7. 21. 船載物貨, 玻璃器五百, 硝一千担, 火石二十担, 花布五十疋, 刀子一百, 剪子一百, 蠟燭二十担, 燈臺三十, 燈籠四十, 鈕一萬餘

10. 수군우후 등의 예물 반환 시도

Q 영국 측이 전달한 청원서와 예물을 조선 관리는 왜 반환하려 하였나?

A 1832년 7월 26일 영국 측은 교역청원서와 예물을 수군우후를 통하여 공식적으로 전달하였다. 그 후 조선 측은 조정 특사로 하여금 교역청원을 거부하고, 예물도 반환하고자 여러 차례 시도하였으나 그때마다 거절당했다. 이 같은 근거는

첫째, 접수된 예물 등의 반환 사유는 순조실록(자문)에, "사리로 따져서 조선(藩邦)은 다른 나라와 사사로이 교역을 할 수 없으며, ...지방관은 어떻게 감히 조정에 보고 하는가(以藩邦事體 固不當與他國私交 .... 地方官何敢告京司)."라는 기록이 있다.[52]

둘째, 8월 7일, 수군우후는 예물을 비롯하여 그 동안 관리들이 받았던 선물 까지 모두 가지고 배(애머스트호)로 찾아가 반환하려 하였으나 거절당했다.

셋째, 8월 9일, 조정특사(오계순)는 충청수사, 수구우후, 홍주목사와 배로 방문하여 영국 측의 교역청원을 거부하고, 예물 등을 반환하려 하였으나 거절당했다.

넷째, 8월 11일, 오계순 등 4인은 예물 등의 반환을 다시 시도했으나 거절당했다.

다섯째, 귀츨라프 일행이 떠나는 날(8. 12)에도, 충청수사는 배로 찾아가 예물 등을 돌려받으라고 부탁하였으나 끝내 거절당했다.

• **연구결과**

1) 조선관리의 예물 등의 반환 시도는 쇄국정책 체제하에서 외국 물건을 받은 것은 처벌의 대상이 되기 때문으로 해석된다.
2) 영국 측의 반환 거부는 공문으로 제출된 것은 그 사유가 명시된 공문으로 반환해야 한다는 원칙을 지킨 것으로 판단된다.
3) 어떤 원칙과 지침도 없이 예물 등을 반환하지 못해 어쩔 줄 모르며 통사정만 반복한 관리들의 모습은 현재 우리나라 외교 수준과 비교해볼 필요가 있다(He seized my hands repeatedly, bowing almost to the ground, and then made signs that his head would be cut off and his bowels ripped open if I persisted in my refusal).

결론적으로, 외국과의 교역을 금하던 시절에, 수군우후가 국왕께 올리지도 못할 문서 등을 접수한 것은 지혜롭지 못한 처사이며, 관리들이 당당하지 못하게 허둥대는 모습의 예물 반환 시도는 외교의 미숙을 드러낸 것이다. 그리고 영국 측의 "공문으로 보낸 것은 그 답도 공문으로 받아야 한다."는 원칙은 우리도 고려해볼 교훈적 사례라 할 수 있다.

• 조정에서 방침으로 결정된 것임으로 수군우후가 응신 할 수도 있지 않았을까요?(이재평)
• 당시의 시대 상황이 지방 관리의 처신을 어렵게 한 것을 알 수 있네요.(이홍열)

52) 순조실록(자문), 1832. (음) 7. 21, 以藩邦事體, 固不當與他國私交, 況我本國, 密邇甸服, 事無巨細, 悉經奏知, 不敢擅便, 俺們旣 無上國可據之文憑, 強要前代未有之市易, 事涉乖當, 理難 曲從 地方官 何敢告京司.

11. 조정 역관의 예물 반환 시도

Q 조정 역관 오계순이 예물 등의 반환에 매달린 이유와 상황은 무엇인가?

A 조정에서 파송된 역관 오계순은, 1832년 8월 9일 귀츨라프 일행을 배로 방문하여 교역청원서와 예물을 받을 수 없다고 통보하였다. 그 이유는 "조선이 청나라의 속국이라 교역이 안 되고, 국왕께 보고도 할 수 없는 일"이라고 하면서 이것들을 반환하겠다고 하였다. 이에 대하여 린제이는 "태국 등 다른 속국은 교역을 하고 있다고 하면서 꼭 반환하려면 그 사유가 수록된 공문서를 달라"고 요구하였다. 이 같은 근거는

첫째, 오계순은 예물 등을 접수한 것은, 수군우후와 홍주목사가 늙고 무능력하고, 무식하고 미련해서(ignorance and stupidity, being old and incapacitated) 잘못 접수한 것이라고 외국인과 본인들이 있는 자리에서 지방 고관을 비하하는 무례를 범했다.[53]

둘째, 예물 등의 반환이 거절되자, 오계순은 흥분하여 조선말로 빠르게 지껄이는데 나(린제이)는 한마디도 알 수 없었다.고 기록하였다.[54]

셋째, 오계순은 린제이의 두 손을 잡고 머리가 땅에 닿도록 굽히면서 애원하고, 계속 거절하면, 자기도 벌을 받아 목이 잘리고 창자가 터져 나올 것이라는 시늉을 하였다.[55]

---

53) 린제이 보고서, 1832. 8. 9, Woo unhesitatingly answered, that all they had told us were falsehoods, that the two chiefs, Kin and Le, who had publicly received the letter and presents, had done so from ignorance and stupidity, being old and incapacitated.
54) 린제이 보고서, 1832. 8. 9, he showed by addressing me rapidly in Coreans, of which I understood not a word.

• **연구결과**
1) 오계순은 청나라를 상대하는 통역관으로 외교의 역량이 부족하였다.
2) 중앙에서 파견된 관리의 위세로 지방 고관들을 얕보았다.
3) 공문서와 함께 예물을 반환하라는 논리적 요구에 오계순은 크게 당황하였다.
4) 반환을 못하면 처벌을 받을 수 있다는 두려움으로 체면불구하고 애원하였다고 볼 수 있다.

결론적으로, 오계순은 조정에서 내려온 역관으로 교역을 거절하고, 예물 등을 반환하는 것이 자기의 책임으로 알고, 이것을 관철하지 못하게 되자 크게 당황하여, 모든 사람 앞에서 중심을 잃고 애원하는 모습을 보였다. 자기가 처벌받을지도 모를 두려움 속에서 국가를 대표하는 외교관으로서 자존심을 망각한 것으로 볼 수 있다.

- 원만한 인격자가 되려면 세상을 두루 볼 수 있는 인문학 수업도 필요하네요.(이재평)
- 쇄국정책이 낳은 촌극이네요. 지금의 정치판에도 이런 촌극이 있듯이….(이홍열)

---

55) 린제이 보고서, 1832. 8. 9, He seized my hands repeatedly, bowing almost to the ground, and then made signs that his head would be cut off and his bowels ripped open if I persisted in my refusal.

12. 고관들의 의문의 행동

Q 수군우후 등은 귀츨라프 일행을 어떻게 영접했으며 어떤 의문점이 있나?

A 수군우후, 홍주목사와 충청수사 등 3인은 쇄국정책하의 고관으로, 백성들은 외국인과 물건을 사고팔아도 처벌을 받는 시대에, 귀츨라프 일행을 영접하여 예물 등을 접수하고, 승선자 전원(67명)에게 오찬을 베풀며, 이들과 협력하였는데, 당시의 시대적 상황으로 볼 때 의문점이 있다. 이 같은 근거는

첫째, 수군우후 휘하의 군관인 텡노는 고대도 해역에서 귀츨라프 일행에게 친절하게 대하고, 다음 날 안전한 항구가 있는 원산도로 인도하였는데, 이것이 수군우후의 지시인지, 군관 자신의 판단인지 그 사유 등에 대하여 의문점이 있다.

둘째, 수군우후는 홍주목사와 함께 귀츨라프 일행을 7월 26일 만나, 영국 측이 요청하는 대로 국왕께 올리는 교역청원서와 예물을 공식적인 자리를 마련하고 받은 후 조정에 조속히 진상하겠다고 약속하였다.

셋째, 수군우후는 자발적으로 애머스트호 전체 승선자(67인)에게 음식을 대접하며, 그들을 경계의 대상이 아닌 손님으로 대했다.

넷째, 충청수사는 7월 30일 귀츨라프 일행을 우호적인 분위기에서 만나고, 수군우후와 함께 애머스트호 승선자 전원에게 오찬을 베풀었다.

다섯째, 귀츨라프가 충청수사를 만나 교역청원서의 회신이 언제 오는가를 질문(7월 31일)하자, 조용히 회신이 오기를 기다려보자고 하였다.[56]

여섯째, 귀츨라프 일행은 안내를 받아가며(7월 27일, 8월 1일 등) 원산도 답사를 했지만, 그 후부터는 섬에 돌아다니는 것이 금지되었다.

• 연구결과

1) 수군우후는 자기 관내에 외국 선박인 이양선이 나타났다는 녹도별장의 보고를 받고 군관 텡노를 보내어 조사를 시켰고, 텡노가 원산도로 인도해온 귀츨라프 일행을 만났다. 이는 린제이 함장과 귀츨라프 선교사를 만나며, 그들에 대한 경계심이 별로 없었던 것을 뜻한다.
2) 영국 측이 교역청원서와 예물을 조선의 국왕에게 전하겠다는 요청에 대하여, 수군우후 등은 이것이 옳고 그름을 판단한 것이 아니라 단순하게 조정에 진달하는 경유 정도로 쉽게 생각했던 것으로 보인다.
3) 백선들이 외국인과 물건을 사고팔아도 처벌을 받는 시대였으나, 3인 고관들은 이와 별도 개념으로 생각하고, 통상교역과 혁신을 도모하려는 의도였는지 의문시 된다.

결론적으로, 수군우후 등 고관 3인은 국왕에게 올리는 교역청원서 등의 접수 여부를 사전에 검토하거나 조성에 눈의하지 아니하고, 임의로 저리한 것이 문제가 되어 처벌을 받았다고 볼 수 있다. 그러나 이 문제는 여전히 의문점이 있으므로 보다 깊이 있는 후속연구가 필요하다.

• 수군우후와 충청수사는 개혁을 지향했던 것으로 보이네요.(김지영)
• 쇄국정책으로 외국인과 접촉을 금할 때에 고관들이 행한 처사는 국익을 도모라고 봅니다.(이재평)

---

56) 귀츨라프 일기, 1832. 7. 31, We began now to grow impatient at receiving no answer to our petition, nor the provisions which we had been desired to write down. The general only told us, that we ought to wait quietly till an answer from the capital arrived.

爲 申吳哲 長老 出版 記念
金周祖

異樣三帆竹船一隻
來泊於古代島後洋

戊戌冬 青雲 權泰雄

자료: 순조실록 1832. (글씨: 청운 권태웅)

제4장
귀츨라프의 고대도 정박

제1절 선교지가 아닌 고대도의 지리적 여건

1. 선교지가 아닌 고대도(요약)
2. 상륙지가 아닌 정박지
3. 하루만 정박한 고대도해안
4. 만(bay)이 없는 고대도
5. 당집이 1개뿐인 고대도
6. 잠깐동안 수백 명이 모일 수 없는 섬
7. 고대도 해안에서의 문정(問情)
8. 고유 지명이 아닌 고대도 안항
9. 넓은 바다인 고대도 후양
10. 선교 행적이 없는 고대도
11. 간갱과 안항 지명이 없는 고대도
12. 고대도 정박과 조선정부 기록

제1절 선교지가 아닌 고대도의 지리적 여건

1. 선교지가 아닌 고대도(요약)

Q 고대도 지역 여건과 귀츨라프 선교지가 아닌 종합적 근거는 무엇인가?

A 고대도 여건을 종합 판단하면 귀츨라프 선교지가 아니다. 다만 1832년 7월 24일 고대도 해안에 정박했을 때 조선 관리의 방문(問情)을 받고, 그 권유에 따라, 다음날 원산도 개갱(Gan-keang)으로 이동한 경유지에 불과하다. 귀츨라프는 고대도에 상륙하였거나, 여러 날 머물며 활동한 행적이 전혀 없다. 이 같은 근거는 [1]

첫째, 귀츨라프 일기와 순조실록(음력 7월 21일)에 따르면, 귀츨라프 일행은 7월 24일 고대도 해안에 정박하였다. 그러나 고대도에 상륙하거나, 여러 날 체류하며 활동하지 않았다. 따라서 '정박지'를 '선교지'로 해석하는 것은 오류이다.

둘째, 귀츨라프 일행이 고대도 해안에 정박하였을 때, 조선 관리가 방문하여 '위험한 장소'에 정박하고 있으므로, 개갱으로 이동할 것을 권유하고, 7월 25일 도선사의 안내로 이동하여, 개갱촌 앞바다에 정박하여 서기관의 영접을 받았다. 따라서 고대도 정박지에서는 섬에 상륙하거나 머물지 아니하고 원산도로 이동하였다.

셋째, 고대도는 매우 작은 섬으로, 해안선의 총 길이도 4.3km에 불과하며, 만(灣)도 형성되어 있지 아니하여 귀츨라프가 승선한 애머스트호가 안전하게 여러 날 정박할 수 없었다. 따라서 해양여건 측면에서도 고대도는 선교지가 될 수 없다.

넷째, 귀츨라프는 7월 27일, 산 위에 있는 석조(石造)의 당집을 보았다. 7월 30일에는 1823년 건축된 또 다른 당집 등 2개 이상의 당집을 보았다. 그러나 고대도는 1

개의 당집만 있었다. 따라서 당집 수(數)로도 선교지 여건에 맞지 않는다.

다섯째, 귀츨라프는 잠깐동안 수백 명 주민이 모일 수 있는 큰 섬에서 활동하였다. 즉 7월 28일, 물을 길을 때 잠깐 동안 수백 명이 모여 도움을 주었다. 7월 30일에도 수백 명의 주민이 지켜보는 가운데 씨감자를 심어주었다. 따라서 고대도는 많은 인구가 밀집되어 살지 않아 인구수 측면에서도 선교지 요건에 맞지 않는다.

여섯째, 순조실록 자문의 '고대도 안항(安港)' 기록을 근거로 선교지라는 주장이 있다. 그러나 자문(咨文)은 청나라에 보낸 외교문서로 지어낸(撰出) 지명이다. 조사 결과 '안항'은 고유 지명 또는 실존 지명이 아닌 것으로 밝혀졌다. 이는 뿌리가 없는 나무를 근거로 하려는 논리와 같다.

일곱째, 일성록에 따르면, 귀츨라프 일행은 불모도 쪽에서 '고대도 후양'으로 이동하여 정박하였다. 이 기록을 근거로 고대도가 선교지라는 주장이 있으나, '후양(後洋)'이란 섬 연안의 넓은 바다를 지칭하므로 선교지가 될 수 없다.

- 제시된 7가지 조건들은 고대도가 귀츨라프의 선교지가 아님을 충분히 증명하는 조건이 됩니다.(이재평)
- 고대도 등에 대하여 선교지가 아니라는 많은 연구가 있었군요.(이홍열)

---

1) 순조실록, 1832.

2. 상륙지가 아닌 정박지

Q 귀츨라프 선교사가 고대도에 상륙하였다는 기록은 어디 있는가?

A 귀츨라프 선교사가 고대도에 상륙하였거나 체류하였다는 기록은 어디에도 없다. 다만 귀츨라프 일행이 승선한 영국선박이 1832년 7월에 고대도 해역에 정박하였다는 조선정부 기록이 있을 뿐이다. 따라서 고대도가 귀츨라프 선교지라는 기존 발표는 오류이다. 이 같은 근거는

첫째, 영국선박이 고대도 해역에 정박하였다는 것은 수군우후(김형수)와 홍주목사(이민회)의 현지보고를 충청감사(홍희근)가 받고, 이를 국방을 관장하는 비변사에 올린 기록(備邊司謄錄, 음력 7. 8)에 "고대도에 정박한 표류된 사람(古代島引泊漂人)"이라고 수록되어 있다.[2]

둘째, 왕의 일기로 불리는 일성록(日省錄, 음력 7월 8일)에 "고대도에 표류된 사람의 정박(古代島漂人引泊)"이라고 기록되어 있다.[3]

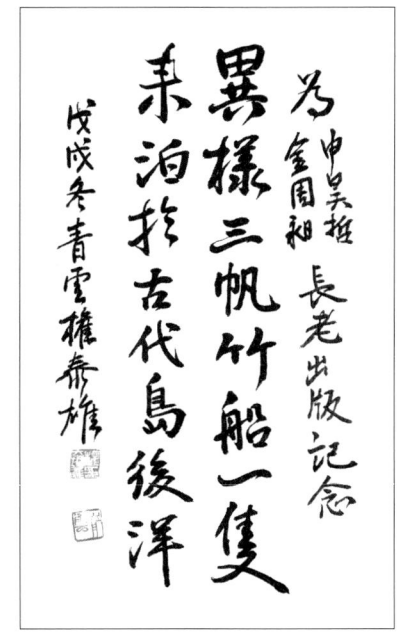

자료: 순조실록 1832. 글씨: 청운 권태웅

---

2) 비변사등록, 1832년 (음)7. 6, 卽見公忠監司洪羲瑾狀啓, 則枚擧 水虞候金瑩綬 洪州 牧使李敏會牒呈, 以爲洪州地 古代島引泊漂人.
3) 일성록, 1832년 (음)7. 8, 公忠監司馳啓 古代島漂人 引泊後彼人 處問情則.
4) 승정원일기, 1832년 (음)7. 9, 卽見公忠監司洪羲瑾狀啓, 則枚擧 水虞候 金瑩綬 洪州 牧使 李敏會牒呈, 以爲洪州地 古代島引泊漂人.

셋째, 승정원일기(承政院日記, 음력 7월 9일)에는 "고대도에 정박한 표류된 사람(古代島引泊漂人)"이라고 기록되어 있다.[4]

넷째, 조선왕조실록(음력 7월 21일)에는 "홍주 고대도 뒷바다에 와서 정박하였다(來泊於洪州古代島後洋)"라고 하였다.

다섯째, 청나라에 보낸 외교문서(咨文, 음력 7월 21일)에는 "본주 고대도 안항에 도착하여 정박하였다(到泊於本州古代島安港)"라고 기록되어 있다.[5]

이상과 같이 영국선박이 고대도에 정박하였다는 기록은 여러 곳에서 나오나, 얼마 동안 정박했는지, 또는 상륙했는지에 대한 기록은 찾을 수 없다.

• **연구결과**

귀츨라프가 승선한 영국선박은 고대도 해역에서 1832년 7월 24일(1일간) 정박하였다가, 7월 25일 고대도를 떠난 것으로 고증되었다. 또한 귀츨라프 선교사가 고대도에 상륙하거나 체류하였다는 기록도 없다.

결론적으로, 귀츨라프 선교사는 고대도에 상륙하거나 체류한 사실이 없다. 따라서 일부 연구자들이 '고대도 해역에 일시 정박한 기록'을 왜곡하여 고대도가 귀츨라프 선교지라고 주장하는 것은 역사적 사실이 아니다.

- 배가 고대도에 상륙하거나 선교사가 체류한 기록이 없는데 고대도 해역에 정박한 기록만으로 그곳에서 선교활동 했다고 보기는 어려울 것 같네요.(김은주)
- 정박과 상륙의 개념을 제대로 이해 못한 사람들이 역사적 사실을 왜곡한 듯합니다(정진호)

5) 순조실록, 1832년 (음)7. 21, 何國異樣三帆竹船一隻, 來泊於洪州古代島後洋, 而云是英吉利國船.

3. 하루만 정박한 고대도 해안

Q 귀츨라프 선교사는 고대도 정박지에서 언제 어디로 이동하였는가?

A 귀츨라프 일행은 고대도 해안에서 조선관리와 만나 이곳은 배가 정박하기에 위험하므로 이동해야 한다는 권고에 동의하고 1832년 7월 25일 조선 도선사의 안내를 받으며 안전한 정박지 '간갱'으로 이동하였다. 이 같은 근거는

첫째, 귀츨라프일기(7월 24일)에 따르면, 7월 24일 고대도 해안에서 조선관리를 만나 이곳은 배가 정박하기에 대단히 위험하니 안전한 장소로 이동하여야 한다는 권고를 받고 이 제안에 따르기로 약속하였다.[6]

둘째, 린제이 보고서(7월 25일)에는, 조선관리(Teang-no)가 7월 25일 고대도 해안으로 다시 찾아와 배의 이동을 독촉하므로 귀츨라프 일행은 그들을 따라 고대도 해안을 출항하였다. 이동하는 뱃길은 잔잔한 파도가 이어지고, 작은 섬들과 암초들이 있었으며, 항로를 아는 사람은 오직 조선의 도선사 한 사람뿐이었다.

셋째, 항행을 계속한지 얼마 후 안전한 정박지(Gan keang)에 도착하였으며 조선관리(Yang-chih)의 영접을 받았다.[7]

---

6) 귀츨라프 일기, 1832. 7. 24, They inquired politely our country, and remarked that we had anchored in a very dangerous place, adding, we will bring you to a bay called Gan-keang.

• 연구결과

1) 귀츨라프 일행은 7월 25일 고대도 해안을 출발하여 '간갱'이라 불리는 안전한 정박지로 이동하였다.
2) '간갱'이라 불리는 장소는 원산도에 위치한 개갱 앞바다로 고증되었다.
3) 조선 측 근거자료는 고대도에 정박하였다는 기록만 있으므로 일부 학자들은 이동에 관한 기록을 가볍게 넘겨 착각하고 고대도에 계속 체류한 것으로 인지하는 경우가 있으나 이는 오류이다.

결론적으로, 귀츨라프 선교사는 1832년 7월 25일 고대도 해안에서 '간갱'이라 불리는 원산도의 개갱 앞바다로 이동하였다.

• 조선 측 자료에 고대도에서 원산도로 이동한 기록이 없으니 논쟁의 여지는 있네요.(이재평)
• 팔순을 넘기시고 집중적 연구로 선교역사를 올바르게 정립해 주셨습니다.(정창무)

---

7) 귀츨라프 일기, 1832. 7. 25, As soon as we had anchored, several mandarin boats came alongside. A brisk little fellow, named Yang-chih, who styled himself a mandarin.

4. 만(bay)이 없는 고대도

Q 고대도에 귀츨라프가 기록한 "간갱(Gan-keang)"이라 불리는 만(bay)이 있는가?

A 고대도에는 귀츨라프 선교사가 1832년 7월 24일 기록한 "간갱이라 불리는 만(a bay called Gan-keang)"은 없다. 간갱의 조건은 우선 만(灣)이 있어 배가 안전하게 정박할 수 있는 곳이어야 하고, 교역을 협의할 수 있는 관청이 있어야 하며, 생필품을 구할 수 있고, 간갱과 유사한 발음의 지명이 있어야 하는데 고대도에는 이런 곳이 없다. 이 같은 근거는 [8]

첫째, 귀츨라프 일기에 따르면, 간갱은 조선관리(Teng-no)의 권고에 따라 7월 25일 이동한 장소이다. 이곳은 해양환경 측면에서 만이 있어야 배가 여러 날 안전하게 정박 할 수 있는데 고대도에는 이런 장소가 없다.

둘째, 인문환경 측면에서 간갱에서는 통상교역 업무를 협의하여야 하는데 고대도에는 고관이 머물고 있는 관청이 없었다.

셋째, 경제활동 측면에서 식량 등 생필품을 비축하거나 시장이 있어야 하는데 고대도에는 그렇지 못하였다.

넷째, 고대도에 간갱 또는 이와 유사한 지명이 있어야 하는데 그런 곳이 없다. [D]

• **연구결과**
1) 고대도는 해안선의 길이가 4.3km에 불과한 매우 작은 섬으로 바람막이가 될 수 있는 만이 존재하지 않는다.
2) 역사적으로 고대도에는 관청이 존재한 사실도 없었다.
3) 식량 등 생필품을 비축하거나 조달받을 수 있는 여건을 구비하지 못하였다.
4) 간갱 또는 유사한 지명도 존재하지 않았다.

결론적으로, 귀츨라프 선교사가 7월 24일 처음 기록한 간갱이라 불리는 만은 귀츨라프 선교사가 타고 온 배가 7월 25일 도착하여 8월 12일에 떠나갈 때까지 정박한 장소인데 고대도에 존재하지 않는 것으로 고증되었다. 따라서 간갱은 만이 있는 원산도에 있을 수 밖에 없다.

자료: 만이 없는 고대도

- 고대도에는 만이 없군요.(권태웅)
- 고대도는 귀츨라프가 19일 동안 정박한 장소가 아님이 확실히 입증되네요.(이재평)

---

8) 고대도 지형도 및 조사결과 만이 없음

5. 당집이 1개 뿐인 고대도

Q 귀츨라프 선교사가 고대도에 있는 당집을 방문하였다는 일부 연구자의 주장은 맞는가?

A 귀츨라프 선교사는 선교지에서 활동하면서 당집(temple)을 바라보기도(7월 27일) 하고, 방문하기도(7월 30일) 하였다고 기록하였다. 그가 보거나 방문한 당집은 간갱이 위치한 원산도이지 고대도는 아니다. 만일 고대도 당집을 방문하였다고 증명하려면, 우선 이곳에 상륙했어야 하고, 고대도에 2개 이상의 당집이 있어야 하며, 1823년에 건축된 것이 증명되어야 한다. 그런데 고대도에는 상륙한 근거 조차 없고 당집도 하나였다. 그러나 간갱이 위치한 원산도에는 당집이 여러 개이므로 당집의 측면에서도 원산도가 선교지임이 분명해진다. 이 같은 근거는

첫째, 귀츨라프 기록(1832년 7월 27일)에 의하면 "우리는 섬을 두루 걸어서 돌아보았는데 이곳은 넓은 땅이 풀과 덤불이 무성하고 염소를 기르기에 적합하였으며 ... 산 위에 있는 석축건물을 보았는데 알고 보니 당집이었다." [9]

둘째, 귀츨라프 기록(7월 30일)에 이날은 두 고관(충청수사 등)의 예방을 받았으며 일행 전원에게 오찬이 제공되었다고 하였다. 감자 파종과 농사 지도가 있었으며, 언덕 위에 있는 당집을 방문하였는데 이 당집은 "1823년(도광 3년)에 건축되었다고 새겨져 있었다."고 하였다. [10]

---

9) 귀츨라프 일기, 1832. 7. 27, On the top of the hill, we saw a stone building, which we afterwards ascertained to be a temple.

• **연구결과**

1) 귀츨라프는 고대도 당집을 방문한 사실이 없다. 그 이유는 귀츨라프가 고대도에 상륙한 사실이 없고,
2) 고대도에 2개 이상의 당집은 없었기 때문이다. 따라서 귀츨라프가 고대도 당집을 방문하였다는 일부 연구자의 주장은 타당성이 없는 지어낸 이야기에 불과하다.

결론적으로, 귀츨라프가 선교지(원산도)가 아닌 고대도에서 당집을 방문하였다는 것은 일부 연구자의 착각에 의하여 꾸며낸 이야기라고 할 수 있다.

자료: 마을이 1개이고 당집도 1개인 고대도

- 고대도에는 당집이 1개만 있었군요.(이홍열)
- 당집은 보통 한 마을에 하나가 있는데 고대도는 마을이 하나이기 때문입니다.(김주창)

---

10) 귀츨라프 일기, 1832. 7. 30, We visited to-day the temple on the hill. It consisted of one small apartment hung around with paper, and salt fish in the middle. There was no other idol visible but a small metal dragon which rested on the ground.

6. 잠깐동안 수백 명이 모일 수 없는 섬

Q 고대도의 인구가 원산도 인구보다 많았다는 일부 연구자의 주장은 맞는가?

A 1832년 귀츨라프 선교사가 조선에 왔을 때 고대도 인구가 원산도의 인구보다 많았다는 주장은 맞지 않는다. 간갱이 위치한 원산도에는 귀츨라프 일행이 물을 길을 때나, 감자를 심을 때 잠깐 동안 수백 명이 모일 정도로 많은 인구가 살았으나 고대도는 그렇지 못하였다. 다른 한편 원산도는 수군우후의 관청이 있고, 조운선 점검기지로 인하여 인구가 집단으로 살았으나 고대도는 그렇지 못하였기 때문이다. 이 같은 근거는

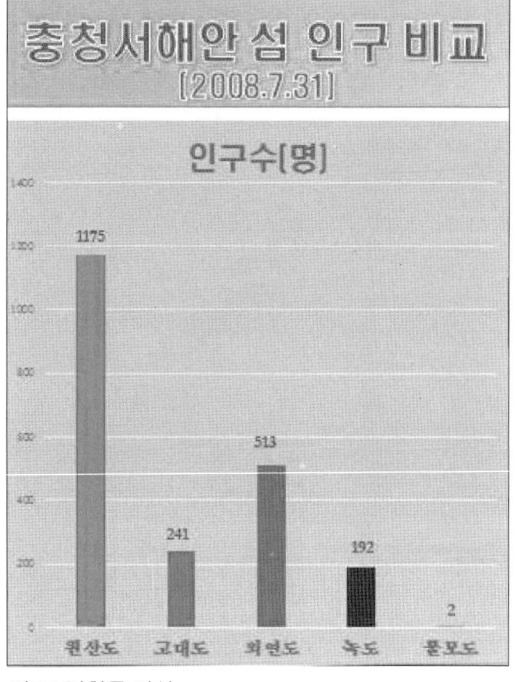

자료: 정창무 작성

첫째, 린제이 보고서(1832년 7월 28일)에 "우리는 물을 길으러 갔을 때…, 잠깐동안 수백명이 모여들었다". [11]

둘째, 린제이 보고서에 7월 30일 오후 우리는 100개가 넘는 감자를 심었다. 놀라운 표정으로 수백명의 주민들이 둘러서서 지

---

11) 린제이 보고서, 1832. 7. 28, Although no village was near, yet a crowd of several hundred Coreans soon assembled.
12) 린제이 보고서, 1832. 7. 30, Several hundred natives stood round, gazing in astonishment. The paper of directions was given to the owner of the ground.

켜보았다.(several hundred natives stood round)라고 기록되었다.[12]

셋째, 세종실록(음력 1425년 7월 11일)에 원산도는 국립 말목장이 설치되어 240여년간 운영되었다. 현종실록(음력 1669년 2월 3일)에 원산도는 수군우후의 관청과 조운선(漕運船) 점검기지 설치로 인하여 수군 등 관련 종사원이 집단으로 살았다.[13]

넷째, 원산도의 토지자원(1,028ha)과 고대도(92ha)의 토지자원과 이용면적은 11:1 정도로 원산도가 월등하게 넓어 인구의 수용 능력에 큰 차이가 있다.

• 연구결과
1) 간갱이 위치한 원산도는 물을 길을 때(7월 28일)와 감자를 심을 때 잠깐동안 수백명의 주민이 모일정도이나 고대도는 그렇지 못하였다.
2) 원산도는 말목장과 수군우후의 관청과 조운선 점검 기지로 인하여 종사원들이 집단으로 살고 있었다.
3) 인구를 수용할수 있는 토지기반 환경도 원산도는 고대도에 비하여 월등한 것으로 확인되었다. 따라서 고대도 인구가 원산도보다 많았다는 것은 틀린 주장이다.

결론적으로, 고대도 인구가 원산도 인구보다 많았다는 일부 연구자의 주장은 착각에 의하여 틀린 주장이라 할 수 있다.

- 역사는 6하 원칙에 의거 기록되고 전달되어야 한다는 말씀에 절대 동의합니다.(이재평)
- 제가 감자를 좋아하는데 감자 전래 역사를 저자의 연구로 확실히 알게 되었네요.(정진호)
- 감자가 들어 온 설에는 정확한 기록은 없으나 원산도 외에 이규경의 '북저변증설'도 있습니다.(이종섭)

---

13) 세종실록, 1425. 7. 11, 請於洪州元山島 以濟州體大 雌馬五十匹 雄馬六匹 入放息 所産兒馬 若體小 有咎者 卽便捉出 令高欒島 萬戶專管考察 從之.

7. 고대도 해안에서의 문정(問情)

Q 고대도 해안에서 귀츨라프 일행과 조선관리 사이 만남의 핵심은 무엇인가?

A 1832년 7월 24일 고대도 해안에서 귀츨라프 측은 조선의 국왕에게 교역청원서와 예물을 전달하려는 뜻을 전하는 것이고, 조선측 관리는 갑자기 나타난 외국 선박의 상황을 파악하여 상부에 보고하기 위한 것이 만남의 핵심이었다. 이같은 근거는

첫째, 교역 청원에 대하여 린제이 보고서(7월 24일)는 "우리는 조선 국왕에게 교역청원서와 예물을 드리려고 왔다(We wished to present a letter and presents to the King of Corea)"고 기록되었다. 그리고 비변사등록(음력 7월 8일)에는 "교역을 청원하였다(要請設誼交易云)"라고 이를 확인하였다.[14]

둘째, 외국 선박의 상황 파악에 대하여: 귀츨라프 일행이 정박하고 있는 곳은 '위험한 장소'이므로 '간갱이라 불리는 만(a bay called Gan-keang)'으로 이동 권고하였다. 이에 대하여 린제이보고서는 "안전한 정박지로 가는 항로"에 대하여 기술하였다.[15]

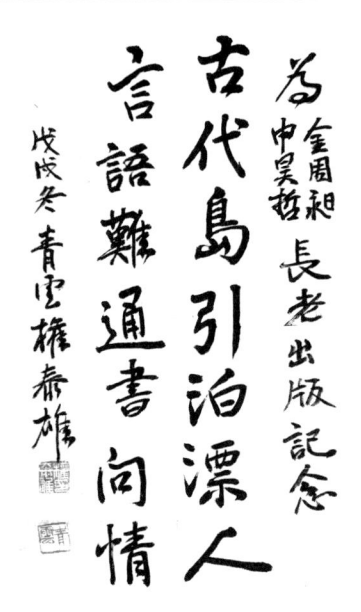

자료: 비변사등록 1832. 글씨: 청운 권태웅

---

14) 린제이 보고서, 1832. 7. 24. I replied, more from curiosity than with any hopes of a favourable opening, "that we were natives of Great Britain, and wished to present a letter and presents to the King of Corea."
15) 귀츨라프 일기, 1832. 7. 24. They inquired politely our country, and remarked that we had anchored in a very dangerous place, adding, we will bring you to a bay called Gan-keang,

셋째, 간갱이라는 곳은 "배가 안전하게 정박 할 수 있고, 고관들과 교역을 협의 할 수 있으며, 생필품도 구할수 있다고 하였다. 이곳에는 다음 날(7월 25일) 이동하기로 합의하였다.[16]

넷째, 비변사등록과 승정원일기에는 수군우후와 홍주목사의 보고를 인용하여 "홍주땅 고대도에 인박한 사람들과 언어가 통하지 않아 필담으로 문정하였다."라고 고대도 정박사실을 확인하고 있다.

• 연구결과
1) '위험한 장소'라고 지칭한 곳은 고대도 남동쪽의 '목안 앞바다'로 추정되었다.
2) 배가 정박하기에 안전한 곳이라고 지칭한 'Gan-keang'은 원산도에 위치한 개갱 앞바다로 고증되었다.

결론적으로, 1832년 7월 24일 고대도 해안 만남의 핵심은 역사적으로 영국과 조선 간의 통상교역을 위한 최초의 실무접촉 단계라고 할 수 있다. 귀츨라프 일행이 이때 뿌린 씨앗은 52년이 지난 1884년 3월 8일 싹이 터서 조선- 영국간 통상조약 제설도 이어섰나.

- 시작이 좋으면 끝도 좋다는 평범한 진리가 이루어 질수 있었네요.(이재평)
- 귀츨라프는 선교뿐 아니라 교역에도 큰 역할을 한것 같습니다.(정진호)

---

16) 귀츨라프 일기, 1832. 7. 24. where you may find safe anchorage, meet the mandarins adjust the affairs of your trade, and obtain provisions.

8. 고유지명이 아닌 고대도 안항

Q 영국선박의 고대도 안항 정박에 관한 순조실록 자문의 내용과 배경은?

A 자문(咨文)에는 "1832년 7월 23일(음력 6월 26일) 영국선박(異樣船)이 고대도 안항(安港)에 와서 정박하였다."라고 기록되어 있다. 그런데 자문이란 외교문서로 실제적 사실보다 국익에 우선하여 쓰는 특성이 있다. 특히 현지에서 보고된 1차 자료등의 바탕 기록도 없는 내용을 기록한 것이 역사적 사실이라고 하는데에는 문제가 있을 수 있다. 자문의 기록 배경을 살펴보면

첫째, 영국선박이 조선에 와서 정박한 사실이 후에 청나라에 알려지면 후환(後患)이 염려되어 사전에 대비하자는 외교적 노력으로 쓰여졌다고 할 수 있다.[17]

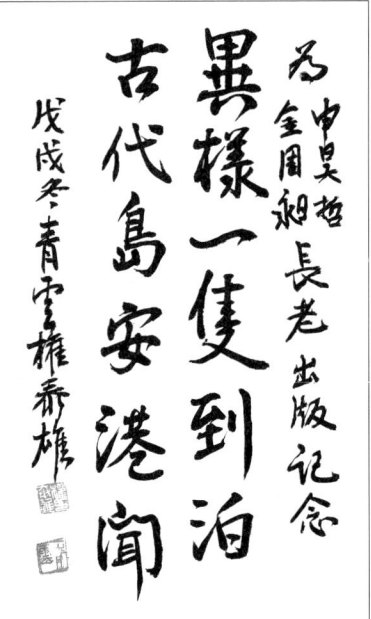

둘째, "고대도 후양"이나 "고대도"라는 넓은 지역을 나타내는 것보다 "안항"이라는 구체적 지명을 사용하는 것이 외교적 문서 구성에 분명하기 때문에 "안항"이란 이름을 만들어 쓴 것으로 추정할 수 있다.

셋째, 순조실록자문에는 "수군우후 김형수 등의 보고에 의하면 7월 23일(음력 6월 26일) 이양선 1척이 고대도 안항에 정박하였다

자료: 순조실록자문 글씨: 청운 권태웅

---

17) 순조실록, 1832. (음) 7. 21. 則今此來泊我國之事情, 或不無轉通大國之慮, 不可不自我國, 先發以防後患.

고 들었다(聞)."라는 내용의 기록이 있다. [18]

• **연구결과**
1) 순조실록 자문에 청나라에 보낸 외교문서로 후환에 대비하여 포괄적으로 기록되어 있고
2) 당시 자문 이외에 어떤 1차 기록에도 "안항"이란 지명은 수록되어 있지 않으며
3) 고대도 전역의 마을 이하 산과 들, 골짜기, 바다에 연한 구석구석 지명이 수록된 〈보령의 지명〉 기록에도 안항 지명은 없다.
4) 이에 따라 고대도 안항이 실존하는 지명인지? 아니면 비슷한 지명이 있는지? 저자가 고대도를 직접 답사하고 노인들을 만나 청문 조사를 하였으나 "안항" 지명은 없었다.

결론적으로, "1832년 7월 23일 영국선박이 고대도 안항에 와서 정박했다고 들었다."는 기록은 1차자료인 현지 보고 등 바탕이 되는 기록이 없으며, 청나라에 트집 잡힐 일을 미리 예방하기 위한 방편으로 쓴 글이고, 실존하지도 아니하는 지명을 사실이라고 할 수 없다. 따라서 이런 믿을 수 없는 기록을 근거로 고대도의 "안항"을 귀츨라프 선교사의 선교시라고 주장하는 것은 마치 뿌리(현지의 1차 자료)도 없는 나무(자문 등 2차 자료)를 근거로 하려는 것과 같다.

• 기독교 초기 역사 기록을 알려주어 감사합니다. (권호열)
• 자문은 조선시대 중국과 외교적인 일이 있을 때 주고받던 공식적인 외교문서를 말합니다. (김주창)
• 고금을 막론하고 외교문서에는 사실과 엇비슷한 용어가 많이 사용된다고 배웠습니다. (이재평)
• 고대도에 관한 글 내용 잘 공부했습니다. (장기환)

---

18) 순조실록, 1832. (음) 7. 21.

9. 넓은 바다인 고대도 후양

Q 조선왕조실록의 1832년 7월 22일과 고대도 후양 기록은 어떤 관계인가?

A 1832년 7월 22일(음력 6월 25일), 일성록기록에 따르면 영국선박을 녹도별장이 불모도 해역에서 처음 발견하여 상부에 보고한 날이고, 순조실록 기록에 따르면 고대도 후양에 도착한 날이다. 이 같은 근거는 [19]

첫째, 영국선박(異樣船)이 7월 22일(음력 6월 25일) 녹도에서 불모도 해역을 지나고 있다는 보고(漂到不毛島外洋) 내용이 일성록에 수록되어 있고, 같은 날 고대도 후양에 래박하였다(來泊古代島 後洋)라고 순조실록에 기록되어 있다.

둘째, 영국선박이 "불모도 후양으로 항해(不毛島後洋漂到)"한다는 비변사등록의 기록도 있다. 이는 불모도에서 고대도 방향으로 항해한 것을 의미한다.

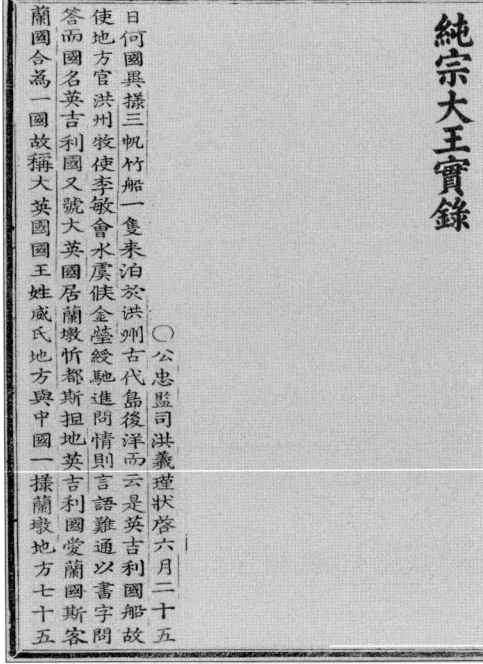

자료: 순조실록, 공충감사 홍희근의 보고

• **연구결과**

1) 7월 22일은 영국선박이 고대도 후양에 정박한 것이 아니라, 불모도 해역에 정박하였다.
2) 조선관리와 귀츨라프 간의 필담 장소는 고대도 후양이다.
3) "고대도에서 필담(古代島引泊漂人以書問情)"하였다는 비변사등록의 기록과 순조실록의 필담장소(問情以書)가 서로 부합한다. 따라서 영국선박은 7월 22일 불모도 해역을 통과하여 고대도 해역에서 문정(필담)이 이루어 졌다고 할 수 있다.

결론적으로, 1832년 7월 22일은 조선관리가 영국선박을 처음 발견하여 상부에 보고한 날이고, 7월 24일은 고대도 후양은 조선관리가 귀츨라프 측과 처음 만나 필담한 해역이라고 할 수 있다.

• 역사적 고증을 기초로 귀츨라프의 선교 업적이 정립되었으면 합니다.(정진호)
• 고대도 후양이라고 하면 그곳에서 정박하여 선교활동을 했다고 볼 수는 없는 것 같습니다.(김연중)
• 후양이란 표현은 지명이나 장소명이 아니라 해상에 정박한 상태에서 필담한 것이네요.(변광일)

19) 순조실록, 1832. (음) 7. 21. 六月二十五日, 何國異樣三帆竹船一隻, 來泊於洪州古代島後洋, 而云是英吉利國船.

10. 선교행적이 없는 고대도

Q 고대도는 귀츨라프 선교사의 선교지가 아닌 종합적인 이유는?

A 지금까지 고대도가 귀츨라프 선교사의 선교지가 아님을 여러 개의 질문으로 나누어 확인하였다. 이 결과를 요약해 보면 다음과 같다.

첫째, 조선 측 기록은 고대도에 배가 와서 정박했다는 기록이 핵심이고, 귀츨라프 측 기록은 정박지와 상륙한 선교지의 환경과 상황을 자세히 기록한 차이가 있다.

둘째, 조선 측 기록에는 선교지의 상황이나 선교활동 내용은 없고 교역에 관한 제한적 기록이 있다. 귀츨라프 측 기록에는 미지의 세계를 탐험하는 상황에서 전반적으로 자유롭고 사실적으로 자세하게 기록되었다.

셋째, 귀츨라프 측 기록의 선교지 "간갱(Gan-keang)은 배가 안전하게 정박할 수 있는 만에 넓고 안전한 1등급 항구가 있고, 관청, 염소를 기를만한 넓은 들판, 소를 많이 기르는 곳, 당집이 2개 이상 있는 곳이라고 하였다.

넷째, "고대도에 와서 정박(來泊)했다."는 조선 측 기록을 바탕으로 선교지가 고대도라는 주장은, 고대도의 제반 환경을 비롯하여 귀츨라프 측 기록과 너무 다르기 때문에 인정되기 어렵다. 따라서 귀납적 방법으로 해석하면 귀츨라프 선교지는 원산도 일 수 밖에 없다.[20]

• **연구결과**
1) 조선 측 기록에 고대도 지명이 나오기 때문에 이것을 정박과 상륙으로 구분하여 확인하지 아니하면 고대도를 선교지로 보는 착각에 빠질 수 있다.
2) 그러나 귀츨라프 측 기록을 자세히 살펴보면 고대도는 선교지가 아님을 쉽게 확인할 수 있다.

결론적으로, 고대도는 조선 측 기록대로 영국선박(異樣船)에 승선한 귀츨라프 일행이 정박했던 해역이다. 그러나 상륙하여 선교활동을 한 곳은 아니다. 귀츨라프의 기록에 선교지로 기록된 간갱이 고대도에 있다는 주장은 일부 연구자의 착각과 오류를 합리화하기 위한 억지 논리이다.

• 고대도 선교지 주장자는 육지와 해상교통이 다른 것을 간과했네요. 육지는 숙박 장소에서 활동이 가능하지만 해상에서는 상륙장소에서 활동이 가능하기 때문입니다.(김연중)
• 칼럼 내용이 가설을 증명한 후 정리해 들어가는 과정이 꼭 기하학을 공부하는 것 같아요.(이재평)
• 잘못된 연구자의 기록과 주장이 빠른 시간 내에 정정되길 바랍니다.(정진호)

20) 비변사등록, 1832. (음) 7. 8. 水虞候金瑩綏 洪州 牧使李敏會牒呈, 以爲洪州地 古代島引泊漂人, 言語難通.

11. 간갱과 안항 지명이 없는 고대도

Q 고대도 안항과 귀츨라프 기록의 간갱이 같은 장소라는 일부 연구자의 주장은 맞는가?

A 순조실록 자문의 고대도 안항(安港)과 귀츨라프 일기의 간갱(Gan-keang)은 서로 같은 장소가 될 수 없다. 즉, 고대도 안항이란 청나라에 보낸 외교문서에 1회만 수록된 "지어낸 이름(撰出杏文)"으로 귀츨라프의 선교지와 무관하며 실존지명도 아니다. 그리고 간갱은 귀츨라프 일기 등에 6회 수록된 지명으로 선교활동지와 직접 관련된 원산도에 실존하는 지명이다. 이 같은 근거는

첫째, 고대도 안항 유래는, 순조실록(1832년 음력 7월 21일)에 "영국선박이 고대도 뒷 바다에 정박했다"고 국왕께 보고하고 윤허를 받을 때, 청나라에 보내는 외교문서로 "자문을 짓게 하여 예부에 보내겠다.(撰出杏文從便入送于禮部)"라는 기록에서 비롯된 실존지명이 아닌 장소의 개념이다.[21]

둘째, 간갱의 유래는 귀츨라프 일기에 기록된 지명으로 선교지에 도착한 당일(7월 25일)부터 출발 전날(8. 11)까지 등을 망라하여 6회나 수록된 실존 지명이다.

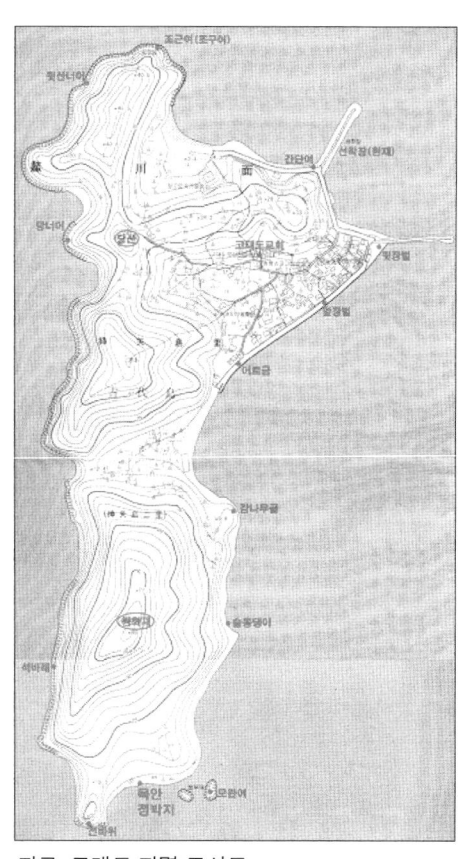

자료: 고대도 지명 조사도

셋째, 간갱에 관한 기록에는 배가 안전하게 정박할 수 있는 만이 있고 관청이 있으며, 넓은 들판이 있고, 넓고 안전한 1등급 항구가 있으며, 소를 많이 기르는 것 등 상세한 내용이 포함되어 있다.

넷째, 안항에 관한 기록에는 안항이란 명칭 외에 안항의 자연환경이나 인문환경은 전혀 기록되어 있지 않다.

• **연구결과**
1) 안항이란 외교문서로 단 한 번 기록된 지어낸 이름으로 이곳은 귀츨라프 선교지와는 무관하며 고대도 해역을 나타내는 상징적 위치 개념이다.
2) 간갱은 귀츨라프의 선교 중심지의 실존 지명으로 원산도에 위치한 것으로 확인되었다.

결론적으로, 고대도 안항이란 지어낸(撰出) 곳으로 상징적 위치 개념이며 귀츨라프 선교활동지와 무관한 장소이다. 간갱은 귀츨라프의 선교활동 중심지로 원산도에 위치한 실존 지명이다. 따라서 고대도 안항과 간갱이 같은 장소라는 일부 연구자의 주장은 착각에 의한 오류라고 할 수 있다.

• 연구는 단편적인 판단보다 지리와 역사 문화 등 과학적이고 체계적으로 증명되어야 합니다.(정진호)
• 고대도의 지명에는 간갱과 안항이 없군요.(홍한기)

21) 순조실록, 1832. (음) 7. 21. 令槐院, 枚擧事實, 撰出咨文, 從便入送于 禮部.

12. 고대도 정박과 조선정부 기록

Q 귀츨라프 선교사는 고대도에 정박 하였는가?

A 귀츨라프 선교사 일행은 1832년 7월 21일 충청해안의 외연도를 출발하여 해양 탐사를 계속하면서 녹도와 불모도를 경유하여 고대도 해안에 정박하였다. 이같은 근거는

첫째, 조선왕조실록의 순조실록(음력 7월 21일)에 "어느나라 배 1척이 고대도 후양에 내박하였다.(何國異樣船一隻來泊於洪州古代島後洋)"에서 찾아 볼수 있다.

둘째, <순조실록자문(음력 7월 21일)>에도 "이양선 1척이 고대도 안항에 도박하였다.(異樣船一隻倒泊古代島安港)"라고 기록되어 있다.[22]

셋째, 1832년(음력) 7월 8일자 <승정원일기>를 비롯하여 <비변사등록>및 <일성록>에도 "고대도에 인박한 표인과 언어가 통하지 않아 필담으로 문정하였다.(古代島引泊漂人言語難通以書問情)"라고 기록되어 있다. 이는 충청해역을 수비한 조선군관이 '고대도' 해안에 정박하고 있는 귀츨라프 일행과

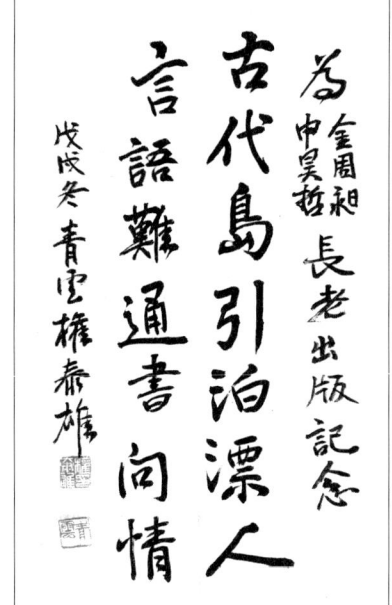

자료: 비변사등록 (글씨: 청운 권태웅)

---

22) 순조실록 자문, 1832.7.21, 本年六月二十六日酉時量, 異樣船一隻, 到泊於本州古代島安港.

필담하였다는 것을 뜻한다.[23]

• **연구결과**
1) 이상의 고전기록은 귀츨라프가 고대도 해안에 정박하였다는 사실이 충분히 증명되었다. 한편 이들 기록은 2종류로 분류되었다.
2) 순조실록과 자문(咨文)은 2단계 기록으로 이는 비변사등록 등을 종합하여 편찬한 것이다.
3) <승정원일기>를 비롯한 <비변사등록> 과 <일성록>은 2단계 기록으로 이는 조선군관과 귀츨라프 사이의 면담 이후의 경우이다.

결론적으로, 순조실록 등 5개항의 고전기록을 통하여 귀츨라프 선교사는 고대도 해안에 확실히 정박하였다고 고증되었다.

• 순조실록, 승정원일기, 비변사등록, 일성록 등 많은 기록을 인용하고, 저자가 직접 현장탐사, 자료추적, 문헌에 근거한 귀납적 해석 등 놀라운 탐구력과 집착력에 찬사를 보냅니다.(이재평)

---

[23] 비변사등록, 1832. 7. 8. 以爲洪州地 古代島引泊漂人, 言語難通, 以書 問情.

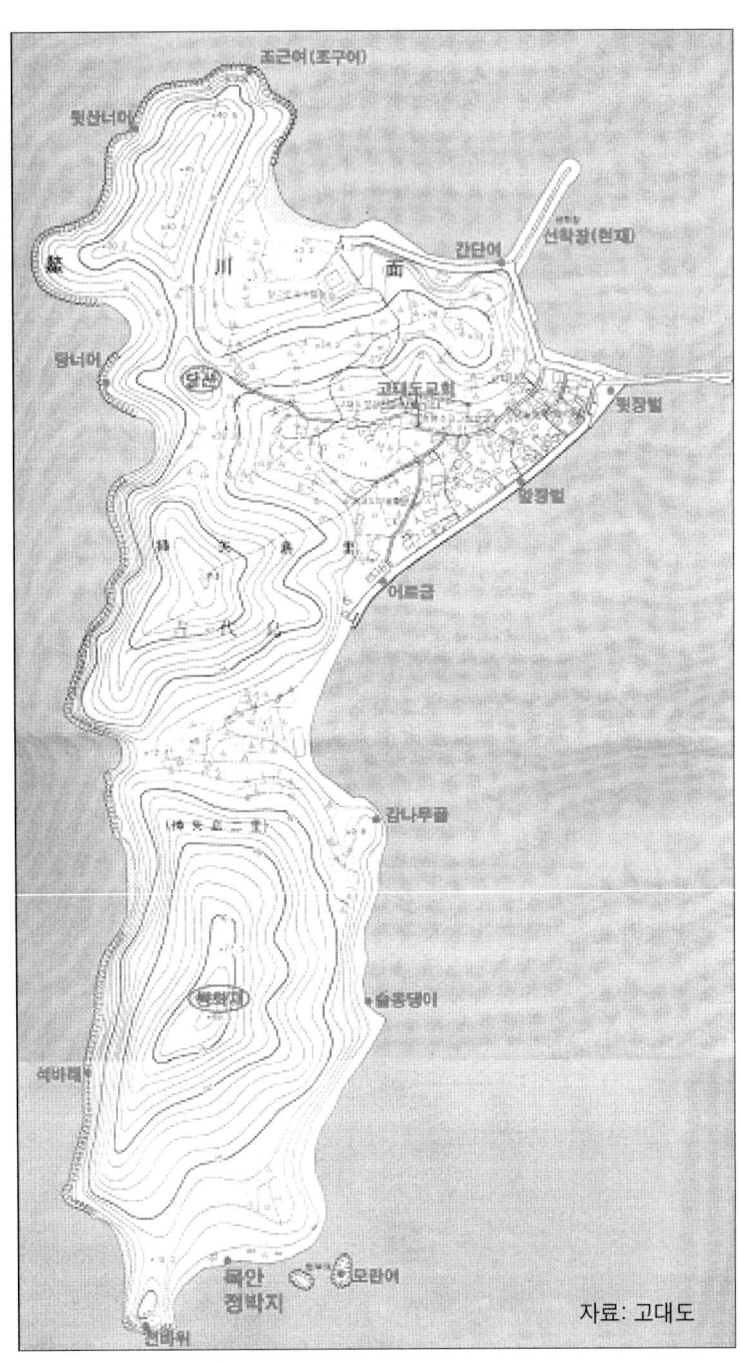

제4장
귀츨라프의 고대도 정박

제2절 고대도 선교지 논리의 오류

1. 고대도 선교지 논리의 오류(요약)
2. 리진호의 고대도 선교지 논리
3. 허호익의 고대도 선교지 논리
4. 오현기의 고대도 선교지 논리
5. 허호익의 원산도 부정 논리
6. 고대도 기념물의 문제점
7. 고대도와 순조실록
8. 순조실록 자문의 고대도 안항
9. 정박지를 선교지로 착각
10. 간갱 지명은 고대도에 부재
11. 순조실록 기록 배경
12. 순조실록 자문의 내용과 기록 배경

제2절 고대도 선교지 논리의 오류

1. 고대도 선교지 논리의 오류(요약)

Q 고대도가 귀츨라프 선교지라는 잘못된 논리는 어떤 것들이 있는가?

A 귀츨라프 선교지가 고대도라는 대표적 논리는 리진호 저서『귀츨라프와 고대도(1988)』, 허호익 저서『귀츨라프 생애와 조선 선교 활동(2009)』, 오현기 저서『굿모닝 귀츨라프(2014)』등에 담겨있는 내용이라고 할 수 있다. 이 같은 내용은

첫째, 리진호 장로는 "귀츨라프 선교지가 고대도"라는 논리로 책을 써서 후속 연구자들에게도 오류를 범하는 안내자 역할을 하였다. 그는 순조실록에 '이양선(異樣船) 1척이 고대도 해안에 정박했다' 는 기록을 과장하고 확대 해석하여, 역사적 사실과 다르게 고대도를 선교지라고 판단하였다.

그리고 귀츨라프 기록의 '당집' 도 고대도에 위치한다고 착각하였다. 귀츨라프의 '원산도 상륙설' 을 스스로 제기하고도 이를 비교연구도 아니 하였다.

귀츨라프 선교사가 고대도에 상륙 하였는지, 얼마동안 머물었는지, 활동지역은 어떤 상태에 있었는지 검토하지 않았다.

이밖에 고대도에 관청이 있었는지, 당집은 몇 개나 있는지 살펴보지 않았다. 만일 이 같은 내용에 착안하여 조금만 살펴봤어도 고대도가 선교지라는 오류에 빠지지 않았을 것이다.[24]

둘째, 허호익 교수는 "고대도는 귀츨라프 선교지가 분명하다"는 논리로 책을 써서 결과적으로 선교역사의 왜곡을 조장하는 역할을 하였다.

---

24) 리진호, 귀츨라프와 고대도, 1988.

그는 7월 24일 정박지를 '녹도'로 판단하였으나 순조실록에 이날 조선 관리가 녹도에서 문정한 기록이 없다. 그리고 7월 25일 상륙한 'Gan-keang 만(bay)'이 고대도에 있다고 하였으나 고대도에 만이 없다. 순조실록 자문에 외교문서로 지어낸(撰出) '고대도 안항'에 대하여도 정당한 논리를 전개하지 못하고 실존 지명으로 판단하였다.

만일 귀츨라프가 작성한 7월 25일 이후의 기록(제3장 1절 참조)과 고대도의 지리적 여건(제4장 1절 참조)을 조금만 살펴보고 과학적으로 판단하였다면 고대도가 선교지라는 주장으로 역사를 왜곡하지는 않았을 것이다.[25]

셋째, 오현기 목사도 "고대도가 귀츨라프 선교지"라고 하면서 기념사업까지 시행하였다. 그는 귀츨라프 일행의 7월 24일 정박지에 대하여 허호익과 다르게 불모도라고 하였다. 그러나 7월 25일 상륙한 'Gan-keang이 고대도에 있다고 논리는 같다. 한편 '고대도 안항'을 안전한 기항지라는 보통명사로 해석하여 고유의 지명이라고는 하지 않았다. 그는 귀츨라프 선교사는 8월 12일까지 고대도에서 활동하였다는 잘못된 논리도 펼쳤다.

만약 그의 논리가 성낭하게 성립되려면 최소한 1) 고대도에 만(灣)이 있고, 2) 배가 여러 날 정박할 안전한 항구가 있으며, 3) 넓은 들판이 있고, 4) 관청이 있으며, 5) 잠깐 동안 수백 명 주민이 모이는 곳이어야 하고, 6) 당집이 2개 이상 있어야 한다라는 6가지 조건들이 만족하여야 한다. 그러나 고대도는 이 같은 조건들을 충족하지 못하였다.[26]

- "원산도의 귀츨라프 발자취"가 더 많은 사람이 접하고 역사를 바로잡는데 도움이 되기 바랍니다.(변광일)
- 역사 기록은 가끔 오류가 존재합니다. 그러나 잘못된 오류를 바로잡는데 많은 시간과 노력이 필요하지요.(이재평)
- 장로님의 연구 성과가 결실을 맺어 원산도박물관(추진중)에도 큰 업적으로 기록되길 기대합니다.(정진호)

---

25) 허호익, 귀츨라프의 생애와 조선선교활동, 2009.
26) 오현기, 굿모닝 귀츨라프, 2014.

2. 리진호의 고대도 선교지 논리

Q 귀츨라프 선교지가 고대도라는 리진호 저서의 핵심과 문제점은 무엇인가?

A 리진호 장로는 『귀츨라프와 고대도(1988)』저서를 통하여 고대도를 귀츨라프 선교사의 선교지로 확정하는 논리를 펼쳐서, 그 후속 연구자들도 같은 논리로 오류를 범하는데 안내자가 되는 역할을 하였다. 이 같은 근거는[27]

자료: 『귀츨라프와 고대도(1988)』의 표지

첫째, 리진호는 "귀츨라프가 원산도에 상륙하였다는 것은 프랑스 신부 샤를르 달레의 『한국천주교회사(1874)』에 기록되고, 이를 백낙준 박사가 『한국개신교사(1973)』에 소개하였다"는 귀츨라프의 원산도 상륙설(說)을 그의 책에 기록했다.

둘째, 그는 "순조실록에 홍주목사가 국왕에게 보고한 바에 의하면 고대도라고 기록되어 있다. 그러니까 이 대목에 한해서 달레의 기록은 신빙성이 적다."고 하였다.

셋째, 그는 귀츨라프가 기록한 역사적 사실을 확인하고자 고대도에 있는 당집을 찾아가 "언덕 위에 절 같은 것이 있어 안으로 들어가 주의 깊게 관찰하였으나 귀츨라프가 기록한 소금에 절인 고기나 기부자 명단은 없었다."고 하였다.

---

27) 리진호, 귀츨라프와 고대도

• **연구결과**

1) 리진호는 달레의 〈원산도 상륙〉 기록은 덮어두고, 순조실록의 〈고대도 정박〉 기록은 부풀리며 "귀츨라프가 고대도에 얼마동안 정박했는지, 고대도에 상륙한 기록이 있는지, 고대도에 관청이 있는지 등을 살펴보지 않았다.
2) 그는 "고대도에 와서 정박했다(古代島引泊)"는 공충감사(충청감사)의 보고 기록만 믿고, 고대도와 원산도의 비교 연구 없이 졸속으로 고대도가 귀츨라프 선교지라고 기록하였다.
3) 그는 귀츨라프와 린제이가 직접 작성한 1차 자료와, 지방관리의 보고서를 인용하여 간접 작성한 2차 자료 즉 순조실록 간의 정확도와 신뢰도에 차이가 있는 것을 간과하였다.
4) 언덕 위에 있는 1개의 당집을 답사한 결과를 가지고, 고대도가 귀츨라프 선교지라는 논리는 매우 부적절하다. 왜냐하면 고대도에는 당집이 오직 1개뿐인데, 귀츨라프는 2개의 당집 중 하나는 방문하고 다른 하나는 바라보았으며, 원산도에는 6개 이상의 당집이 있었기 때문에 리진호가 찾아간 당집은 귀츨라프가 방문한 당집이 아니다.
5) 그의 저서는 "홍주목사가 국왕에게 보고한 바에 의하면" 이라 하였으나 홍주목사가 국왕에게 직접 보고한 기록은 없다.

결론적으로, 리진호는 선교 당사자인 귀츨라프와 린제이가 영문으로 자세하게 써놓은 기록들을 제대로 파악하지 못하고, 순조실록에 기록된 "고대도 정박(古代島引泊)"이란 기록을 과장되게 해석하여, 귀츨라프 선교지가 고대도라는 잘못된 기록을 남겨, 후속 연구지들도 오류를 반복하는 문제점을 유발시켰다고 할 수 있다.

• 고대도가 선교지라고 하려면 우선 귀츨라프가 이곳에 상륙한 근거가 확실하여야 합니다.(신호철)
• 쉬운 일은 아니지만, 오류가 확실하게 밝혀지면 정정되어 역사를 바로잡는 것이 마땅합니다.(이재평)
• 고증이 중요하며, 세월이 지나 수정은 많은 어려움이 뒤따른다는 것을 알 수 있군요.(이홍열)
• 잘못되고 왜곡된 역사는 빨리 바로잡아 더 이상 잘못이 반복되지 않기를 바랍니다.(정진호)

3. 허호익의 고대도 선교지 논리

Q 고대도가 귀츨라프 선교지라는 허호익 저서의 핵심과 문제점은 무엇인가?

A 허호익 교수는 『귀츨라프의 생애와 조선선교 활동(2009)』저서를 통하여, 고대도가 귀츨라프 선교지라는 잘못된 논리를 펼쳐서 오류를 범하고, 한국 기독교역사의 왜곡을 조장하는 역할을 하였다. 이 같은 근거는[28]

자료: 『귀츨라프의 생애와 조선 선교 활동』의 표지

첫째, 허호익은 "1832년 7월 24일에 정박한 곳이 고대도가 아니고 녹도이다. 24일 녹도를 방문한 등노(Teng-no,텡노)가 그곳에서 이동할 것을 권하고, 25일에 녹도에서 7마일 거리의 Gan-keang(간갱)으로 이동했다."고 기록했다. 그러나 조선관리(텡노)의 녹도 문정(問情) 기록은 없으며, 귀츨라프는 녹도에서 불모도와 고대도에 정박하였다가 간갱으로 이동한 것으로 확인되었다.

둘째, 허호익은 "귀츨라프 일행이 1832년 7월 25일부터 8월 11일까지 정박하여 간갱으로 알고 있었던 곳은 당시의 행정 구역상 '고대도 안항' 이 분명하다."고 했다. 그러나 '간갱'과, '고대도 안항'은 기본 개념부터 완전히 다른 것으로 확인되었다.

셋째, 허호익은 "귀츨라프가 7월 25일에서 8월 11일까지 머물면서 성경을 전해주고, 주기도문을 번역하고, 감자를 심어준 곳이 고대도인 것이 확실하다"고 기록했다. 그렇다면 귀츨라프가 기록한 간갱의 여건과 고대도의 여건을 비교하여 서로 일치되는 것이 입증하여야 하는데 그리하지 않았다.

• 연구결과

1) 귀츨라프는 7월 24일에 고대도 해안에 정박하였으며, 조선관리(텡노)는 고대도에서 귀츨라프 일행을 처음 만나 간갱이라 불리는 만으로 이동할 것을 권고하였으며, 귀츨라프는 7월 25일 고대도 해안을 출발하여 간갱(원산도)에 도착하였다.
2) '간갱'은 고대도에 존재하지 아니하며, '고대도 안항'은 순조실록 자문으로 지어진 실존지명이 아닌 것으로 확인되었다.
3) 귀츨라프는 간갱(원산도)에서 8월 12일까지 머물면서 전도책자의 전달, 주기도문의 번역 및 감자재배를 비롯하여 1등급 항구에 정박한 것을 확인하고, 관청을 방문하고, 당집을 2개나 보았으며, 가축을 기르기에 좋은 넓은 들판과 과수원으로 적합한 산지 등을 돌아 보았다. 그러므로 고대도에 간갱이 소재한다는 것을 입증하려면, 우선 고대도에 만(bay)과 안전한 항구가 있고, 관청이 있고, 소와 염소를 기를만한 넓은 들판이 있고, 당집이 2개 이상이고, 과수원을 만들 수 있는 땅이 있어야하며, 잠깐동안 수백 명 주민이 모였다는 등 귀츨라프의 기록을 증명해야 했는네 허호익은 그리하시 못했나.

결론적으로, 허호익은 '고대도가 귀츨라프 선교지'라는 잘못된 논리로 책을 써서 오류를 범하고, 결과적으로 "선교 역사의 왜곡을 조장하는 역할을 했다."고 할 수 있다.

• 고대도가 선교지라고 하려면 우선 귀츨라프와 린제이가 6차례 기록한 간갱지명의 조건부터 성립되어야 합니다.(신호철)
• 선교지에 대한 의견이 다른 분들이 토론 등을 통하여 역사를 바로잡으면 좋겠습니다.(이홍열)
• 이홍열 님 의견에 동의합니다. 잘못된 역사는 빨리 수정되어야 합니다.(정진호)

---

28) 허호익, 귀츨라프의 생애와 조선선교활동, 2009.

4. 오현기의 고대도 선교지 논리

Q 고대도가 귀츨라프 선교지라는 오현기 저서의 핵심과 문제점은 무엇인가?

A 오현기 목사는 『굿모닝 귀츨라프(2014)』저서를 통하여, 고대도가 귀츨라프 선교지라는 논리를 펼쳐 오류를 범하고, 귀츨라프 선교지도 아닌 곳에 기념사업을 시행하여 물의와 역사의 왜곡을 조장하는 결과를 초래하였다. 이같은 근거는 [29)]

자료: 『굿 모닝, 귀츨라프(2014)』의 표지

첫째, 오현기는 귀츨라프 일행의 고대도 도착에 대하여 "7월 25일 불모도를 출발해 당일에 고대도에 도착하였다."고 했다. 이는 7월 24일은 불모도 정박을 뜻하며, 이곳에서 조선 관리와 만나 필담하고, 다음 날(25일) 고대도 도착을 의미한다.

둘째, 그는 "조선인들이 안전한 곳이라고 말했던 장소이자, 귀츨라프가 강기항(Gan-keang,간갱)이라고 지칭한 곳을 고대도 안항이라고 볼 수 있다."는 논리를 펼쳤으나 '간갱'을 '고대도 안항'이라 보는 것은 큰 착각이다.

셋째, 그는 "귀츨라프가 '안전한 기항지'를 Gan-keang으로 표기했는데 이는 지명을 나타내는 고유명사가 아닌 안항의 성격적 특성을 보통명사화한 단어로 볼 수 밖에 없다."고 했으나, 간갱(a bay called Gan-keang)'은 확실하게 고유명사이다.

넷째, 그는 "귀츨라프는 8월 12일 고대도 안항을 퇴거하여 제주도 근해 도착(8월 17일) 이전까지 고대도는 귀츨라프의 조선방문 일정 절반 이상 선교활동한 곳이다."라고 했으나, 귀츨라프는 고대도에서 단 하루도 선교활동한 기록이 없다.

• 연구결과

1) 귀츨라프는 7월 24일 고대도 해안에 정박하였으며, 이곳에서 조선관리를 만나 간갱으로 이동할 것을 권고 받았다.
2) 7월 25일 고대도 해안을 출발하여 간갱(원산도)에 도착하였으며, 이곳에 머물며 선교활동을 하다가, 8월 12일 떠나갔다.
3) 고대도 안항은 순조실록 자문에 단 한번 나오는 지어진 이름으로 실존지명이 아니다.
4) 고대도가 귀츨라프 선교지가 되려면, 우선 고대도에 만(bay)과 안전한 항구가 있고, 관청이 있고, 소와 염소를 기를만한 넓은 들판이 있으며, 당집이 2개 이상 있고, 잠깐동안 수백 명 주민이 모였다는 귀츨라프 기록에 부합되어야 하는데 그렇지 않다. 따라서 고대도는 귀츨라프 선교지가 확실히 아니다.

결론적으로, 오현기 목사는 '고대도가 귀츨라프 선교지' 라는 잘못된 논리로 책을 써서 오류를 범하고, 선교지도 아닌 곳에 귀츨라프 기념사업을 행하여 중대한 과오를 범하고 혼란과 기독교역사의 왜곡을 조장하였다고 할 수 있다.

- 한국 선교역사에 길이 남을 귀중한 연구를 하셨습니다.(김익성)
- 지금이라도 역사를 바로 세워서 기독교 역사가 올바르게 전해지기를 바랍니다.(김연중)
- 고대도가 선교지라고 하려면 우선 7월 25일부터 19일간 귀츨라프의 활동기록 장소가 고대도에서 성립되어야 합니다.(신호철)
- 만일 고대도가 선교지라면 지리적, 인문적 조건들을 만족할 수 있는 반증이 있어야 합니다.(이재평)
- 견해의 차이로 중요한 역사적 사실이 관심에서 멀어지지 않도록 노력해야 하겠습니다.(이홍열)

---

29) 오현기, 굿모닝 귀츨라프, 2014.

5. 허호익의 원산도 부정 논리

Q 원산도는 귀츨라프 선교지가 아니라는 허호익 저서의 핵심과 문제점은?

A 허호익 교수는 『귀츨라프의 생애와 조선선교 활동(2009)』저서를 통하여, "신호철 장로는 귀츨라프 일행이 1832년 7월 24일 고대도에 도착하여, 25일 원산도 간경(Gan-keang, 간갱) 즉 개경촌으로 이동했다는 새로운 주장을 제기하였다."

그리고『귀츨라프 행전(2009)』책에 새롭게 밝혀진 내용의 옳고 그름을 따지는 비평(批評)이 아니라 "그래서 이에 대한 반박을 다루었다." 는 공격적이고 애매(曖昧)한 논리를 펼쳤다. 그 사례로 "원산도라고 주장하는 것은 무리이다." "잘못 보고했을 리 만무하다", "있을 수 없는 일이다.", "낮아 보인다." 등 이다. 이 같은 근거는[30]

첫째, 허호익은 "개경촌이 발음상 유사하다 하여 Gan-keang 이라고 추정하고, 귀츨라프 일행이 마지막으로 정박한 곳이 원산도"라고 주장하는 것은 무리이다.

둘째, 그는 "조선 측 관리들이 귀츨라프 일행의 행적을 모두 조사하여 승정원에 보고하면서 그들이 정박한 지역이 원산도인데 고대도로 잘못 보고했을 리 만무하다."

셋째, 그는 "승정원에서 파송되어 현지에서 이양선을 자세히 조사한 문정역관이나 공충감사 보고가 이를 바로 잡지 못했다고 보는 것 역시 있을 수 없는 일이다."

넷째, 허호익은 "원산도 진촌은 수군우후가 상주한 곳임으로 정황적으로 보아 수군우후가 대포로 무장한 외국선박을 자기 진영인 원산도로 이끌어 왔을 가능성은 군사적인 측면에서 아주 낮아 보인다." 등이다.

• **연구결과**

1) 귀츨라프가 '간갱'이라 기록한 지리적 위치는 국토지리정보원 지도(1:5천,2006)에 '개강촌'이라 명시되고, 같은 기관 다른 지도(1:2만5천, 2007년)에 '개경촌'이라 기록되고, 지도대사전(1:10만)에 '개갱촌'으로 표기된 장소이다. 이곳 해안(海岸)은 만(灣)이 잘 형성되어 배가 여러 날 정박하기에 알맞은 귀츨라프 기록과 일치되는 추정이 아닌 정확한 장소이다.
2) 조선 관리들이 귀츨라프의 고대도 상륙과 원산도 행적 등을 조사. 보고한 기록은 없다.
3) 문정역관과 공충감사는 쇄국정책 신봉자로 귀츨라프 행적의 보고를 바로잡기는커녕, 교역을 거부하는데 주력하였다.
4) 귀츨라프는 조선군관의 권유로 수군우후의 진영인 간갱(원산도)으로 이동하고, 이곳에서 수군우후, 홍주목사, 충청수사와 빈번하게 만나 상호 협력하였다. 이는 대포로 무장한 군사적 충돌의 대결 구도 정황이 아닌 것으로 판단되었다.

결론적으로, 허호익은 비정상적인 논리와 애매한 논조(論調)로 다른 저자의 연구들 반박하는 실수를 범하고 올바른 신교역사 정립의 방해자 역할을 하였다.

- 원산도가 선교지가 아니라고 하려면 우선 귀츨라프 일기와 조선정부의 기록부터 다시 살펴보아야 합니다.(신호철)
- 역사적 사건은 어떤 관점과 방법으로 보느냐에 따라 해석이 달라질 수 있습니다.(이재평)
- 역사 연구는 진실을 찾는 과정이기 때문에 틀린 것은 부끄러운 것이 아닙니다.(이홍열)

---

30) 허호익, 귀츨라프의 생애와 조선선교활동, 2009.

6. 고대도 기념물의 문제점

Q 고대도의 귀츨라프 기념사업은 어떻게 이루어 졌으며 무엇이 문제인가?

A 충남 보령시 오천면 삽시도리(고대도)에는 귀츨라프 선교를 기념하여 2005년 세워진 고대도교회를 비롯하여, 선교기념비와 조형물 등이 있다. 이 같은 기념사업 은 순조실록 등에 바탕을 두고 시행되었다. 그러나 고대도는 귀츨라프 선교지가 아 니며, 상륙 사실 조차 없는 것으로 확인되어 큰 문제가 되고 있다. 이 같은 근거는

자료: 귀츨라프 고대도기념 교회

첫째, 순조실록에, 이양선 1척 이 "고대도 뒷바다에 와서 정박 하였다."고 기록되고, 자문에 "고 대도 안항에 정박하였다."고 씌 어있어, 고대도가 귀츨라프 선교 지라는 것을 초기 연구자들이 쉽 게 믿었다. [31],[32]

둘째, 일성록에 "고대도 정박" 이라 기록되고 승정원일기와 비변사등록에 "고대도 정박"이라 씌어져 고대도가 선 교지라는 것에 대해 의심하지 않았다. [33]

셋째, 그러나 귀츨라프 기록(7월 24일)에, 조선 군관을 만나 필담하고 "이곳(고대 도)은 배가 정박하기에 위험하니 간갱이라 불리는 만(a bay called Gan-keang)으

---

31) 조선왕조실록, 1832. (음) 7. 21. 六月二十五日, 何國異樣三帆竹船一隻, 來泊於洪州古代島後洋, 而 云是英吉利國船,

32) 조선왕조실록(자문), 1832. (음) 7. 21. 本年六月二十六日酉時量, 異樣船一隻, 到泊於木州古代島 安港, 聞甚驚駭,

로 이동 권고를 받고 떠났다."고 기록되어 고대도가 선교지라는 것이 의심되었다.

넷째, 선교 당사자 귀츨라프는 7월 25일부터 8월 12일까지 간갱(원산도)에 머물면서, 소를 많이 기르고, 염소를 기를만한 들판이 있고, 관청이 있고, 안전한 1급 항구가 있고, 당집을 2개 이상 보거나 방문했다 등 많은 기록을 남겼다.

• 연구결과

1) 고대도가 선교지가 되려면, 귀츨라프 기록에 맞게 이곳에 관청이 있고, 소와 염소를 기를 만한 넓은 들판이 있으며, 만(bay)과 안전한 항구가 있고, 당집이 2개 이상 있으며, 잠깐동안 수백 명 주민이 모일 수 있는 등의 조건에 맞아야 하는데 고대도는 그러하지 못하다.
2) 조선왕조실록에 '고대도에 정박했다'의 기록은 해안에 머물었다는 뜻이며, 육지에 상륙하여 활동했다는 것이 아니다.
3) 자문(咨文)의 "고대도 안항"은 외교문서에 지어낸 것으로 실존 지명이 아니다.
4) 위 각항을 종합해 보면 누구나 고대도는 귀츨라프 선교지가 아니다 라고 쉽게 판단할 수 있다. 그러므로 귀츨라프 선교지가 아닌 고대도에 기념사업을 한 것은 예산낭비는 물론이고 기독교계의 수치와 불명예를 안겨준 결과가 되었다.

결론적으로, 귀츨라프 선교지가 아닌 고대도에 기념사업을 시행한 것은 기초 없이 집을 지은 어리석음과 같다, 이 같은 부끄러운 오류를 바로잡으려면 결자해지(結者解之) 측면에서 관련 교회와 단체들이 앞장서 올바른 역사를 정립해야 할 것이다.

- 고대도에 기념물을 세울 때는 모르고 세웠으니 지금이라도 역사가 바로 세워 졌으면 합니다.(김연중)
- 조선 측과 영국 측 기록을 종합하여 연구했다면 오류가 없었을 터인데 안타까운 일입니다.(이홍열)

---

33) 일성록, 1832, (음) 7. 8. 公忠監司馳啓 古代島漂人 引泊後彼人 處問情則 言語難通 以書問情 [8. 3 (음) 7. 8.]]

7. 고대도와 순조실록

Q 순조실록에 기록된 '고대도 후양'과 '고대도 앙항'은 무엇이 문제인가?

A 순조실록에는 '배 1척이 고대도 후양에 정박하였다.' 그리고 '이양선 1척이 고대도 안항에 정박하였다.' 라고 기록되었다. 이는 귀츨라프 일행이 탄 배가 고대도 해안에 정박하였다는 것을 뜻한다. 그러나 이 같은 '정박' 기록을 과장하여 상륙하고 머물며 활동했다고 하는 논리로 '고대도가 귀츨라프 선교지'라는 것은 착각과 오류에서 비롯된 기독교 역사의 왜곡이라 할 수 있다. 이 같은 근거는

첫째, 순조실록(음 1832년 7월 21일)에 "어느 나라 배인지 이상한 모양의 삼범죽선 1척이 홍주의 고대도 뒷 바다에 와서 정박하였다."라고 쒸어 있다. 그러나 여기에 상륙 기록은 없다.[34]

둘째, 순조실록 자문(음력 7월 21일)에, "이양선 1척이 본주 고대도의 안항에 정박했다."고 하였다. 그러나 여기에도 상륙, 활동 기록은 없다.[35]

셋째, 순조실록과 관련된 기록 중 비변사등록(음력 7월 8일, 7월 18일, 7월 21일)에 세 번 기록된 내용에도 "고대도에 와서 정박했다(古代島引泊, 古代島引泊, 古代島漂到)."고 쒸어 있다. 그러나 고대도에 상륙했는지, 언제 떠났는지 기록이 없다.

넷째, 비변사등록을 적용한 승정원일기(음력 7월 9일, 7월 18일, 7월 21일)의 세 번의 기록도 고대도 정박 이외의 다른 기록은 없다.

다섯째, 일성록(음력 7월 21일)에 "고대도에 정박한 영국 배를 문정하였다.(古代島引泊 英吉利國船問情)"라는 기록이 있을 뿐이다.

• **연구결과**

1) 순조실록에 단 한번 나오는 고대도 후양은 그 출처를 알 수 없고, 또 넓은 바다이어서 특정 지명이라고 볼 수 없다.
2) 자문에 단 한번 나오는 고대도 안항도 그 출처가 없고, 이는 청나라에 보내는 외교문서임으로 만들어낸 이름으로 보는 것이 타당하다.
3) 고대도 현지를 조사해본 결과, 안항과 비슷한 이름의 장소는 없었다.
4) 고대도 '정박'과 '문정' 기록은 확실하다고 판단되었다. 그러나 고대도가 귀츨라프 선교지라는 논리는 불합리하며 신빙성도 없는 것으로 판단하였다.

결론적으로, 순조실록 등 모든 관련 기록을 종합하여 분석하고 검토한 결과, 귀츨라프 일행이 고대도(해안)에 정박하고, 문정하며 필담한 것은 확실하다. 그러나 고대도가 귀츨라프 선교지라는 것은 '정박'을 '상륙'으로 착각하고 과장하여 비롯된 오류이며, 결과적으로 한국 선교 역사를 왜곡하는 것이라고 할 수 있다.

• 예리한 관찰력과 적절한 문장으로 독자의 가슴을 파고드는 글입니다.(이재평)
• 정박과 상륙의 개념 차이에 비롯된 착오가 있었던 것 같습니다.(이홍열)
• 많은 증거자료를 바탕으로 한국 최초의 선교지가 올바로 정립되기를 바랍니다.(정진호)
• 여러모로 많이 비교하고 연구해 주셔서 감사합니다.(정창무)

---

34) 순조실록, 何國異樣三帆竹船一隻來泊 於洪州古代島後洋.
35) 순조실록자문, 異樣船一隻到泊 於本州古代島安港.

8. 순조실록 자문의 고대도 안항

Q 영국 선박이 조선에 와서 교역을 요청한 것에 관련된 자문을 청나라에 보낸 이유와 결과는?

A 귀츨라프가 승선한 영국 배가 조선에 와서 교역을 요청하며 다녀간 후에 조선 정부는 그 사실을 외교문서인 자문으로 청나라에 보고하였다. 이는 1636년 병자호란 때 청나라에 항복한 결과로 중요한 일은 보고하는 것이 불가피하였기 때문이다. 이같은 근거는

첫째, 순조실록(음력 1832년 7월 21일)에 보면 "이번에 영국 배가 우리나라에 와서 정박한 사실이 혹 대국에 전해질 염려도 없지 않으니 우리나라에서 먼저 발설하여 후환을 막지 않을 수 없습니다"라며 자문을 보내자고 기록한 것에서 그 이유를 찾아 볼 수 있다.[36]

둘째, 순조실록(음력 7월 21일) 자문에 "이양선 1척이 고대도 안항에 정박하였다."라고 기록되어 있다. 그리고 "교역에 관해서는 더 말할 것이 없고, 변경(邊境)의 정세에 관한 일인 만큼 의당 상세히 보

자료: 순조실록자문의 고대도 안항 정박

---

36) 순조실록, 1832. (음)7. 21, 則今此來泊我國之事情, 或不無轉通大國之慮, 不可不自我國, 先發以防後患.
37) 순조실록 자문, 1832. (음)7. 21, 交易一款, 今固無容更言, 而事係邊情, 理宜具報, 爲此合行移咨.

고해야 하겠기에 이렇게 이자(移咨)합니다"라는 기록에서 교역과 변경(邊境)에 관한 일은 청나라에 보고해야 하는 이유임을 알 수 있다.[37]

셋째, 순조실록(음력 1932년 12월 25일)에 자문을 보낸 결과에 대하여 청나라의 답신은 "국왕은 충실하게 나라를 지켜 대의(大義)를 크게 밝히고 법을 바르게 지키는데 변함이 없어 그 정성이 가상함으로 후한 상을 내린다."고 하며, 5종류의 비단을 상품으로 보내준 기록에서 서로간에 상하관계가 있었음을 알 수 있다.[38]

결론적으로, 자문은 청나라와 조선의 관계가 대등한 관계가 아니었음을 나타내는 문서로, 이것을 감추고 조상들을 탓할 것은 아니며, 우리가 힘을 합쳐 앞으로 부강한 나라를 만들겠다는 각오를 다지는 계기로 삼아야 할 것이다. 아울러 자문에 기록된 구대두 등 장수명이나 날짜 등의 내용을 글자 그대로 사실이라고 믿는 어리석음을 범하거나 이를 소재로 논쟁을 하는 대상이 되어서는 안 될 것이다.

- 나라에 힘없는 것은 예나 지금이나 마찬가지이고 슬픈 일입니다.(변광일)
- 조선 역사에서 임진왜란도 큰 수치인데, 여기에서는 병자호란의 영향도 많이 미쳤군요.(이재평)

---

38) 순조실록, 1832. (음)12. 25, 禮部奉上諭 英吉利商船 欲在該國地面交易 該國地方官 告以藩臣 無外交之義 往復開導 商船始行開去 該國王謹守藩封 深明大義 據經奉法 終始不移 誠款可美 宜加優賚 賜該國王 緞二疋 閃緞二疋 錦緞二疋 素緞四疋 壽字緞二十疋 用示加獎云.

9. 정박지를 선교지로 착각

Q 귀츨라프 선교지가 고대도라는 착각과 오류의 배경은 무엇인가?

A 귀츨라프 선교지가 고대도라는 주장에는 몇가지 착각과 오류가 있다. 그 사례로 1832년 7월 24일 영국선박이 녹도 또는 불모도에 정박하였으며 이곳에서 조선관리 (Teng-no)를 만났다는 것이다. 다른 경우는 고대도에 정박 하였다는 조선왕조실록을 확대 해석하여 고대도에 상륙하고 체류하며 활동하였다는 것이다. 이같은 근거는

첫째, 조선 관리와 귀츨라프 일행이 만난 장소는 비변사등록, 일성록, 승정원일기 등에 고대도(古代島引泊漂人言語難通以書問情)에서 만났다고 되어있다. 이는 만남 장소가 녹도 또는 불모도가 아니라 고대도임을 증명한다.[39]

둘째, 영국선박이 고대도에 정박하였다는 순조실록의 기록은 있으나 여기에 상륙 또는 체류한 기록은 없다. 따라서 고대도 선교지 주장의 확대 해석은 근거를 잃게 된다.

셋째, 간갱(Gan-keang)이 고대도에 있다고 주장하면서 귀츨라프가 기록한 간갱의 여러가지 여건과 고대도의 지리적 여건을 서로 비교하지 아니한 오류가 있었다.

넷째, 만일 간갱이 고대도에 위치하려면, 해양여건으로 만(bay)이 형성되어 있어야하고, 관청이 있었어야하며, 넓은 들판이 있고, 잠깐동안 수백명의 주민이 모일 수 있어야하며, 당집의 경우도 2개 이상 있어야 하기 때문이다.

• **연구결과**

　역사적 기록에서 확실한 것은 1) 고대도 해역에서 조선 관리를 만났으며. 2) 다음 날(7월 25일) '간갱(Gan-keang)'으로 이동했다는 것 뿐이다. 그럼에도 일부 연구자들은 이 기록에 맞추어 '간갱'이 고대도에 있다고 억지 주장을 하고 있다. 이는 '고대도'와 '선교지(원산도)'의 인문 및 자연환경을 비교하면 오류임을 쉽게 알 수 있다.

　결론적으로 '간갱'이 고대도에 있다는 것을 추정이 아니라, 기록이나 과학적인 사실로 증명 하지 못하면, 고대도 선교지 주장은 착각과 오류로 볼 수 밖에 없다.

• 잘 정리된 논리가 기독교 역사를 바로 세우는데 크게 도움이 되겠습니다.(김소순).
• 착각과 오류를 명확한 근거를 바탕으로 연구한 대단한 성과입니다.(정진호)

39) 승정원일기

10. 간갱 지명은 고대도에 부재

Q 귀츨라프 선교지인 간갱은 어떤 곳이며 고대도와는 어떤 관계인가?

A 귀츨라프 일기에 "간갱(Gan-keang)"이라는 지명이 수록되어 있는데, 이곳은 귀츨라프 선교사의 선교지이며, 간갱이 고대도에 위치한다는 일부 연구자의 주장은 추정과 착각에 의한 오류이다. 이 같은 근거는

첫째, 간갱은 귀츨라프 기록(7월 24일)에 "배가 안전하게 정박(safe anchorage)할 수 있고 고관과 만나 교역을 협의 할 수 있는 곳"이라 하였다. [40]

둘째, 간갱 기록(7월 25일)에 "매우 편리한 정박지이고, 모든 바람막이가 잘된 곳"이어야 한다. [41]

셋째, 간갱으로 기록(8월 11일)된 "소를 많이 기르고, 넓고 안전한 1급 항구"이어야 한다. [42), 43]

넷째, 간갱 기록(8월 11일)에 "간갱에서 만난 관리들과 많은 주민들이 전도지를 받았다."고 하였다. [44]

---

40) 귀츨라프 일기, 1832. 7. 24, a bay called Gan-keang, where you may find safe anchorage, meet the mandarins adjust the affairs of your trade, and obtain provisions.
41) 귀츨라프 일기, 1832. 7. 25, soon reached Gan-keang, and found very convenient anchorage, sheltered from all winds.
42) 귀츨라프 일기, 1832. 8. 11, As cattle are abundant, ships touching here can always be supplied with beef.
43) Though there are spacious and secure harbours, among which, Gan-keang, the place of our anchorage, holds the first rank.
44) 귀츨라프 일기, 1832. 8. 11, I am unable to say; but all the official persons about Gan-keang, and many of the common people, accepted them.

다섯째, 간갱 기록(8월 17일)에는 "조선관리가 간갱항으로 안내했다."[45]

이상의 기록들은 귀츨라프 선교사가 간갱의 입지환경 등에 대하여, 도착전(날)과 도착당일을 비롯하여 이곳을 떠난 뒤까지 5회에 걸쳐 묘사한 내용이다.

• **연구결과**
1) 귀츨라프 기록을 면밀히 검토한 바에 의하면 간갱은 귀츨라프 선교사의 선교지임이 분명하다.
2) 간갱이 고대도에 위치한다는 것은 타당성이 전혀 없으며 무관한 것으로 고증되었다.

결론적으로, 간갱(Gan-keang)이 귀츨라프 선교지라는 것은 타당하지만, 간갱이 고대도에 위치한다는 것은 추정과 착각에 의한 오류라고 판단되었다.

- 간갱 지명이 당시 조선의 기록에도 있었으면 하는 아쉬움이 있습니다.(변광일)
- 기록을 종합할 때 간갱은 귀츨라프 선교활동의 중심지로, 원산도에 분명히 위치한다고 생각됩니다.(정진호)

---

45) 귀츨라프 일기, 1832. 8. 17, We were invited by an official messenger to come to Gan-keang harbour.

11. 순조실록 기록 배경

Q 귀츨라프 관련 기록이 포함된 순조실록의 특성과 배경은 어떠한가?

A 조선 측의 귀츨라프 관련기록은 순조실록, 비변사등록, 승정원일기, 일성록 등에 포함되어 있다. 순조실록은 비변사 등록 등에 비하여 사실상 2차 자료에 해당하므로 그 기록의 배경과 특성을 살펴보고, 이를 인용할 경우에는 기록 내용의 정확성에 대하여 충분한 사전 검토가 필요하다. 이 같은 근거는

첫째, 조선왕조실록은 비변사등록, 승정원일기, 일성록 등의 기초자료를 종합 정리한 내용으로, 해당되는 왕이 돌아가신 후에 편찬하여 만든 사실상 2차 자료이다.

둘째, 순조실록은 재위 기간인 1800년 7월부터 1834년 11월까지 34년 5개월간의 국정 전반에 대한 역사를 다루며, 1835년(헌종 1) 5월에 편찬을 시작해 1838년 윤4월에 34권(부록 2권 포함) 36책으로 완성했고, 부록 중 1권은 1865년(고종 2) 윤5월 철종실록 편찬 때 추가 편찬했다. 부록은 왕의 행록(行錄) · 시책문(諡冊文) · 애책문(哀冊文) · 비문(碑文) · 지문(誌文) · 시장(諡狀) · 행장(行狀) · 천릉비문(遷陵碑文) · 천릉지문(遷陵誌文)을 수록한 것이다.

셋째, 순조실록은 처음에 순조의 원묘호(原廟號)가 순종이기 때문에 '순종대왕실록'이라고 했지만, 1857년 묘호를 순조로 추존한 까닭에 '순조실록'으로 개칭되었다.

넷째, 순조실록의 귀츨라프 일행 관련 기록은 1832년 8월 16일(음력 7월 21일)에 "어느 나라 배인지 이상한 모양의 삼범 죽선 1척이 홍주의 고대도 뒷 바다에 와서 정박하였다."라고 나온다.[46]

• **연구결과**

1) 순조실록은 비변사등록 등 다른 기록에 근거를 둔 것인데 '고대도 후양'은 비변사등록 등에 나오지 않고 순조실록에만 나와서 그 근거가 불확실하다.
2) 귀츨라프가 조선을 다녀간 것은 1832년인데 순조실록의 편찬은 3~6년 후인 1835~1836년이어서 시간적으로도 격차가 있다.
3) 순조실록에는 승선인원이 67인이라 기록되었으나 직책과 이름에서 누락이 있어 서로 정확히 맞지 않는다.
4) 조선왕조실록의 기록에도 오류와 누락이 발견되므로 역사연구에서 조선왕조실록의 기록도 평가와 분석을 통한 검증이 필요함을 알 수 있다.

결론적으로, 조선왕조실록은 참으로 귀중한 보물이지만, 1차, 2차 기록을 종합 편집한 것이어서 그 내용에 오류와 누락이 있는지 검토하고 이용하는 것이 필요하다.

- 고증의 경우 모든 자료를 검토하고 분석 평가하는 것은 당연하지만 많은 노력도 필요하네요.(이홍열)
- 왜곡된 선교역사와 기록의 오류가 더 이상 반복되지 않기를 바랍니다.(정진호)

---

46) 순조실록, 1832. (음)7. 21, 六月二十五日, 何國異樣三帆竹船一隻, 來泊於洪州古代島後洋, 而云是英吉利國船.

12. 순조실록 자문의 내용과 기록 배경

Q 귀츨라프 관련 기록이 포함된 순조실록 자문 내용과 배경은 무엇인가?

A 조선 측의 귀츨라프 관련기록 중에는 순조실록 자문이 있다. 자문(咨文)은 조선 국왕과 명·청나라의 관아 사이에서 보내고 받는 외교문서이다. 이 같은 근거는

첫째, 조선시대 자문은 1392년(태조 1)부터 1883년(고종 20)까지 1,250여 건을 주고받았다. 자문을 가장 많이 주고받은 때는 선조 때로 300건인데 이는 임진왜란 때문이고, 순조 때에는 29건이었다.

둘째, 순조실록에 수록된 자문 중에 귀츨라프 선교사와 관련된 기록은 1832년 8월 16일(음력 7월 21일)에 나온다.

셋째, 귀츨라프 일행과 관련된 자문을 보내게 된 이유는 순조실록에, "이번의 영길리국은 비록 대국(大國)에 조공(朝貢)을 바치는 열에 있지는 않는다 하더라도 그들이 바친 책자로 보면 민월(閩越)과 광주(廣州) 등지로 왕래(往來)하는 상선(商船)이 1년이면 6, 70척에 밑돌지 않는다고 하였으니, 이번에 우리나라에 와서 정박한 사실이 혹 대국에 전해질 염려도 없지 않으니 우리나라에서 먼저 발설(發說)하여 후환을 막지 않을 수 없습니다. 괴원(槐院,승문원)으로 하여금 사실을 매거(枚擧)하여 자문(咨文)을 짓게 하여, 형편에 따라 예부(禮部)에 들여보내야 하겠습니다."[47]

---

47) 순조실록, 1832. (음)7. 17, 此英吉利國, 雖不在大國朝貢之列, 以其所納冊子觀之, 潤廣等處地方 之商船往來, 歲不下六七十隻云, 則今此來泊我國之事情, 或不無轉通大國之慮, 不可不自我國, 先發以防後患.

넷째, 귀츨라프와 관련된 자문의 내용에는 "이양선 1척이 본주 고대도의 안항에 정박하였다."라는 기록이 나오는데, 이 같은 기록은 순조실록과 비변사등록 등 어디에도 나오지 않는 오직 자문을 쓰기 위해서 지어낸 지명이다.[48]

• 연구결과
1) 고대도 안항이란 지명은 자문을 작성한 관리가 문서의 내용을 잘 다듬는 과정에서 만들어낸 지명으로 추정된다.
2) 자문은 외교문서로 사실을 중시하기보다는 후환이 없도록 하는 것이 중요한 문서이다.
3) 순조실록에 '고대도 후양'이 자문에서 '고대도 안항'으로 바뀐 것은 고대도 후양이 너무 광범위한 지역이고 고대도 안항은 구체적인 지명으로 보이기 때문이었다고 볼 수 있다
4) 자문을 인용하려면 그 것이 실제 사실과 부합하는지 평가 분석을 통한 검증이 필요하다.

결론적으로, 조선왕조실록에 나오는 자문의 "고대도 안항" 기록은 실제적 사실보다, 국익을 먼저 생각하고 작성한 외교문서 상의 지어낸 지명으로 보는 것이 타당하다.

- 순조실록 자문은 지어낸 외교문서입니다.(신호철)
- 고대도에 예나 지금이나 '안항'이 없다면, 외교문서에 수식어로 붙인 미항정도의 추상적 용어가 아닐까요.(이재평)

---

48) 순조실록 자문, 1832. (음)7. 17, 本年六月二十六日酉時量, 異樣船一隻, 到泊於本州古代島安港.

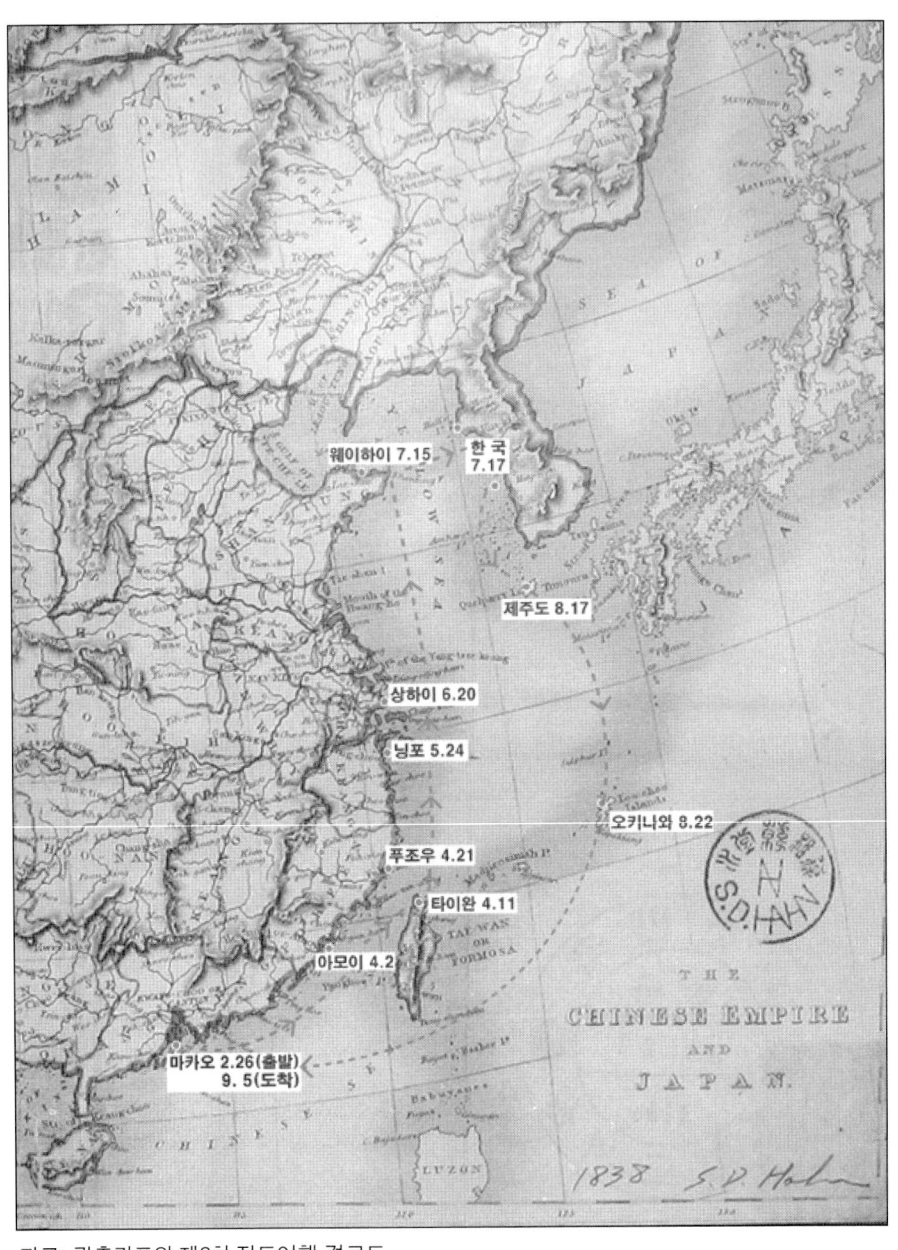

자료: 귀츨라프의 제2차 전도여행 경로도

제5장
애머스드호의 항해 경로 등

제1절 애머스트호의 항해 경로

1. 마카오 출발
2. 중국 경유
3. 황해도 도착
4. 외연도 도착과 정박
5. 녹도 정박과 상륙
6. 불모도 정박
7. 고대도 정박 일자
8. 고대도 정박 장소
9. 고대도 개황
10. 원산도 도착과 정박
11. 제주도 통과
12. 오키나와 방문

제1절 에머스트호의 항해 경로

1. 마카오 출발

Q 한국 최초 개신교 선교사 귀츨라프는 언제 어디로 처음 도착하였나?

A 한국 최초의 개신교 선교사 귀츨라프는 마카오(Macao)에서 영국 선박(Lord Amherst) 편으로 출발하여 1832년 7월 17일 몽금포(황해도)에 처음 도착하였다. 이 같은 근거는

첫째, 귀츨라프 일행은 1832년 2월 26일 마카오(Macao)를 출발하여, 중국 연안의 타이완(臺灣)과 상하이(上海) 등 여러 항구를 경유하여 웨이하이웨이(威海衛)에서 황해를 가로 질러 1832년 7월 17일 아침 몽금포에 도착하였다.

둘째, 린제이 함장은 귀츨라프 선교사의 첫 도착지에 대하여 조선의 지명을 잘 알지 못하여 "제임스 홀 군도(Sir James Hall's Group)라고 하였으며, 귀츨라프는 Chang shan(長山)이라 하였다.[1]

셋째, 조선정부의 일성록(日省錄)에는 귀츨라프 일행의 도착지를 몽금포 (夢金浦)라고 기록하였으며, 순조실록에는 조니진(助泥鎭)이라 기록되어 있다.[2,3]

---

1) 귀츨라프 일기, 1832. 7. 17, We came to anchor at Chang-shan.

• **연구결과**

1) 조선정부의 일성록에 기록된 '몽금포'와 순조실록에 기록된 '조니진'은 동일한 지역으로 확인되었다. 왜냐하면 '조니진'은 1914년에 행정구역 통폐합으로 '몽금포리'에 속한 한 마을로 편입되었기 때문이다.
2) 린제이가 기록한 '제임스 홀 군도'의 유래는 1816년 영국의 해양탐사선 알세스테호(Alceste) 등이 조선의 서해안 지도를 작성하면서 대청도 주변의 모든 섬을 지칭한 것으로 조사 되었다.
3) 귀츨라프가 기록한 '장산'의 경우는 필담(筆談) 과정에서 어민이 한문을 잘 알지 못하여 비롯된 오류로 확인되었다. 이는 일성록에 "저들(귀츨라프 일행)이 또 웃으면서 장산을 손으로 가리키는데 마치 지명을 묻는 것 같아 그들(어민)이 간신히 〈長山〉이라는 두 자를 써 보여주었다. (彼又笑而手指長山 有若問其地名故渠等 僅以長山二字書示)"라는 기록에서 증명이 된다.

결론적으로, 한국 최초의 개신교 선교사 귀츨라프는 1832년 7월 17일 몽금포에 처음으로 도착하였다. 그리고 린제이의 영문기록 '제임스 홀 군도'와 귀츨라프가 기록한 '장산'이라는 지명은 오류(誤謬)에서 비롯된 것이라 할 수 있다.

• 개신교 최초 선교사의 정확한 증명을 통해 밝혀진 결과가 많이 활용되는 계기가 되기 바랍니다.(정진호)

---

2) 일성록, 1832. (음)8. 11, 內渠等六月二十日(7/17)哺時 同乘小艇 釣魚於本鎭三十里夢金浦矣.
3) 순조실록, 1832. 8. 11, 乙酉/黃海監司金蘭淳以六月二十一日 異樣船一隻 來泊於長淵 助泥鎭 掌內漁人輩.

2. 중국 경유

Q 귀츨라프 일행은 중국의 어느 곳을 통과하여 조선에 도착하였나?

A 귀츨라프는 제2차 전도여행의 일환으로 마카오를 출발하여 아모이(廈門), 타이완(臺灣), 푸조우(福州), 닝포(寧波), 상하이(上海), 웨이하이웨이(威海衛) 등 중국 동쪽 해안의 여러 항구를 두루 경유하여 조선에 도착하였다. 이 같은 근거는 [4]

첫째, 귀츨라프 선교사 일행은 동아시아의 교역과 선교지 개척을 위하여 1832년 2월 27일 중국의 꽝뚱성(廣東省)을 출발하여 본격적 항해에 나섰다. 그리고 3월 5일 마쿠니(馬崗)에 상륙하여 전도지를 나누어 주었다.

둘째, 4월 2일, 푸젠성(福建省)의 아모이에 입항하여 7일까지 정박하였다. 이곳은 포르투갈, 스페인, 네덜란드, 영국 등 3~4백 톤급의 많은 배가 자주 입항한 곳이었다. 그러나 애머스트호와 같은 천 톤 정도의 큰 배가 입항한 것은 처음이라 하였다.

셋째, 4월 11일부터 5일간 타이완에 정박하였다. 이곳은 곡창지대로 중국 본토 보다 풍족한 생활을 하고 있었으며, 귀츨라프가 전도 문서를 나누어주자 받아들고 기뻐하였다.

넷째, 4월 21일, 푸조우에 도착하여 한 달 동안 머물면서 교역 상담과 이 지역 상황을 자세히 탐사하였다. 항구로부터 80km 정도 강을 거슬러 올라가며 아름다운 경치도 감상하고 가톨릭 신자와도 대담하였다.

다섯째, 5월 24일 닝포에 도착하였으며, 닝포 앞바다의 조우산(舟山)열도를 상세하게 조사하였다. 그리고 1개의 섬은 '귀츨라프섬'으로 명명하였다.

여섯째, 6월 19일 오송(吳淞)에 도착하였다. 린제이와 귀츨라프는 보트로 갈아타고 강을 거슬러 올라가 해군 제독을 만났다. 교역을 제의하자 베이징 황제의 허가가 있어야한다고 하면서 자리를 떠나가 버렸다.

일곱째, 6월 20일부터 양자강 하류의 상하이에서 18일간 정박하였다. 이때 중국 군함의 제지를 받았으나 불응하고 부근의 상황을 계속 탐사하였다. 귀츨라프 일행은 이곳에서 생필품 구입 허가를 받았다.

여덟째, 7월 15일 산동반도(山東半島)의 웨이하이웨이에 도착하여 잠깐 머물렀다. 그리고 이곳을 떠나 7월 17일 조선의 황해도에 도착하였다.

결론적으로, 귀츨라프 일행은 조선 방문을 위하여 1832년 마카오를 출발하여, 중국의 동쪽 해안 여러 항구와 대만 등을 경유하여 조선에 도착하게 되었다.

- 귀츨라프 선교사 같은 분이 계셨기에 복음의 말씀이 이 땅 곳곳에 씨로 뿌려졌습니다. 귀츨라프와 같은 용기 있는 사람들이 필요한 요즘입니다.(이난희)
- 무장된 군함의 제지에도 불응하고 선교활동을 계속한걸 보면 순교정신이 있는 것입니다.(이재평)
- 선교는 때와 장소는 물론 어떤 환경도 가리지 않고 이루어 졌다고 보면 되겠네요.(정진호)

---

4) 귀츨라프 행전 2009.

3. 황해도 도착과 정박

Q 귀츨라프는 조선에서 제일 먼저 어디에 상륙하여 어떤 사람들을 만났는가?

A 귀츨라프 선교사는 1832년 7월 17일 조선에 도착하여 제일 먼저 몽금포(조니진)에 상륙하고, 이곳 주민 등 여러 사람들을 만났다. 이 같은 근거는

첫째, 귀츨라프 일기에 따르면, 7월 17일 "우리가 상륙하자, 주민들이 언덕으로부터 내려 왔다."라고 하였다. 이 부분에 대하여 일성록은 추포별장(장치주) 증언록을 통하여 "7월 18일(음력 6월 21일), 이른 아침 보트가 와서 사람들이 상륙하였다. (早朝有一小船來 -- 一人將下陸)"라고 하였다. 5), 6)

둘째, 린제이보고서에 따르면, "우리는 18일 아침에 상륙하였는데"라고 하였다. 이 부분을 일성록은 조니진 군기감관(최종련) 증언록을 통하여 "말과 얼굴이 달라 어느 나라 사람이냐고 글로 물으니" 답하기를 영국인이라고 하였다. 7), 8)

셋째, 상륙 장소에 대하여, 린제이는 "거기에 200명이 넘는 사람이 모여 더 이상 머물다가 불행한 사태가 있을 것 같아 돌아왔다."고 하였다. 이 부분을 일성록은 형리(刑吏. 신몽렬)의 증언록을 통하여 "몽금포 주민 100여명이 한꺼번에 모여 둘러싸니 그들(귀츨라프)은 보트를 타고 큰 배가 있는 곳으로 달아났다."고 하였다. 9), 10)

---

5) 귀츨라프 일기, 1832. 7. 17, As soon as we had landed on a small island several natives came down from a hill.
6) 일성록, 1832. 8. 11, 去六月二十一日(7. 18) 早朝有一小船來 向本鎭浦邊 而船樣人物俱極 殊常 故渠等入告鎭將 卽率校卒 各持鳥銃 同時出往 則船已泊岸 人將下陸.
7) 린제이 보고서, 1832. 7. 18, By day-break on the morning of the 18th we landed, and proceeded towards a village about a mile inland. We were soon met by several persons.
8) 일성록, 1832. 8. 11, 言語貌樣 有異於曾前所見之唐人 渠等心甚驚訝 乃以書問汝等 以何國人 因何來此之由 則彼中一人 以銀管筆及唐紙一折答書 我們 大英國人.

• **연구결과:**

1) 귀츨라프 일행의 첫 상륙 장소는 몽금포(조니진)라고 확인되었다.
2) 이곳에 상륙하여 만난 사람은 주민 200여명을 비롯하여 지방관(추포별장, 군기감관, 형리) 등으로 확인되었다.

결론적으로, 귀츨라프는 황해도에서 두 번, 즉 1832년 7월 17일과 18일에 몽금포에 상륙하여, 주민과 지방관 등 여러 사람을 만났으나 그들의 적대적인 위협으로 퇴각하였다.

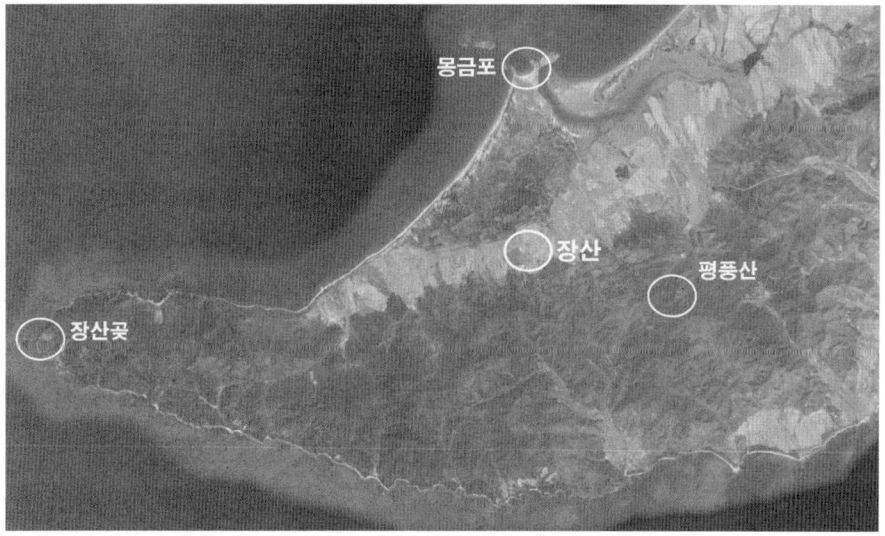

자료: 몽금포 주변의 위성 지도

- 쇄국정책과 국가의 운명은 통치자에 달렸다는 평범한 진리를 깨닫는 기회가 됩니다.(이재평)
- 선교사를 받아들이고, 외교를 잘 했으면 일본에 침략 당하는 굴욕은 없었을 것이라 생각합니다.(정선득)

---

9) 린제이 보고서, 1832. 7. 18, There were now upwards of 200 persons assembled, and as it appeared that any further delay might have brought unpleasant consequences.
10) 일성록, 1832년 (음)8. 11, 如斯之際 鎭屬浦民近百名 一時聚會 有着圍住之勢 彼等還乘其船 走向大船所泊處.

4. 외연도 도착과 정박

Q 귀츨라프 선교사는 언제 충청해안의 외연도에 도착하여 정박하였는가?

A 린제이 보고서에 따르면, 귀츨라프 일행은 "1832년 7월 21일 몇 개 섬 중 외연도(Hutton)와 항해 목표물인 외연도의 봉화산(Table mountain)을 바라보았다."라는 기록을 통하여 이곳에 도착하여 머물러 있었음을 확인 할 수 있다. 이 같은 근거는

첫째, 린제이는 외연도를 영문으로 '후톤 섬'이라고 기록하였다. 이 같은 이름은 1816년 9월 3일 영국의 알세스트호(Maxwell 함장)와 리라호(Basil Hall 함장)가 이곳에 와서 해양 조사를 하면서 영국의 지질학자 후톤의 이름을 따서 붙인 것이다.

둘째, 봉화산을 영문으로 '테이블 산'이라고 기록하였다. 이 같은 이름은 1816년 리라호의 함장 홀(Hall)이 이곳의 해양조사를 하면서 목표물로 매우 뚜렷하고 가장 멀리 바라보이는 데에서 비롯되었으며 린제이가 이를 확인하였다. [11]

셋째, 외연도를 포함한 충청해역은 영문으로 '바질 만'이라고 하였다. 이 같은 이름은 1816년 영국의 알세스트호 함장(Maxwell)이 이곳의 해양 조사를 함께한 리라호 함장의 아버지 'Basil Hall'를 기념하여 붙인 것이다.

• **연구결과**

1) 귀츨라프 일행은 1816년에 영국의 맥스웰과 홀 함장이 작성한 지도를 가지고 1832년 7월 21일 이곳에 도착하였다.
2) 귀츨라프 일행은 소지한 지도를 보면서 외연도를 확인하였다. 3) 목표물 (landmark)로 설정된 봉화산은 높이가 273m로 충청해역에서 가장 높은 산으로 뚜렷하게 멀리 바라보였다.
3) 테이블 산은 귀츨라프 일행이 항해 목표로 설정하였던 외연도에서 가장 높은 산(273m) 즉 '봉화산'을 영문으로 부여한 이름으로 검토되었다.
4) 바질 만이란 영국해군 맥스웰 대령이 충청해역을 탐사하면서 외연열도 주변 해역에 부여한 만의 이름으로 지도에서 확인하였다.

결론적으로, 귀츨라프 선교사 일행이 충청해역에서 7월 21일 가장 먼저 머문 장소는 외연도라고 증명되었다.

- 올바른 정보가 많은 분들에게 전달되기를 기대합니다.(김요한)
- 귀츨라프가 복음을 전파하고, 새로운 문명에 눈을 뜨게 한 업적을 알게 된 기회가 생겨 좋습니다.(이재평)
- 외연도는 특별히 봉화산이 높이 솟아 있어 멀리에서도 충분한 구분과 확인이 가능하다 여겨집니다.(정진호)
- 한국 최초 선교사 귀츨라프가 어떻게 선교활동 하였는지 올바로 알 수 있는 기회가 되어 기쁩니다.(정창무)

11) 린제이 보고서, 1832. 7. 21, By noon we had a clear view of the Table Mountain, noticed by Captain Hall, --- At five in the evening, the tide turning against us we anchored, the point of Basil's Bay bearing.

5. 녹도 정박과 상륙

Q 귀츨라프 선교사는 언제 녹도(섬)에 정박하고 상륙하였나?

A 귀츨라프 선교사는 7월 22일 충청 해역의 녹도 해안에 정박하였다. 그리고 원산도 선교자 도착이전에 충청해안에서 상륙한 섬은 오직 녹도 뿐이다. 이같은 근거는

첫째, 녹도에 정박 일자에 대하여 조선정부의 일성록에 기록된 수군우후의 증언록에 의하면 "녹도를 수비하는 무관(別將)이 자신(水軍虞侯)에게 급히 보고하기를 "7월 22일 녹노에서 불모도 쪽으로 이양선 1척이 이동하고 있다."라는 기록에서 찾아볼수 있다. [12]

둘째, 녹도를 경유하였다는 근거는 귀츨라프가 원산도 선교지에 도착하여 수군우후(김형수)와 문답과정을 수록한 일성록에 어느곳을 지나왔느냐?는 수군우후의 질문에 "녹도와 그 동쪽의 작은 섬을 지나왔다."라는 대화록에서 확인 할 수 있다. [13]

셋째, 녹도 정박 관련 기록 중 귀츨라프 일기(7월 23일)에 "우리의 정박 장소에 어민들이 찾아왔다. 우리는 그들과 마을에 상륙하여 술 대접을 받았으며 필담을 하였으나 만족스럽지 못하였다" 등이 있다. [14]

넷째, 귀츨라프 일기(7월 23일)에 "어민들이 우리의 정박 장소에 찾아와 우리를 초대하여였다. 우리는 상륙하여 마을 앞 억덕위 비탈진 곳에 앉아 자리잡고 은식대접을 받았다. 이때 모든 대화는 한문 필담으로 이루어 졌다."에서 확인 할 수 있다. 그러나 이 기록에는 상륙지로 녹도라는 지명은 표기되어 있지 않다.

• **연구결과**

1) 녹도 정박 장소에 대하여는 현장을 수비하던 무관(별장)이 직속상관(수군우후)에게 급보한 내용을 수록한 〈일성록(9월 1일)〉 기록은 신빙성이 있는 것으로 판단되었다.
2) 수군우후가 증언한 귀츨라프의 항해 경로에 대하여 녹도를 경유하였다는 기록도 타당성이 있다고 판단되었다.
3) 녹도와 관련된 귀츨라프 일기(7월 23일)에 기록된 녹도의 입지환경 여건을 중심으로 현장을 직접 조사 연구한 결과 서로 부합되어 당위성이 있는 것으로 판단되었다.
4) 린제이 보고서(7월 25일)에 따르면 "우리는 녹도에 정박하였다(We had been anchored at a called Lok taou)" 라는 녹도 지명이 과거형 문장(had been)으로 표기되어 있었다. 따라서 7월 22일 녹도에 정박하였다가 다음날 녹도에 상륙한 것으로 판단되었다.
5) 아울러 이날(7월 22일) 귀츨라프는 "자연적 해양경관을 바라 보고 있을 때 바다표범(seals)이 나타나 그 중 한 마리를 총으로 사냥하야 oil 용도로 사용하였다."라는 흥미있는 기록도 남겼다.

결론적으로, 귀츨라프 선교사는 1832년 7월 22일 녹도에 정박하고, 7월 23일 상륙하였다고 결론 지을 수 있다.

• 항해 과정을 이렇게 정리해 주시니 참 쉽게 이해 할 수 있네요.(김요한)
• 모든 대화는 한문 필담으로 시도하였으나 녹도 어민들과는 대화가 소통하지 못했네요.(변광일)
• 독자가 궁금하게 여길 부분을 미리 관련 문헌을 인용하여 증명해 나가시는 논리에 매력을 느낍니다.(이재평)
• 녹도는 육지에서 꽤 멀리 떨어져 있는 섬으로 항해과정에서 정박 할 장소라고 생각됩니다.(정진호)

---

12) 일성록, 1832. (음)8. 7, 六月二十五日 (7. 22) 鹿島別將馳報內 異樣船一隻 漂到於不毛島.
13) 일성록, 1832. (음)7. 8, 間 過我國境 幾處 答 長山 鹿島 東小島下.
14) 귀츨라프 일기, 1832. 7. 23, During the afternoon, it cleared up a little, and some fishermen came from a village to the right of our anchorage, to make us a visit. They invited us to come ashore. We accepted their invitation, and hastened towards their wretched dwellings, to partake of a collation which they offered us.

6. 불모도 정박

Q 귀츨라프 선교사는 불모도 섬에 언제 정박하였나?

A 귀츨라프 선교사는 1832년 한국 최초 개신교 선교지 원산도에 도착하기 2일 전 (7월 23일) 충청해안의 불모도 섬에 정박하였다. 이 같은 근거는

첫째, 조선정부의 비변사등록에 "이양선 1척이 불모도 뒷바다에 표도하였다."라는 기록에서 찾아볼수 있다. [15]

둘째, 조선정부의 일성록에 "7월 23일 홍주목사가 수군우후의 공문을 받아보니 이양선이 불모도 뒤바다에 래박하였다."라는 기록에서도 확인 되었다. [16]

셋째, 같은 일성록에 "7월 22일 수군우후가 원산도에 머물고 있를 때 녹도별장이 급히 보고하기를 이양선 1척이 불모도로 표도하고 있다."라는 기록 등을 통하여 불모도 정박을 확인 할 수 있다. [17]

• 연구결과
1) 충청관찰사(공충감사 홍희근)가 조정에서 나라의 국방을 담당하던 '備邊司'에 보고하여 기록된 비변사등록은 신빙성이 있다.
2) 충청해역을 수비하는 수군우후가 이 지역을 관할하는 홍주목사(이민회)에게 보낸 공문은 당시의 상황을 그대로 반영한 것으로 나타났다.

---

15) 비변사등록, 1832. (음)7. 6, 則以爲洪州地方不毛島後洋, 漂到異國船一隻云.
16) 일성록, 1832. (음)8. 7, 原情以爲李敏會 則渠於六月二十六日(7/23)夜 得見 水虞侯甘結 有異樣船 來泊于不毛島云
17) 일성록, 1832. (음)8. 7, 金瑩綏 則渠時當風和 留防於元山島 六月二十五日 (7. 22) 鹿島別將馳報 內 異樣船一隻 漂到於不毛島 外洋云

3) 녹도를 수비하던 별장이 직속상관인 수군우후(김형수)에게 급보한 내용을 의금부 조사과정에서 수군우후가 증언한 내용도 타당성이 있다.

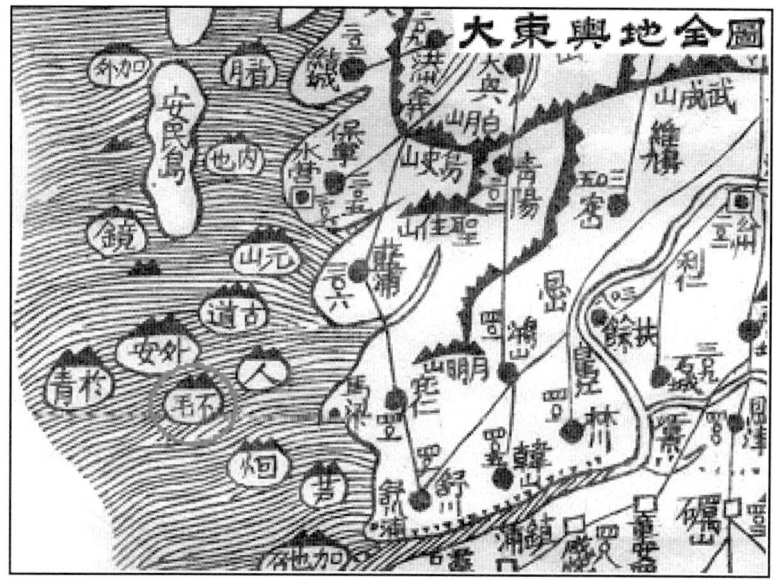

자료: 불모도가 수록된 대동여지도, 1861 김정호 제작

　　결론적으로, 귀츨라프 선교사가 1832년 7월 23일 불모도에 정박한 것은 역사적 사실이다.

- 귀츨라프의 항해 경로를 잘 정리한 좋은 글 감사합니다.(신혜원)
- 오현기 목사는 불모도 해안의 정박 날짜를 비변사등록과 다르게 추정하셨습니다.(신호철)
- 역사적 사실이 하나하나 밝혀지고 있어 흥미롭습니다.(이재평)

7. 고대도 정박 일자

Q 귀츨라프 선교사는 고대도 해안에 언제 정박 하였나?

A 한국 최초 개신고 선교사 귀츨라프는 1832년 7월 24일 고대도 앞바다에 정박하여 문정관의 방문을 받고 말이 서로 통하지 않아 필담하였다. 이같은 근거는

첫째, 7월 24일 귀츨라프일기에 "문정관이 배로 올라와 우리의 국적을 정중하게 물었다." 이와 관련하여 승정원일기(음력 7월 9일)에는 "고대도에 정박한 사람들과 언어가 통하지 않아 글로 써서 사정을 물었다."고 기록되었다.[18),19)]

둘째, 7월 24일 린제이 보고서에 "문정관은 한문에 능통하고 우리의 국적을 물었다. 이와 관련하여 조선측 비변사등록(음력 7월 8일)에는 "고대도에 정박한 사람들을 한문으로 써서 물으니 영국인이라 하였다."라고 기록되었다.[20),21)]

• **연구결과**
1) 귀츨라프일기와 승정원일기를 종합하면 7월 24일 귀츨라프 일행은 고대도 해안에서 조선군관과 처음 만나 말이 서로 통하지 않아 필담하였다.
2) 린제이보고서와 비변사등록을 종합한 결과 7월 24일 고대도 해안에서 귀츨라프와 문정관은 한문 글자로 의사를 소통하고 영국 국적임을 알았다.

---

18) 귀츨라프 일기, 1832. 7. 24, They inquired politely our country, and remarked that we had anchored in a very dangerous place.
19) 승정원일기, 1832. 음 7. 9, 古代島引泊漂人, 言語難通, 以書問情.
20) 린제이 보고서, 1832. 7. 24, who thoroughly understood the Chinese language. He commenced the conversation by asking our nation, and condoling with us on the hardships we were exposed to from wind and weather.

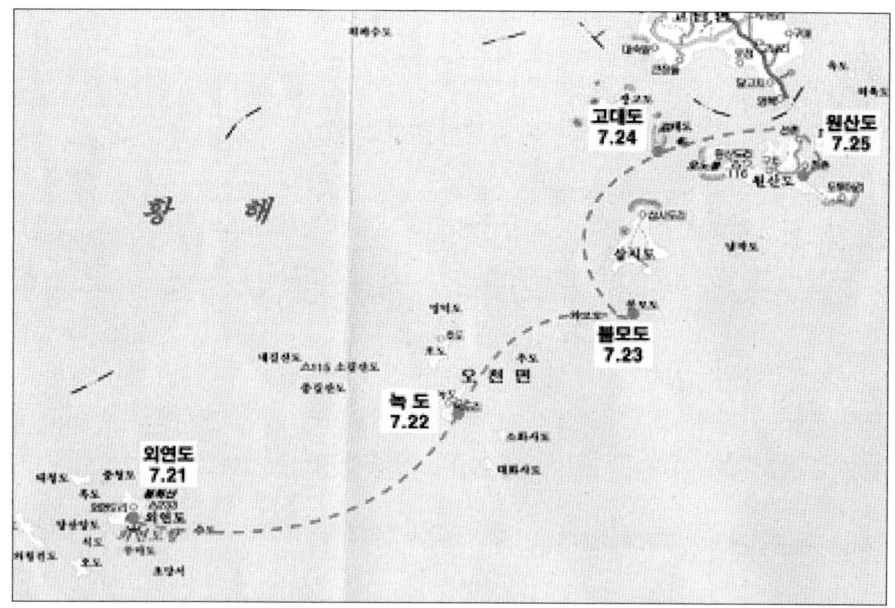

자료: 고대도 정박일자 등 항해경로

결론적으로, 귀츨라프 선교사는 1832년 7월 24일 고대도 해안에 확실히 정박하였으며, 이날 문정관이 배로 올라와 처음으로 필담이 진행되었다고 결론지었다.

- 허호익 교수는 고대도 정박 날짜를 조선왕조실록과 다르게 추정하셨습니다.(신호철)
- 귀츨라프가 한자를 알고 있어 필담을 하였으니 다행이군요.(이재평)

21) 비변사등록, 1832. (음)7. 8, 古代島引泊漂人, 言語難通, 以書 問情, 則乃是英吉利國人.

8. 고대도 정박 장소

Q 귀츨라프 선교사는 고대도 어디에 정박 하였는가?

A 귀츨라프 선교사는 1832년 그의 선교지 원산도로 항해하는 과정에서 고대도 남동쪽에 위치한 목안(모라녀) 앞 바다에서 일시 정박하였다. 이 같은 근거는

　첫째, 순조실록(음력 7. 21)에 어느나라 배인지 이상한 모양의 삼범죽선 1척이 "1832년 7월 22일 고대도 後洋에 정박하였다."는 기록과, 동 자문에 수군우후 김형수 등 보고서에 의하면 "7월 23일 고대도 안항에 정박하였다."라고 기록되어 있다.[22]

　둘째, 귀츨라프의 7월 24일 일기에는 "우리가 정박하고 있는 곳은 대단히 위험하므로, 간갱(Gan-keang)이라는 안전한 만으로 안내할 것이다."라고 하였다.

　셋째, 린제이보고서 중 7월 24일 대화록에 "당신들은 위험이 노출된 곳에 있다."라는 기록이 있다. 이밖에 승정원일기, 일성록 등에는 고대도에 정박하였다는 기록만 있다.

　넷째, 비변사등록에 의하면 "홍주땅 고대도에 인박한 외국인과 언어가 통하지 않아 필담으로 문정하였다."고 하였다.

　다섯째, 일성록에 의하면 "고대도에 인박한 외국인들과 언어가 통하지 않아 필담으로 문정하였다."고 하였다.

• **연구결과**

1) 순조실록의 '후양' 기록과, 자문의 '안항'은 고유명사적 실존 지명은 아니지만 기록된 정박 일자(22일 및 23일)'와 귀츨라프의 '항해일정(24일)'으로 보아 고대도 도착 이전의 해안으로 확인되었다.
2) 귀츨라프 일기 등에 '위험한 장소'라는 형용사적 기록은 귀츨라프 일행의 항해일정과 대화록에 자세히 기술된 지리적 해양여건을 확인한 결과 고대도 남동쪽 해안으로 추정되었다.

결론적으로, 귀츨라프의 고대도 정박지는 '목안(모라녀) 앞 바다'라고 추정되었다.

• 조선왕조실록 등 귀중한 문헌을 인용하여 명확하게 증명하여 쓰여 진 좋은 글 감사합니다.(신혜원)
• 근거를 찾기가 어려운 부분이 있었겠네요.(이홍열).
• 조선왕조실록 등 각종 기록을 근거로 연구를 해 주셔서 감사합니다.(정진호)

22) 저자의 조사결과 추정되었다.

9. 고대도의 개항

Q 귀츨라프 선교사가 일시 정박하였던 고대도는 어떤 섬인가?

A 고대도는 충청남도 보령시 오천면 삽시도리의 4개 섬 중 하나로 92ha의 매우 작은 섬이다. 이 섬의 해안은 만(bay)이 형성되어 있지 않은 것도 특징이다. 이 같은 근거는 [23]

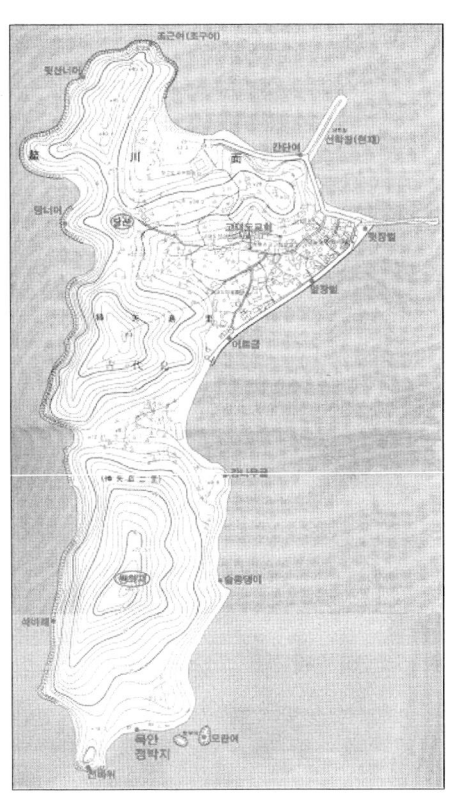

자료: 고대도 정박 추정 장소

첫째, 고대도의 면적은 여의도의 1/3 정도로 좁다. 고대도가 속해 있는 오천면의 '삽시도리' 총면적은 659ha 인데 이중에서 제일 큰 섬은 삽시도(398ha)이다. 다음으로 큰 섬은 장고도(157ha) 이고, 고대도는 세 번째에 해당한다. 불모도(12ha)는 이 중 제일 작은 섬이다. 고대도의 면적을 삽시도리 총면적과 배교해 보아도 1/7 정도로 매우 작다. 이런 섬에 선교활동을 계속하면서 잠깐 동안 수백명을 만날 수 있다는 것은 기대하기 어렵다.

둘째, 고대도의 해양환경은 서-남-북 3면 모두가 바위너설로 대부분 형성되어 있다. 동쪽 해안의 경우는 만이 형성되어 있지 않아 큰 배가 여러날 정박하기는 대단히 위험하다.

셋째, 고대도의 토지환경은 경사가 급한 산지가 대부분으로 농사를 지을 넓은 들판이 없다. 이밖에 고대도는 역사적으로 관청이 존재하지 않았으며, '간갱' 이라는 지명도 존재하지 않았다.

• 연구결과
1) 고대도 해안의 입지 환경은 귀츨라프가 여러날 계속 정박하거나 활동할 수 있는 조건을 구비하지 못한 것으로 검토되었다.
2) 인문환경의 경우에도 고관과의 교역 협의가 성립될수 없는 곳으로 추정되었다.
3) '간갱' 이라는 지명에 대하여 정밀 조사하였으나 찾아볼 수 없었다.

결론적으로, 귀츨라프 일행이 고대도 해안에서 계속 정박하며 육지에 상륙하여 여러날 지내면서 잠깐동안 수백명이 모인 가운데 감자를 심어주는 등의 활동을 하였다는 장소가 고대도라고 하기에는 여러 조건들이 너무 맞지 않는 것을 알 수 있다.

- 고대도를 조사해 본 결과 만과 넓은 들판 그리고 관청 소재지 등은 없습니다.(신호철)
- 고대도의 지리, 인문, 해양, 토지환경을 통해 고대도는 상륙지가 아니라는 해석에 공감합니다.(이재평)

---

23) 보령시 통계자료 2008. 7. 31.

10. 원산도 도착과 정박

Q 애머스트호는 언제 어떻게 원산도에 정박하였는가?

A 귀츨라프 일행이 탄 애머스트호는 고대도 해역에서 1832년 7월 24일 조선 군관을 만나 필담을 나누고 다음날인 7월 25일 간갱이란 만으로 안내를 받아 이동하여 8월 12일까지 이동하지 않고 머물렀다.

첫째, 애머스트호는 7월 24일 고대도 해역에서 군관 텡노의 방문을 받았고 거기서 텡노가 안전한 개갱 만으로 인도하는대로 다음 날 개갱 즉 원산도에 와서 정박하였다. [24]

둘째, 원산도에 정박한 기간은 18박 19일이며 조선 관리로부터 음식 대접을 두번이나 받았고 산호 간에 좋은 관계를 유지하였다. [25], [26]

셋째, 1832년 8월 12일 떠나기 전날에 관청을 찾아가 작별 인사를 하였고, 떠나는 날에는 충청수사가 찾아와 정을 나누었다. [27]

---

24) 귀츨라프 일기(1832. 7. 24), we had anchored in a very dangerous place, adding, we will bring you to a bay called Gan-keang.
25) 귀츨라프 일기(1832. 7. 27), How surprised were we, when about dinner (lunch) time, small dishes were handed aboard, containing dried fish, soy and liquor, which were placed upon low tables, and we were requested to sit down and partake of a meal.
26) 린제이 보고서(1832. 7. 30), A little after noon two large boats came off bringing a complete Corean dinner for the whole crew, consisting of chicken broth with vermicelly, slices of pork, salads, and various sorts of cake, and bowls of honey, with jars of wine.

• **연구결과**

1) 귀츨라프 일행이 마카오를 떠나 192일간 중국, 조선, 오키나와를 거쳐 갔는데 상대국 지방관리가 와서 환영의 인사를 하고 안전한 장소로 안내한 경우는 간갱이 처음이다.
2) 간갱에 있는 동안 조정에서 지시가 내려오기 전인 초기에는 많은 조선 사람들이 관리들의 제지를 받지 않고 애머스트호를 방문해서 감기약도 받아가고, 전도책자도 받아간 것을 보면 양측간에 별로 긴장관계가 없이 정박했음을 알 수 있다.

결론적으로, 애머스트호는 원산도의 간갱항에서 1832년 7월 25일부터 8월 12일까지 18박 19일을 서로 긴장감 없이 지내고 떠나갔으며 중간에 귀츨라프 일행이 보트로 천수만 탐사를 했지만 애머스트호가 움직인 기록은 찾아볼 수 없다.

- 기독교의 역사교육이 될 수 있는 귀츨라프 선교사 이야기 잘 보고 있습니다.(김대년)
- 원산도에서 19일간 서로 돕고 긴장감 없이 지낸 것은 기독교 정신과 우리 민족의 선한 마음이 잘 어우러진 것이라 생각됩니다.(정진호)

---

27) 린제이 보고서(1832. 8.11), In the afternoon we visited the chiefs in the village, to take our leave. They received us with the greatest politeness.

11. 제주도 통과

Q 귀츨라프는 제주도를 통과하며 어떤 소망을 하였나?

A 귀츨라프 일행은 8월 12일 원산도를 떠나 남쪽으로 항행하여, 8월 17일 제주도를 통과하는 과정에서 조선의 어느 곳보다 잘 경작되고 있는 것을 보고, 이곳에 공장을 설치한다면 일본, 조선, 만주, 몽고, 중국 등과 교역이 아주 쉬울 것이며, 그렇지 않으면, 이곳에 선교기지를 세울 수 있지 않겠느냐? 고 소망하였다. 이 같은 근거는

첫째, 귀츨라프 일기(8월 17일)에, "우리는 인상적인 아름다운 모양의 많은 섬들을 지났으며, 가장 남쪽의 매력 있는 제주도는 북위 32도 20분, 동경 126도 23분에 위치한다."고 하였다. [28]

둘째, 제주도는 대단히 편리한 곳에 위치하여 만일 이곳에 공장을 세운다면 일본, 조선, 만주, 몽고, 중국과의 교역이 아주 쉬울 것이다.고 했다. [29]

자료: 프랑스 조사선에 의한 제주도

---

[28] 귀츨라프 일기, 1832. 8. 17, We passed many islands of every imaginable shape. The most southern, Quel-poert, (lat. 32° 51′, long. 126° 23′,) is a charming spot.
[29] 귀츨라프 일기, 1832. 8. 17, It is well cultivated, and so conveniently situated, that if a factory was established there, we might trade with the greatest ease to Japan, Corea, Mantchou Tartary, and China.

셋째, 그러나 공장이 세워지지 않으면, 이 섬이 선교기지로 될 수 있지 않겠는가? 라고 하였다.[30]

• 연구결과

1) 귀츨라프는 제주도를 바라보면서도 조선의 교역과 선교를 꿈꿨다.
2) 그는 제주도에 쇄국정책을 하는 조선정부의 통치력이 어느 정도인가를 궁금해 하며 이 섬에 복음이 들어가지 못할 이유는 없다는 것이 진리라고 기록하였다.
3) 귀츨라프 일행의 원산도-제주도 항행 여정은 8월 12일부터 17일까지 5일간 소요되었다. 이는 황해도(몽금포)를 떠나 원산도에 도착(7월 25일)하기 까지 250km 정도의 거리를 7일 걸린 것과, 원산도에서 제주도 까지 330km의 거리에 비교하면 30% 정도 빠르게 항행한 편이다.
4) 일반적으로 조선에서는 제주도를 땅 끝이라고 생각한 반면, 귀츨라프는 제주도를 동아시아의 중심지로 보고 교역에 편리할 것이라고 특별한 생각을 했다고 볼 수 있다.

결론적으로, 귀츨라프 선교사는 제주도의 옆으로 지나가면서도 교역과 선교를 꿈꿨고, 공장을 세우면, 선교기지를 만들면 얼마나 좋을까 하는 소망을 기록하였다. 이제 그가 다녀 간지 180여년이 지난 지금 제주도는 세계 속의 관광명소로, 그리고 많은 교회의 존재로 그의 소망은 이루어졌다고 할 수 있다.

- 귀츨라프가 180여년 전에 제주도를 지나가며 공장을 세우거나 선교기지를 만들면 좋겠다고 생각한 것은 그의 열정과 지혜를 추측하게 합니다.(박수영)
- 귀츨라프도 조선의 서해안과 남해의 아름다움과 제주도의 매력을 알아본 안목이 있었군요.(이홍열)
- 귀츨라프 선교사의 교역과 선교에 대한 통찰력이 대단함을 알 수 있습니다.(정진호)

---

30) 귀츨라프 일기, 1832. 8. 17. But if this is not done, could not such an island become a missionary station?

12 오키나와 방문

Q 귀츨라프 선교사는 오키나와를 어떤 목적으로 방문하였나?

A 귀츨라프 선교사는 1832년 8월 17일 제주도를 통과하여 8월 21일 먼 거리에서 유황도의 화산에서 나오는 연기를 바라보고, 다음날 오키나와 나하항(那覇港)에 도착하였다. 그리고 이곳에서 전도책자를 주민들에게 나누어주고, 국왕에게 성경을 선물하였다. 이 같은 근거는

첫째, 귀츨라프 일행은 8월 22일, 류큐(琉球) 왕국의 나하항에 도착하여 선교활동을 시작하였다. 그들의 첫 방문지는 임해사(臨海寺) 옆에 위치한 고코쿠지(護國寺)였다. 귀츨라프는 이곳에서 전도책자를 주민들에게 나누어 주었다.[31]

자료: 오키나와 섬의 한 부분

둘째, 그는 8월 24일, 나하항에 있는 일본 선박들을 둘러보았으며, 선원들에게도 전도책자를 나누어 주었다.[32]

---

31) 귀츨라프 일기, 1832. 8. 22, August 22, we arrived, today, safely at Napa-kiang, the principal anchorage of Great Loo-choo. − − − Soon after arriving, we set out to go ashore, at the temple of Lin-hae.
32) 귀츨라프 일기, 1832. 8. 24, Today, we visited the Japanese junk. − − − Most of sailors received our Christian books gratefully.

셋째, 8월 26일, 요청했던 식료품과 과일을 나하에서 조달 받았다. 이때 오키나와 사람들은 예의가 바르다는 것을 알았다. 그들의 호의에 보답하여 국왕에게 한문 성경 3권과 선물을 전달하고, 이 성서가 왕이 직접 읽어 복음의 씨가 오키나와에서도 맺어주기를 기도하였다.[33]

• 연구결과

1) 오키나와는 당시 왕국으로 중국에 조공을 바치고 있었으나, 일본의 실질적 지배를 받아 일본에 대한 적대감을 가지고 있었다.
2) 오키나와는 당시 중국, 일본, 태국, 인도네시아 등 아시아 여러 나라와 교역이 이루어지고 있었다.
3) 오키나와 사람들은 체격이 작아 일본인들의 멸시를 받았지만, 귀츨라프는 "내가 만난 민족 중에 가장 친절한 사람들 이었다."고 하였다.
4) 귀츨라프는 오키나와의 주 작물과 주식은 고구마로 알았으며, 선박을 방문했을 때는 환자를 진찰하고 약도 나누어 주었다.
5) 귀츨라프 방문지에는 현재 영국의 후임 선교사 베델하임(Bernard Bettelheim)이 1846년부터 1854년까지 8년간 활동했다는 기념비가 있다.

결론적으로, 귀츨라프 선교사는 오키나와에서 방문하는 곳마다 전도책자를 나누어 주고, 국왕에게 세 권의 한문 성경을 전달하고 선물을 주었다. 이는 오키나와 방문 목적은 교역보다는 선교에 치중하였다고 할 수 있다.

• 귀츨라프 선교사의 행적을 살펴보기 위하여 오키나와를 저자와 함께 답사(2015. 2. 4)하였을 때 고코쿠지(護國寺) 절 구내에 건립된 귀츨라프의 후임 선교사 베델하임 공적비 등을 둘러본 기억이 새롭습니다.(김형식)
• 가장 친절한 사람들이 살고 있었다는 오키나와 왕국에는 왜 씨감자를 주지 않았을까요?(이재평)
• 귀츨라프 선교행적을 살펴보기 위하여 오키나와에서 귀츨라프가 정박한 장소로 추정되는 나미노우에 인근의 만과 해양형태를 답사(2015. 2. 4)하고 암벽에서 서식하는 희귀식물을 채집한 기억이 새롭습니다.(홍한기)

---

33) 귀츨라프 일기, 1832. 8. 26, The promise which they yesterday made of sending us the provisions today they kept punctually. - - - We had sent to his Majesty, the king, a variety of present, and among them three Bibles.

純宗大王實錄 卷之 三十二

○公忠監司洪羲瑾狀啓六月二十五日何國興樣三帆竹船一隻來泊於洪州古代島後洋而云是英吉利國船故使地方官洪州牧使李敏會水虞候金瑩綏進問情則言語難通以書字問答兩國名英吉利國又號大英國居蘭墩忻都斯坦地英吉利國愛蘭國斯客蘭國合為一國故稱大英國國王姓咸氏地方與中國一樣蘭墩地方七十五

○咨文道光十二年七月初四日據公忠道觀察使洪羲瑾水使李載亨鱗次馳啓備水軍虞候金瑩綏洪州牧使李敏會呈稱本年六月二十六日酉時量異樣船一隻到泊於本州古代島安港聞甚驚駭就差譯學吳繼淳該地方官洪州牧使李敏會水軍虞候金瑩綏馳詣船泊處眼同問情語言不通替用文字詳詰來由則回稱

제5장
애머스드호의 항해경로 등

제2절 귀츨라프 선교사 관련 기록

1. 몽금포에서 만난 어부들
2. 몽금포에서 만난 관리들
3. 조선과 영국 문서의 지명
4. 간갱과 녹도의 영문지명
5. 단추 선물
6. 귀츨라프 일행의 용모
7. 목 베는 시늉의 사람들
8. 충청도 수군우후 등 처벌
9. 황해도 관리의 처벌
10. 쇄국정책과 귀츨라프 일행 배척
11. 린제이 경과보고서 내용
12. 린제이 함장의 외교적 여유

제2절 귀츨라프 선교사 관련 기록

1. 몽금포에서 만난 어부들

Q 귀츨라프는 1832년 조선에 처음 도착하여 누구를 만나, 어떤 일을 하였나?

A 귀츨라프 선교사는 조선에 처음 도착(7월 17일)하여, 제일 먼저 만난 사람은 몽금포 어민 김대백 등이었다. 이들과는 말이 통하지 않아 한문으로 필담(筆談)을 하였으며, 중요한 일은 전도 책 몇 권을 전한 선교활동이었다. 이 같은 근거는

첫째, 귀츨라프 일기에 따르면 "제일 먼저 만난 조선 사람은 허술하게 건조된 어선(漁船)을 타고 있던 남루한 옷을 입은 두 사

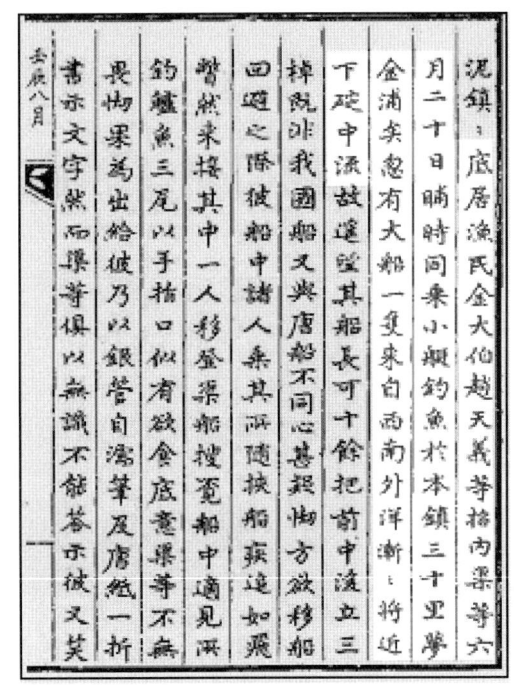

자료: 일성록, 1832. 9. 5(음력, 8. 11), 6월 20일은 음력이며 양력 7월 17일이다.

---

34) 귀츨라프 일기, 1832. 7. 17, the first thing we met was a fishing-boat, miserably constructed, with two natives in it clothed in rags.
35) 귀츨라프 일기, 1832. 7. 17, Though we could not communicate with them orally, yet we could use the Chinese character in writing.

람"이라고 하였다.[34]

둘째, 그는 "우리(귀츨라프 일행)는 그들(어민)과 말로는 서로 소통할 수 없어, 한문을 사용하여 필담은 할 수 있었다."고 하였다.[35]

셋째, 귀츨라프가 처음 한 일은 선교활동으로 "노인(김대백)에게 책 몇 권을 주었더니 아주 좋아하였다.(we gave the old man a few books, which highly delighted him)"고 하였다. 이밖에 린제이 함장은 처음 만난 조선 사람은 한문을 잘 알지 못했다고 기록하였다.[36]

• 연구결과
1) 귀츨라프 선교사가 제일 먼저 만나 사람은 "조니진에 사는 어민 김대백과 조천의(助泥鎭底居 漁民金大伯趙天義等)"라는 기록(日省錄)이 확인되었다.
2) 어민에게 준 책은 전도책자로 추정된다. 왜냐하면 이 책을 이단좌설(異端左說)이라 하였으며 "민간에 두어서는 안 되므로 감영마당에서 불태웠다.(旣非民間留置者 故取來營庭 己爲燒火)"라는 기록(日省錄)이 확인되기 때문이다.
3) 귀츨라프는 중국신교를 목직으로 인도네시아에 있을 때부터 중국어를 배웠고 태국에서는 중국인의 양자가 되어 살았기 때문에 한문 지식 수준이 높았다.

결론적으로, 귀츨라프 선교사는 조선에서 제일 먼저 어민 김대백 등을 만났으며, 이들과 말로는 통하지 못하여 필담을 약간 교환하였다. 그리고 중요하게 한 일은 이들에게 전도책 몇 권을 전해준 선교활동 이라고 할 수 있다.

- 귀츨라프가 조선에 와서 제일먼저 만난사람은 김대백과 조천의 어부였습니다.(이석우)
- 황해도에서 전도책자를 주었지만 이것을 불태워 버렸으니, 돼지에 진주를 안겨준 격이네요.(이재평)

---

36) 귀츨라프 일기, 1832. 7. 17, We gave the old man a few books, and lion buttons, which highly delighted him.

2. 몽금포에서 만난 관리들

Q 귀츨라프 일행이 황해도 몽금포에서 만난 관리들은 누구인가?

A 귀츨라프 일행 8명은 1832년 7월 18일 몽금포에 두 번째로 상륙하여 1.6km 정도 육지로 진입하니 많은 주민들이 모였고, 그 중에서 조니진의 추포별장 장지추, 군기감관 최종련, 형리 신몽열 등 관리들을 만났다. 이 같은 근거는

첫째, 일성록(음력 8월 11일)에 추포별장(追捕別將) 장지추는 7월 18일 조니진(助泥鎭) 앞으로 가는 배의 모양과 인물이 수상해서 본진으로 가서 진장에게 보고하고, 장교와 병졸을 거느리고 조총을 들고 나가 보니, 배는 이미 연안에 정박하고 사람들이 상륙하여 백사장에서 만났는데 모두 8명이었다고 증언하였다.[37]

둘째, 일성록에, 군기감관(軍器監官) 최종련은 언어와 모습이 전에 본 중국인과 달라 놀라서 한문 글로 "당신들은 어느 나라 사람이며 무슨 일로 왔는가?"라고 물으니 "우리는 영국 사람으로 물건을 교역하러 중국을 경유하여 왔다"고 만년필로 한문으로 써서 주었고, "성이 무엇인가?" 물으니 외국 성을 써 주었다고 하였으며, 이들이 글을 써서 "닭, 오리, 소, 양 등을 물물교환을 하자."고 하여 "우리나라 법률이 매우 엄하여 만약 다른 나라 사람과 물건 하나라도 서로 바꾸는 일을 했다가는 죄가 되어 참수에 해당하는데 외국 배가 정박한 경우는 더 말할 것도 없다."고 하며 그 자리에서 쫓아버렸다고 증언하였다.[38]

---

37) 일성록, 1832. 8. 11, 早朝有一小船來 向本鎭浦邊 而船樣人物俱極 殊常 故渠等入告鎭將 卽率校卒 各持鳥銃 同時出往 則船己泊岸 人將下陸 渠等疾步前進 相遇於沙場 彼人 八名.
38) 일성록, 1832. 8. 11, 乃以書問汝等 以何國人 因何來此之由 則彼中一人 以銀管筆及唐紙一折答書 我們 大英國人 將欲交易物貨.

셋째, 일성록에 형리(刑吏) 신몽열은 "진의 포구 백성 100여명이 한꺼번에 몰려들어 둘러싸자 저들은 작은 배로 가서 큰 배로 이동하고 큰 배는 멀리 떠나갔다."고 증언하였다.[39]

• **연구결과**
1) 황해도 몽금포에서 만난 조선의 관리들은 외국인과 만나 물건을 교환하면 큰 처벌을 받는 것이 두려워 귀츨라프 일행과 어떤 접촉도 피하려고 하였다.
2) 많은 백성들도 외국인의 접근을 두려워하여 그들이 빨리 떠나기를 바라고 위협하는 상황이어서 귀츨라프 일행은 즉시 떠나갈 수밖에 없었다고 할 수 있다.

결론적으로, 귀츨라프 일행이 황해도 몽금포에서 만난 조선의 관리들은 외국인을 배척하는 쇄국정책에 따른 규정을 그대로 지킨 것이라 볼 수 있다. 한편 충청도 원산도의 관리들이 외국 선박을 손님으로 대접하여 받아들인 것과는 큰 차이가 있었다고 볼 수 있다.

• 몽금포 관리들은 처음부터 외국인을 쇄국정책에 따라서 배척하였습니다.(이건영)
• 그 당시의 정치 사회적 상황은 공직자로서 법과 규정을 지킬 수 밖에 없었다고 이해됩니다.(이재평)

---

39) 일성록, 1832. 8. 11, 如斯之際 鎭屬浦民近百名 一時聚會 有着圍住之勢 彼等還乘其船 走向大船所泊處 盖其大船 初旣碇住於距 鎭遙遠 不見之地.

3. 조선과 영국 문서에 나오는 지명

Q 조선 측과 영국 측 문서에 나오는 귀츨라프의 일행의 활동과 관련된 지명은?

A 조선 측 문서에 나오는 귀츨라프 관련 지명은 비변사등록, 승정원일기, 일성록, 순조실록, 순조실록자문 등에 '고대도' 정박에 관한 기록이 있고, 영국 측 기록에는 귀츨라프 일기와 린제이 보고서에 '간갱(Gan-keang)'에 상륙하여 활동하였다는 기록이 여러 차례 나온다. 이 같은 근거는

첫째, 비변사등록에, '고대도' 지명이 세 번(음력 7월 8일, 7월 18일, 7월 21일) 나오지만 고대도에 와서 정박했다고만 씌어 있고, 상륙하였다는 기록은 없다.[40]

둘째, 승정원일기에, '고대도' 지명이 세 번(음력 7월 9일, 7월 18일, 7월 21일) 나오지만 여기에도 고대도에 와서 정박했다고만 씌어 있고, 고대도에 상륙했는지, 언제 떠났는지는 기록이 없다.[41]

셋째, 순조실록(음력 7월 21일)에, '고대도 후양(古代島 後洋)' 기록이 한번, 순조실록자문에 '고대도 안항(古代島 安港)' 기록이 한번 나오지만 이곳에 와서 정박했다고만 씌어 있다. 그러나 고대도에 상륙했는지, 언제 떠났는지의 기록은 없다.[42]

넷째, 귀츨라프 일기에, 간갱(Gan-keang) 지명이 다섯 번 나오는데 이곳은 지방 관리의 인도를 받아 이동한 곳과 1급 항구가 있는 곳, 전도 문서를 나누어준 곳, 만(bay)이 있는 곳 등 기록이 있어 이는 상륙과 활동하였음을 의미한다.[43]

---

40) 비변사등록, 1832. (음)7. 8, 以爲洪州地 古代島引泊漂人, 등등
41) 승정원일기, 1832. (음)7. 9, 以爲洪州地 古代島引泊漂人, 言語難通, 등등
42) 순조실록, 1832. (음)7. 21, 來泊於洪州古代島後洋, 등등
43) 귀츨라프 일기, 1832. 7. 24, we will bring you to a bay called Gan-keang.

다섯째, 린제이 보고서에, '간갱(Gan-keang)' 지명이 나오는데, 국왕께 올리는 문서 등을 수군우후에게 전했다는 기록으로 미루어 이곳은 관청이 있음을 의미한다. [44]

• 연구결과

1) 조선 측 문서의 지명으로 충청감사가 보고한 문서를 받은 비변사등록의 기록이 가장 정확하다. 그러나 이를 근거로 작성된 승정원일기, 순조실록, 자문 등 기록은 신뢰성이 낮다.
2) 순조실록에 단 한번 나오는 '고대도 후양'은 그 출처가 불분명하다.
3) 자문에 나오는 '고대도 안항'은 그 출처가 없으며 이는 외교문서로 지어낸 이름으로 보는 것이 타당성이 있다.
4) 조선 측 기록에는 고대도 정박 타당성이 있다.
5) 영국 측 문서에 나오는 '간갱' 지명은 지방 관리의 인도를 받아 이동한 곳, 1급 항구가 있는 곳, 전도 문서를 나누어준 곳, 관청이 있는 곳, 만이 있는 곳으로 이곳은 원산도임을 간접으로 증명하고 있다.

결론적으로, 조선 측의 고대도 지명은 귀즐라프 일행의 일시 정박지가 타당하다. 그리고 귀즐라프가 상륙하여 활동한 시명은 '간갱'이 타당하다. 따라서 '간갱'이 어디에 있는지? 조선 측 기록과 영국 측 기록의 여러 조건들을 맞추어보면 '간갱'은 원산도에 소재하고 있음을 확인할 수 있다.

- 요즘도 귀즐라프 선교사 같은 진정한 용기 있는 사람들이 필요한 것 같습니다.(이난희)
- 지명의 내용이 다른 부분이 많이 있네요.(정명수)

---

44) 린제이 보고서, 1832. 8. 10, thence we were invited by the chiefs to enter Gan-keang; and there we publicly presented our document and presents to the chiefs Kin and Le.

4. 간갱과 녹도의 영문 지명

Q 귀츨라프 일행의 조선 방문 기록에 나오는 간갱(Gan-keang)과 녹도(Lok-taou)에서 무엇을 알 수 있는가?

A 귀츨라프 일기에서 나오는 Gan-keang(간갱)과 린제이 보고서에서 나오는 Lok-taou(녹도)는 이들 지명이 기록에서 처음 나타날 때, 앞에 called라는 단어가 붙어 called Gan-keang, called Lok-taou라고 기록되어 있다. 이것은 당시에 간갱과 녹도는 실존하는 지명이었고, 사람들이 한문 글자로 귀츨라프나 린제이에게 써주지 못하고 말로만 했기 때문에 그들이 들은 것을 그대로 영문으로 기록했기 때문이다. 이 같은 근거는

첫째, 귀츨라프는 한문을 잘 알아서 조선 측 관리들과 필담으로 의사교환을 하였기 때문에, 조선 측 관리들이 간갱과 녹도를 한문으로 써주지 못했다고 보아야 한다.

둘째, 간갱은 "We will bring you to a bay called Gan-keang"에 나오는데, "우리가 당신들을 간갱이라 불리는 만으로 데려갈 것이다"라는 뜻이다. [45]

셋째, 녹도라는 지명은 녹도 어선들에게서 들은 것으로 추정된다. 린제이보고서에는 "The islands we had been anchored at are called Lok-taou"로 나오며, "우리가 정박했던 곳은 녹도라고 불린다"라는 뜻이다. [46]

---

45) 귀츨라프 일기(1832. 7. 24), We will bring you to a bay called Gan-keang.

• **연구결과**

1) "간갱이라 불리는 만"에서 간갱은 실제 만의 이름이다.
2) "정박했던 곳은 녹도라 불린다"에서 녹도는 실제로 정박했던 곳의 이름이다.
3) 한자로 필담을 하는 경우 한자 지명을 알면 그대로 써줄 수 있지만, 한자로 지명을 쓰지 못하면 말로 표현하고 듣는 사람이 영어로 쓸 수밖에 없다.
4) 조선시대에 일반 백성들은 일상생활에서 한문을 사용하지 못했고 한글도 알지 못하는 문맹이 많았다.
5) 마을, 개울 등의 이름은 한문으로 써서 사용하지 않고 대부분 한글식으로 불러서 사용하였다.
6) 지금부터 60여 년 전인 1950년대까지도 일반 백성들은 문자시대에 산 것이 아니고 언어로만 통하는 시대에 살았다.
7) 저자의 고향 부근 마을 이름은 모두 다람비, 소가리, 범바위, 어링이 등등 모두 한글음으로 불렸고, 현재는 月湖, 牛耕, 虎岩, 魚龍이라고 한자 또는 한자음으로 쓰고 있다.
8) 개울과 산 이름은 앞내, 뒷내, 앞산, 뒷산 등이 있었다.

결론적으로, 귀슬라프와 린세이가 장소의 이름 앞에 called라는 단어를 붙여 기록한 것은 19세기에 비록 지방관리일지라도 간갱, 녹도 같은 지명을 한문으로 쓰지 못했다는 것을 의미하며, 이는 백성들에게 그 시대가 문자의 시대가 아니었음을 증명하는 것이다.

- 다람비, 소갈이 등은 충북 진천군 문백면에 있는 마을 이름입니다.(김주복)
- 순수 우리말로 된 지명이 꽤 있지요. 간갱은 우리말 같고, 녹도는 한자명 같은데 고관들이 몰랐다는 것이 이해하기 어렵습니다.(이재평)
- 간갱은 순수 우리말 같고, 녹도는 한문 지명으로 보입니다.(이홍열)
- 가장 많은 사람들이 사용하는 언어가 한자인데, 여기에도 한계가 있었다는 것이 입증되네요.(정진호)

46) 린제이 보고서(1832. 7. 25), The islands we had been anchored at are called Lok-taou.

5 단추 선물

Q 귀츨라프는 조선 사람을 만날 때 선물로 단추를 주었는데 어떤 반응과 효과가 있었나?

A 애머스트호에 실린 하물 중에서 수량이 가장 많은 것은 사자무늬 단추였다. 단추는 부피가 작고 쓸모 있는 물건이어서 선물용으로 좋았지만, 중국에서도 인기 상품이었기 때문에 교역을 통하여 이익을 남기려는 의도가 있었다. 특히 처음 만나는 사람에게 단추를 선물하면 모두가 기뻐하였으므로 선교 활동에도 도움이 되었다. 이 같은 근거는

첫째, 1832년 7월 17일 귀츨라프는 황해도 해안에서 바지저고리를 입고 낚시하던 어부 김대백 등을 처음 만나 사자 무늬가 있는 단추 몇 개와 전도 책자를 주었더니 매우 기뻐하였다. 그리고 어부로부터 답례품으로 농어 3마리를 받았다. [47]

둘째, 7월 18일 귀츨라프는 몽금포에 상륙하여 여러 주민들이 모여 있을 때 선물을 주었더니 어떤 이는 거절하고 어떤 이는 단추를 주머니에 슬며시 넣었다. [48]

셋째, 7월 24일 린제이는 충청해안에 정박하여 있을 때 수군우후의 군관 등 모든 병사에게 사자무늬 단추를 주었더니 매우 기뻐하였다. [49]

넷째, 7월 26일 귀츨라프는 원산도에서 수군우후를 통하여 국왕께 올리는 예물

---

[47] 린제이 보고서, 1832. 7. 17, We gave him a book and a few lion buttons, which he gladly received, and voluntarily offered us some fish in return.
[48] 귀츨라프 일기, 1832. 7. 18, Several natives made the sign of beheading when we offered some trifles for their acceptance; others secretly pocketed some buttons.
[49] 린제이 보고서, 1832. 7. 24, A lion button was given to each of the sailors, and appeared to delight them much.

속에 단추 12타(144개)를 포함하여 넣었다.[50]

다섯째, 귀츨라프가 타고 온 애머스트호는 물물교환을 위한 교역 상품으로 단추 일만 여개를 가지고 왔다.[51]

• **연구결과**
1) 단추의 역사는 13세기 독일에서 시작하여 14세기에 유럽에 전파되었다.
2) 중국에는 19세기 서양의 문물이 들어오면서 전파된 인기상품이었다.
3) 우리나라는 바지저고리를 끈으로 여미는 번잡한 단점과 단추의 간편함 등 장점 때문에 군복이나 학생복으로 대체될 때 많이 보급되었다.
4) 현재 단추는 지퍼(zipper)와 찍찍이라 불리는 벨크로(velcro)의 개발과 보급으로 인하여 수유가 줄고 있다.

결론적으로, 귀츨라프는 사람들을 처음 만날 때 단추를 선물로 이용함으로써 친밀감을 높이고 선교활동에 도움이 되었다. 단추는 의류문화 역사의 변천에 따라감을 알 수 있다.

• 단추 변천과정을 통해서 당시의 문화 생활상을 느낄 수 있습니다.(김연중)
• 단추가 그런 역사적 배경이 있었군요.(이홍열)
• 단추의 역사와 중요한 선물용으로 사용되었다는 새로운 사실도 알게 되었네요.(정진호)

---
50) 귀츨라프 일기, 1832. 7. 26, Lion-pattern Company's button, 12 dozen.
51) 순조실록, 1832. (음)7. 21, 鈕一萬餘.

6. 귀츨라프 일행의 용모

Q 귀츨라프 일행이 원산도에 도착 하였을 때 그들의 용모(容貌)와 옷차림은 어떠하였나?

A 귀츨라프 일행이 원산도에 도착하였을 때 그들 중에는 백인과 흑인들이 함께 어울려 있었다. 머리는 삭발하였거나, 정수리 뒤부터 따 내린 경우가 있었다. 옷차림은 모자, 저고리, 바지, 신발 등에 이르기까지 여러 형태였다. 이 같은 근거는

첫째, 귀츨라프 일행의 얼굴 외모는 "더러는 분을 발라 놓은 것처럼 희기도 하고, 더러는 먹물을 들인 것처럼 검었다." 이는 백인과 흑인을 의미 한다. 그리고 머리 모양은 삭발(削頭髮) 하였거나 정수리(百會) 앞은 깎고 그 뒤는 한 가닥으로 따 내린 경우가 있었다. [52]

둘째, 모자는 린제이 함장의 경우 푸른 비단의 족두리 모양이고, 다른 사람들은 탕건과 비슷한 감투 모양이었다. 이밖에 두엄달이(頭掩達伊)와 풀로 짠 군인 모자의 전립(氈笠)도 쓰고 있었다. [53]

셋째, 옷 재료는 비단(洋布)과 붉은 모직(猩氈, 성전)을 비롯하여 삼베로 된 붉고 검은색이 있었다. 그리고 저고리는 두루마기(周衣) 같은 것과, 소매가 좁은 모양을 비롯하여 적삼(赤衫)에 비단 띠를 두르거나, 관복(團領)에 금단추를 달기도 하였다. [54]

---

52) 순조실록, 1832. (음)7. 21, 容貌或白如 塗粉, 黑如染墨, 或全削頭髮, 或削去百會以前, 而以腦上少許髮一條編垂.
53) 순조실록, 1832. (음)7. 21, 頭着則胡夏米以青緞製, 如足道里, 前飾黑角, 其外則或 以紅氈, 或以黑三升, 或爲甘士樣, 或爲頭掩達伊, 或以草織如煎骨狀.
54) 순조실록, 1832. (음)7. 21, 所着衣服, 或洋布或猩猩氈, 或三升各色緞, 而上衣則或着周衣樣, 或着狹袖樣, 或以紅緞帶之赤衫, 則團領右 以金團錘.

넷째, 바지는 넓기도 하고 좁기도 하였으며, 색깔은 검거나 희며, 작위(爵位)가 있는 사람은 무늬가 선명한 비단 옷을 입고 있었다. 이밖에 신발은 검은 가죽으로 만들었는데 모양은 나막신(發莫) 같았다. 버선(襪,양말)은 흰 베나 비단으로 만들었는데 "등에 꿰맨 자국이 없는" 것이 특징이었다.[55]

• **연구결과**

1) 귀츨라프 일행의 외모와 옷차림에 대하여는 1832년 7월, 수군우후 휘하의 군관과 서기관이 기록하고, 이를 공충감사를 통하여 조정에 보고된 것이 조선왕조실록에 수록된 것으로 나타났다.
2) 백인은 영국인을 뜻하며, 흑인은 인도 남부지역의 피부색이 검은 드라비다족을 의미하였다.
3) 귀츨라프 일행의 옷차림 묘사를 통하여 조선시대 동.서양 의상문화 연구에 귀중한 자료가 축적되었다.

결론적으로, 귀츨리프 일행이 원산도에 도착함으로 인하여 피부색이 다른 백인과 흑인이 공존하는 것을 알 수 있었다. 그리고 옷차림의 기록을 통하여 다양한 의상문화 역사 연구에 도움이 되있다고 힐 수 있다.

- 외국인에 대한 자료가 상세하게 잘 정리되어 있네요.(권호열)
- 의상학을 공부한 것도 아닐 터인데 조선 관리의 관찰력 수준이 보통이 아니네요.(이재평)
- 역사적 기록 자료가 돋보이는 부분입니다.(이홍열)

---

55) 순조실록, 1832. (음) 7. 21, 其袖或狹或廣, 有爵人所着紋緞鮮明襪子 則或白左紗或白三升, 而背上 無縫處, 鞋以黑皮, 形如發莫.

7. 목베는 시늉의 사람들

Q 귀츨라프 일행이 만난 조선 사람들은 여러 차례 목 베는 시늉을 하였는데 어떤 뜻이 있었는가?

A 귀츨라프 일행이 만난 조선 사람들은, 여러 차례에 걸쳐 손으로 "목을 베는 시늉(throat-cutting ceremony)"을 하였다. 이는 당시 "참수형(斬首刑, 목을 베어 죽이는 처벌)"을 의미하는 것으로, 쇄국주의에 따라 외국인과 교류하거나 협력하면 사형으로 다스린다는 것을 몸짓으로 표현한 것이다. 이같은 근거는

첫째, 1832년 7월 18일 귀츨라프 일행이 몽금포에 상륙하였을 때, 이곳 주민들에게 몇가지 선물을 주려고 하자 그들은 "목베는 시늉"을 하며 거절하였다. 한편 황해도 주민들은 귀츨라프 일행의 퇴각의 재촉을 반복하면서 "손가락으로 자신의 목을 그으며" 서로의 목숨이 위협하다는 시늉을 하였다.[56]

둘째, 7월 24일 충청해안의 배안에서 린제이가 군관(텡노) 등에게 옷감 등을 선물을 주었더니 "손으로 자신들의 목을 긋는" 표시를 계속하면서 거절하였다. 그러나 이 경우에는 나중에 선물을 받았다.[57]

셋째, 7월 26일 린제이 일행은 텡노 등과 같이 원산도에 상륙하여 수군우후의 관청 근처에 진입하였을 때, 50여명 중 대부분 사람들은 "목을 자르는 시늉"을 하면서 이곳을 떠나갈 것을 분명하게 요구하였다.[58]

---

56) 귀츨라프 일기, 1832. 7. 18, Several natives made the sign of beheading when we offered some trifles for their acceptance.
57) 리제이 보고서, 1832. 7. 24, they at first refused, repeating the common sign of drawing their forefinger across their throats, but after a little they received our gifts.
58) 리제이 보고서, 1832. 7. 26, We went to the village, which is the temporary residence of the chiefs, and landed on the beach among about 50 wild-looking Coreans, several of whom performed the throat-cutting ceremony, and evidently showed they wished us away.

넷째, 7월 27일 귀츨라프 일행이 텡노와 함께 원산도 들판을 답사하려고 할 때 병졸들이 제지하면서 "목을 베는 시늉과 배를 가르는 시늉"을 하였다.[59)]

다섯째, 귀츨라프는 7월 27일 저녁 수군우후 휘하에 있는 서기관(양씨)과 한문 주기도문을 한글로 번역한 다음에, 양씨는 만일 상관이 이를 알면 자기는 죽게 된다는 뜻으로 그의 손으로 "목자르는 표시"를 반복하였다.[60)]

• **연구결과**
1) 1832년의 조선왕조 시대에는 참수형 제도가 일반화 되었으며, 외국인과 선물을 주고 받는 등 교류의 경우에도 참수형 또는 중벌로 다스렸다.
2) 당시의 사형제도는 목을 자르는 참수형이 보편화 되어 귀츨라프 일행과 접촉한 사람들도 이를 숙지하고 있었다.
3) 따라서 외국인이 자기 영역에 진입하거나, 교류하면 "자기는 목이 잘린다."의 뜻이 깊이 새겨져 있었다고 할 수 있다.

결론적으로, 귀츨라프 일행이 만난 조선사람들은 쇄국주의 정책에 영향을 많이 받아 외국인을 적대시 하였으며, 외국인과 선물을 주고받기만 해도 자기 목이 잘린다고 생각하며 "목을 베는 시늉"으로 당시의 시대상(時代相)을 나타냈다.

- 그 시대의 시대상을 실감할 수 있는 것 같습니다. 만일 그때 교역을 하였으면 일본을 앞설수도 있었을 텐데 하는 아쉬움이 있습니다. 후세들에게 당시의 시대상황을 바르게 알 수 있게 하여 감사합니다.(김연중).
- 시대상을 잘 나타내셨습니다. 내륙과 섬의 정서가 조금은 다르네요(이홍열)

---

59) 귀츨라프 일기, 1832. 7. 27, As soon as we stepped ashore we were met by a soldier, who intended to stop us; but when he saw that we hurried on, then made the sign of beheading, and ripping open the belly, as the unavoidable punishment awaiting him if he suffered us to proceed.
60) 린제이 보고서, 1832. 7. 27, Mr. Gutzlaff having written the Lord's Prayer in Chinese character, he both gave the sound, and wrote it out in Corean character, but after having done so he expressed the greatest alarm, repeatedly passing his hand across his throat, and intimating, that if the chiefs knew it he would lose his head.

8. 충청도 수군우후 등 처벌

Q 귀츨라프 일행의 내방으로 인하여 수군우후 등은 왜 파직되었는가?

A 귀츨라프 일행이 1832년 원산도에 19일간 머물다가 떠난 다음, 충청수사 이재형, 수군우후 김형수, 홍주목사 이민회 등 3인은 귀츨라프 일행의 내방에 따른 대응을 잘못하였다는 사유로 인하여 파직 등의 처벌을 받았다. 이 같은 근거는

첫째, 순조실록에 "충청수사 이재형, 수군우후 김형수, 지방관 홍주목사 이민회가 문정할 때에, 거행이 지연되고 처리가 전착된 죄는 묻지 않을 수 없으니, 청컨대 도신이 논감한 대로 파직의 율로 시행하소서 하니, 모두 윤허하였다."라고 기록되었다.[61]

둘째, 충청감사는 귀츨라프 일행이 충청해안에 와서 머물고 있다는 홍주목사 등 지방 관리들의 보고를 받고, 이를 조정에 보고하면서, 이들을 일찍 물리치지 않았다고 하여 처벌해 줄 것을 건의하였다.

셋째, 비변사(備邊司)에서는 충청감사의 보고 내용에 대하여 관련된 지방관리 들을 불러 잘잘못을 따져보지도 않고 그대로 받아들여 국왕께 파직을 상신하였다.[62]

넷째, 수군우후와 홍주목사는 '먼저 처벌을 받고, 뒤에 조사 받는' 식의 절차로 의금부에 불려가 교역청원서와 예물을 받은 것에 대하여 심문을 받았다.[63]

---

61) 순조실록, 1832. (음)7. 21, 公忠水使李載亨, 虞候金瑩綬, 地方官洪州牧使李敏會, 問情時 擧行之稽滯 顚錯之罪, 請依道臣論勘, 施以罷職之典.
62) 비변사등록, 1832. (음)7. 8, 當該 水軍虞候·洪州牧 使之前後措處, 俱未免錯誤, 該道請罷, 實合事宜, 而 目下邊情, 事係時急, 自京 差代, 無以及期, 論罷一款, 姑爲 勿施, 竝令戴罪擧行, 以待竣 事後, 稟處, 何如.

• **연구결과**

1) 충청감사는 개혁을 지향한 수군우후 등 지방관을 처음부터 처벌해 달라고 건의한 것은 쇄국주의적 발상에서 비롯되었으며, 아울러 자신에게 책임이 오는 것을 미리 차단하기 위한 절차라고 해석된다.
2) 그러나 이를 혁신(革新) 차원에서 살펴보면 교역청원서와 예물을 공식적으로 접수하고, 자주 만나고, 음식을 대접하고, 선물을 주고 받는 등의 외교적 교섭과 노력은 국익에 도움을 주려는 대응이라 볼수 있다.
3) 시대적 역사의 발전 과정에서 지방관들이 귀츨라프 일행을 합리적으로 대응하고 중요한 자료 등을 수집한 공적응 무시하고 처벌부터 먼저 한 것은 아쉬운 일이다.

결론적으로, 충청수사, 수군우후, 홍주목사는 귀츨라프 일행과 자주 접촉하면서 혁신(Innovation)을 하여야 국익(國益)이 있다는 것을 인지하고, 합리적으로 활동한 것이 결과적으로 쇄국주의 장벽에 막혀 파직되었다. 이들의 처벌은 혁신을 위한 역사의 발전 과정에서 희생양(犧牲羊)이 되었다고 볼 수 있다.

• 선각자 격인 충청수사 이재형, 수군우후 김형수, 홍주목사 이민회 공적비의 원산도 건립을 제안합니다.(이재평)
• 당시의 상황이 여러 사람을 희생시켰네요. 선조들의 희생을 헛되지 않도록 해야겠습니다.(이홍열)

63) 승정원일기, 1832. (음)7. 19, 徐英淳, 以義禁府言啓曰, 洪州牧使李敏會, 公忠水虞候 金瑩綬, 並拿問處之事傳旨啓下矣 李敏會時在任所, 依例發遣府 書吏拿來, 金瑩綬亦在任所, 依例發〈遣〉府羅將, 交代後拿來, 何如 傳曰, 並待待命拿囚.

9. 황해도 관리의 처벌

Q 귀츨라프 일행이 몽금포를 다녀간 뒤 어떤 후유증이 있었나?

A 귀츨라프 일행은 몽금포에 1832년 7월 17과 18일 두차례 상륙하였다가 많은 주민들과 지방 관리들의 위협과 배척을 당하고 물러갔다. 그러나 그 후유증으로 지방의 고관들은 귀츨라프 일행을 보고 만난 일도 없는데 처벌을 받았다. 이 같은 근거는

첫째, 순조실록에 따르면, 귀츨라프 일행과 만난 "조니진의 하급 관리는 필담으로 조사한 일이 있었음에도" 황해수사와 장연현감은 "다만 예사로운 중국 배가 왔다 간 것처럼 보고(只以尋常唐船去來樣報來)"하여 사실과 다른 거짓 보고를 하였다.[64]

둘째, 그리고 "후에 들은즉 배와 인물, 언어, 옷 모양이(追聞船制 人物言語服色), 홍주(원산도)에 정박한 영국 선박과 다름이 없었으나 상세히 조사도 않은 채 떠나게 하였다.[65]

셋째, 또한 "끝내 사실에 의하여 낱낱이 보고하지 않은 것은, 변정(邊情:국경지역의 사정)에 관계가 있으므로, 수사(尹禹鉉), 장연현감(金星翼) 및 해당 진장에게 죄를 물어 처벌하였다.[66]

---

61) 순조실록, 1832. (음)8. 11, 該鎭吏校 亦與筆札酬應 而水使及 地方官 只以尋常唐船去來樣報來.
62) 순조실록, 1832. (음)8. 11, 追聞船制 人物言語服色 與洪州所泊英吉利船無異 而不爲詳細問情 任其自去.

• **연구결과**

1) 귀츨라프 등 67명이 승선한 영국의 특별한 선박에 대하여 지방관이 "예사로운 중국배가 왔다 간 것처럼"보고한 것은 고의적으로 사실을 왜곡한 것으로 판단되었다.
2) 귀츨라프 일행은 조선에 교역청원을 목적으로 방문하였다는 뜻을 분명하게 밝혔는데, 지방관들은 이를 외면하고 오히려 침략자로 간주하여 쫓아내었다.
3) 흔히 볼 수 없는 영국 선박에 대하여 상세한 조사도 아니 하고 떠나게 한 것은 국방에도 소홀하였다.
4) 황해감사의 지방관 처벌 요청은 자신의 귀책을 방어하기 위한 책임 회피 수단으로도 볼 수 있다.

결론적으로, 황해수사, 장연현감 등은 외국 선박과 승선자들을 자세히 조사하지 않고 바로 물리쳤고, 보고(報告)도 사실대로 하지 않아 처벌을 받았다. 그런데 충청도에서는 조사도 철저히 하였고 보고도 잘 했는데 처벌을 받았다. 이는 처벌의 기준이 모호하고, 외국 선박이 오면 상급자(감사)가 먼저 당황하여 하급자의 처벌부터 거론함을 알 수 있다.

• 예나 지금이나 직무유기죄는 성립되는 것 같습니다.(이재평)
• 시대적 상황이 억울한 사정을 만드는 것은 예나 지금이나 어쩔 수 없네요.(이홍열)

---

63) 순조실록, 1832. (음)8. 11, 竟不據 實枚報者 有關邊情 狀論水使尹禹鉉 長淵縣監 金星翼 及該鎭將 之罪 幷拿勘.

10. 쇄국정책과 귀츨라프 일행 배척

Q 황해도에서 귀츨라프 일행을 배척한 조선의 쇄국정책은 어떤 것인가?

A 귀츨라프 일행은 1832년 7월 17일 몽금포 해안에 도착하여 상륙하니 많은 사람들이 달려 나왔고, 다음날 상륙했을 때도 같았다. 이들 모두는 적대감을 가지고 돌아가라고 위협하였다. 이는 외국인과의 접촉이 그들의 생명보존에 영향을 줄 정도로 조선의 쇄국정책이 강경하였기 때문이다. 이 같은 근거는

첫째, 황해도 몽금포 주민들은 외국인과 접촉이 국법으로 금지되어 있음을 알고, 귀츨라프 일행이 마을로 진입하는 것을 온 몸으로 막았다.

둘째, 조니진 군기감관(최종련) 증언에, 귀츨라프 측에서 닭, 오리, 소, 양 등을 물물교환하자고 했으나 "우리나라 법률이 엄해서 외국인과 물물교환 등 거래를 하면 참수형도 받는다."고 필답(筆答)하며 거절하였다.[67]

셋째, 조니진 형리(신몽열) 증언에, "진의 포구 주민 근 백 명이 한꺼번에 모여들어 둘러싸인 듯 해지자 저들이 도로 그 배를 타고 큰 배가 있는 곳을 향해 달아났다."고 했다.[68]

---

67) 순조실록, 1932. 8. 11, 又書示鷄鴨牛羊換買之意 故渠等又答書曰 我國法律甚嚴 若或與異國人有一物相換之擧 則罪至斬首.
68) 순조실록, 1932. 8. 11, 如斯之際 鎭屬浦民近百名 一時聚會 有着圍住之勢 彼等還乘其船 走向大船所泊處 盖其大船.

넷째, 린제이 보고서에, "우리를 마을에 들어가지 못하게 할뿐더러 식량도 팔지 않고, 서신도 받지 아니하고 우리에게 떠나가라고 요구하였다."고 기록되어 있다.[69]

• 연구결과

1) 주민들은 외국인과 만나면 우선 처벌을 받을 위험이 커서 외국인이 나타나는 것만으로도 공포에 빠졌다. 즉 외국인이 두려운 것보다 국가에서 국법으로 벌을 받는 것이 더 두려웠던 것이다.
2) 귀츨라프 일행은 식품 등 필요한 물품을 구입하고자 하였으나 쇄국정책으로 불가능하였다.
3) 주민들에게 단추 같은 작은 선물을 주어도 손으로 목을 베는 시늉을 하며 거절하는 사람이 많았다. 이는 외국인과의 거래나 협력이 국법에 따라 참수형을 당할 정도이 큰 범죄행위가 되었다는 것을 이미한다.
4) 황해도와 충청도에서 귀츨라프 일행이 탄 영국 선박이 온 것 때문에 지방의 고관들이 후에 처벌받은 것도 쇄국정책의 결과라고 할 수 있다.

결론적으로, 조선의 쇄국정책 중 핵심이 되는 것은 외국 물품의 거래, 인적 교류, 외국 종교의 도입 등을 금지하는 것이었고 그 처벌도 참수형이었다. 이 때문에 조선에서는 가톨릭 신자들이 18세기에 많이 순교하였다.

- 몽금포와 원산도를 비교할 때 큰 차이가 있네요. 원산도의 고관들이 더 훌륭해 보입니다.(이재평)
- 그 당시 위정자는 정권유지를 위한 수단으로 쇄국을 하였으나, 현재의 잣대로 보면 아쉬움이 있습니다.(이홍열)

---

69) 린제이 보고서, 1832. 7. 18, If you do not instantly depart, soldiers shall be sent for to decapitate you;" to which he afterwards added, "Begone, or a great change will take place; your life and death is uncertain.

11. 린제이 경과보고서 내용

Q 귀츨라프가 작성한 린제이 경과보고서에는 어떤 내용이 담겨 있는가?

A 영국 측에서 순조임금께 전달하려는 린제이 경과보고서(A Memorial for the Inspection of the King)는 1832년 8월 10일 한문과 영문으로 정본과 4통의 사본으로 작성되었으며, 그 내용은 경과보고의 형식이었다. 이 같은 근거는

첫째, 서문에 "친구가 멀리서 찾아오면 즐거운 일이다.(有朋自遠方來 不亦樂乎)"라는 공자 말씀을 인용, "영국 선박이 수만리 떨어진 곳에서 교역청원서와 예물을 가지고 조선에 왔으니 우리를 기쁘게 맞이했으면 좋았을 것이 아니냐."고 하였다. [70]

둘째, 영국 측은 수군우후를 통하여 교역청원서와 예물을 정중하게 국왕께 올려 달라고 요청하였으며, 수군우후는 이를 약속하였다. 그 후 연락관이 배로 찾아와 청원서와 예물은 수도(首都)로 발송되었다고 알려왔다. [71]

셋째, 한편 조선 측은 국왕께 보고할 자료라고 하면서, 영국 배에 관한 중요한 사항 모두를 조사(주: 순조실록 기록된 내용으로 추정)해 갔으며, 교역 청원은 명확한 답신이 곧 내려올 것이니 조용히 기다리라고 하였다. [72]

넷째, 그런데 역관이 배로 찾아와 "조선은 중국의 속국"이며, 이 나라 법은 중국 외에 타국과 교역이 불가하다고 말하여, 우리는 "조선은 자국(自國)의 법률로 통치되

---

70) 린제이 보고서, 1832. 8. 10, Confucius says, 'When a friend arrives from a distance, is it not a subject of rejoicing?' and now that an English ship has arrived from a distance of many myriads of le, bearing a letter and presents, should you not rejoice thereat?
71) 린제이 보고서, 1832. 8. 10, we publicly presented our document and presents to the chiefs Kin and Le, respectfully requesting they might be forwarded to his Majesty; this was promised. ― ― ― Some days afterwards messengers came to the ship, who informed us that the letter and presents had been forwarded to the capital.

므로 속국이 아니다."라고 반론하고, 태국(샴)과 베트남(코친차이나)의 경우도 조선처럼 중국에 조공을 받치지만 영국은 이들 나라와 교역을 하고 있다고 하였다.[73]

다섯째, 영국 측은 공식적으로 예물과 함께 교역청원서을 정중하게 전달하였는데, 여러 날 지난 뒤 이제 와서 아무런 절차도 없이 예물을 반환하려는 처사는 영국을 모욕하고 예의를 무시하는 행위라고 항의하였다. 그리고 "우리는 아무 보람도 없이 시간만 허비한 채 이곳을 떠나려 한다." 고 매듭지었다.[74]

• **연구결과**
1) 린제이 경과보고서 중 4통의 한문 사본은 조정에서 파견된 역관(오계순)을 비롯하여 충청수사(이재형), 수군우후(김형수), 홍주목사(이민회) 등에게 각각 배포되었다.
2) 영국 측 교역의 모든 절차를 예절과 외교적 경험을 바탕으로 시행한 것으로 확인되었다.
3) 영국은 조선에 교역의 실패 사유를 돌렸으나 원망하지 않았다.

결론적으로, 린제이 경과보고서는 교역청원의 모든 과징을 조리있게 기록하고, 교역 거절 사유의 부당성을 지적하며, 아쉬움을 나타낸 보고와 항의성 문서라 할 수 있다.

• 린제이 경과보고서를 읽으며 조선은 부국강병 할 절호의 기회를 놓쳤다고 생각하니 가슴이 찐하네요.(이재평)
• 정중하게 항의하고 자기들의 의사를 분명히 표현하는 영국인의 자세는 배워야 할 점이네요.(이홍열)

---

72) 린제이 보고서, 1832. 8. 10, All these were stated to be for the information of his Majesty, and distinct answers were given. On departing they all directed us quietly to await for reply to our petition.
73) 린제이 보고서, 1832. 8. 10, that the kingdom of Corea is governed by its own laws, and ruled by its own king; it by no means obeys the decrees of a foreign sovereign. By the statistical accounts of the Chinese empire, Corea is a tributary kingdom, but no more.
74) 린제이 보고서, 1832. 8. 10, We now are about to depart, having incurred fruitless expense, and lost our time to no avail. We wish you all prosperity and happiness.

12. 린제이 함장의 외교적 여유

Q 영국인 린제이 함장은 미래를 대비하는 여유를 어떻게 보였나?

A 귀츨라프와 동행한 린제이는 1832년 7월 17일부터 8월 12일까지 27일간 조선에 머물다 떠나면서 "우리는 성과 없이 비용을 쓰고 쓸모없이 시간을 허비한 채 이곳을 떠나려 한다.(We now are about to depart, having incurred fruitless expense, and lost our time to no avail)"고 허전해 하면서 국왕께 올리는 경과보고서와, 작별인사차 관청 방문 때와, 충청수사가 배로 방문했을 때 등 세 차례에 걸쳐, 장차 영국 배가 다시 오면 잘 보살피고 도와달라고 대비하는 여유를 보여주었다. 이 같은 근거는

첫째, 린제이는 국왕께 올리는 경과보고서를 귀츨라프가 만들게 하여(8월 10일), 다음 날 고관들에게 준 사본에 "영국 선박이 식량이 필요하여 찾아오면 식량을 주고, 해안에서 난파를 당하면 목숨을 구해서 친절하게 대우하고, 북경으로 보내 본국으로 갈 수 있게 해주면, 영국황제가 보답할 것"이라고 기록하였다.[75]

둘째, 그는 수군우후 관청을 작별인사차 방문(8월 11일)하여 "영국 선박이 재난을 당해 찾아오면 즉시 식량을 공급하는 약속"을 제안하고 조선 측은 "그에 대한 대

---

75) 린제이 보고서, 1832. 8. 10, we respectfully solicit, that if in future any English vessel should arrive in want of provisions, that they may be supplied to her without causing delay; and if by misfortune a ship should be wrecked on the coast of your kingdom, we solicit you to save the lives of the crew, treat them with hospitality and kindness, and send them to Pekin, whence they may return to their homes.
76) 귀츨라프 일기, 1832. 8. 11, We stipulated that whenever and English ship came hither in distress, they should immediately furnish her sufficient provisions. To this they readily agreed, with the single condition that they should not receive pay for it. If any ship should be wrecked on their coast, we requested them to send the unfortunate sailors back by way of Peking, to which they agreed also.

가를 받지 않는다"는 조건으로 합의하였다. 그리고 "난파선이 생기면 선원들을 북경으로 보내달라"는 요청도 합의하였다.[76]

셋째, 그는 떠나는 날(8월 12일)에도 충청수사에게 "영국 배가 오면 정중하게 대하고 식량을 공급해 달라"고 요청하여 충청수사와 전적으로 합의하고 작별하였다.[77]

• 연구결과

1) 린제이는 교역을 청원했으나 거부당한 상황에서도, 국왕께 경과보고서를 쓰고, 수군우후의 관청을 방문하여 작별 인사를 하고, 배로 찾아온 충청수사에게 장차를 대비하여 영국 선박의 보호를 요청하여 약속을 받는 지도자의 면모를 보였다.
2) 조선 측도 이를 수용하고, 특히 식량을 대가없이 주겠다는 아량을 보였다.

결론적으로, 린제이는 교역청원이 거부되어, 아무 성과 없이 시간만 낭비하고 조선을 떠나게 되어 화가 났을지도 모르지만, 어떤 흠이 되는 행동도 하지 않고, 미래의 영국인의 안전까지 도모하는 여유를 보이며 훌륭한 마무리를 하고 떠나갔다.

- 린제이는 외교적 역량과 여유가 있는 영국의 함장이었습니다.(신동윤)
- 린제이는 훌륭한 외교관으로 향후를 기약하며 여운을 남기는 여유를 보여준 분이네요.(이홍열)

---

77) 귀츨라프 일기, 1832. 8. 12, Again we requested that any English ship touching there might be treated with civility, and supplied with provisions, to which he agreed most fully, and solemnly took his leave.

귀츨라프의 일생

내 용	1803	1823	1826	1827	1828	1831	1832	1833	1842	1844	1849	1850	1851
출생(독일) / 교육, 베를린신학교 수업	▬▬	▬▬									(약 20년)		
네덜란드 / 목사 및 선교사 임명		▬▬	▬▬								(약 3년)		
인도네시아 / 네덜란드선교회에서 파견				▬▬	▬▬						(약 1.6년)		
태국 / 런던선교회에서 파견한 선교사					▬▬	▬▬					(약 3년)		
제1차 여행 / 태국, 캄보디아, 베트남, 중국	(193일)					▬▬							
제2차 여행 / 중국, 조선, 오키나와	(192일)						▬▬						
제3차 여행 / 중국연안	(192일)						▬▬	▬▬					
마카오 / 성경 번역 등	(약9년)							▬▬	▬▬				
홍콩 / 홍콩 정부의 민관정보 및 민정관	(약2년)								▬▬				
홍콩 / 선교훈련원에서 내륙선교사 양성	(약6년)									▬▬			
유럽순방 / 선교보고와 후원금 모금	(약2년)										▬▬		
별세 / 홍콩에서 별세(48세)													▬▬

#　제6장
귀츨라프의 다양한 선교 활동

제1절 귀츨라프의 전도여행 등

1. 귀츨라프의 3차례 전도여행
2. 귀츨라프 제1차 전도여행
3. 귀츨라프 제2차 전도여행
4. 귀츨라프 제3차 전도여행
5. 귀츨라프 일기
6. 린제이 보고서
7. 귀츨라프의 마카오 활동
8. 귀츨라프의 홍콩 활동
9. 유럽 순방과 리빙스턴
10. 아편전쟁과 귀츨라프
11. 중국어 성경 번역
12. 태국어와 일본어 성경 번역

제1절 귀츨라프의 전도여행 등

1. 귀츨라프의 3차례 전도여행

Q 귀츨라프 선교사는 왜 배를 타고 세 번씩이나 전도여행을 하였나?

A 전도여행은 미전도 종족을 찾아가 전도하는 것이라 처음에는 그들을 만나러 갈 수밖에 없었다. 또 귀츨라프 시대에는 먼 길을 가는데 강이나 바다가 있으면 배를 타고 가는 것이 편리했기 때문이다. 그러나 한번에 6개월 이상, 그리고 세 번씩 연속해서 전도여행을 한 것은 특별한 사명이라 할 수 있다. 이 같은 근거는 [1]

첫째, 귀츨라프의 전도여행에 사용된 선박은, 전도를 목적으로 운행하는 선박이 아니고 교역을 위한 선박으로 귀츨라프가 이를 이용한 것이었다.

둘째, 이 시대에 영국은 중국과의 교역을 위해 선박으로 각 항구를 찾는 경우가 많아 귀츨라프가 이를 이용할 수 있었다.

셋째, 이들 선박이 전도여행에 사용된 이유는 귀츨라프 선교사가 중국어와 한문을 배우고 이에 능통하여 선박에서 필요한 통역으로 참여할 수 있었기 때문이다.

넷째, 귀츨라프 선교사는 여러 지역의 많은 주민들을 만나 전도하는데, 선박을 이용한 전도여행이 효과적임을 알고, 적극적으로 통역의 일을 자원하였기 때문이다.

다섯째, 당시 청나라 당국은 외국인의 상륙을 금지하였기 때문에 선교사들은 선박으로 접근이 가능한 해안지역에서 전도하고, 성경을 번역을 하는 것 등이 주요 활동이었다.

• **연구결과**
1) 귀츨라프의 제1차 전도여행은, 방콕에서 마카오로 부임하면서 1831년 6월 3일부터 12월 13일까지 193일간 태국, 캄보디아, 베트남, 중국 해안을 따라 하였다.
2) 제2차 전도여행은 1832년 2월 26일부터 9월 5일까지 192일간 중국, 조선(원산도 등), 오키나와를 포함하였다.
3) 제3차 전도여행은 1832년 10월 20일부터 1833년 4월 29일까지 중국 해안을 따라 192일간 하였다.
4) 귀츨라프는 1844년에 내륙선교훈련원을 홍콩에 설립하여 중국인 선교사를 양성함으로써 중국 내륙의 선교활동을 시작하였다.

결론적으로, 귀츨라프가 선박을 타고 여러 지역을 다니며 전도한 것이 그것이 그 시대의 상황에 맞았고, 귀츨라프가 태국의 방콕에서부터 중국어를 배워 통역 능력을 기르는 등으로 중국 전도를 예비하였기 때문이다.

- 제1차 여행 193일, 제2차여행 192일, 제3차여행 192일은 거의 같은 일수로 신기합니다. 바다에서 폭풍, 거친 파도, 한파 위험 등을 당하면서 같은 기간이 걸렸다니 기적입니다.(김주창)
- 최초의 개신교 선교사 귀츨라프의 전도 행적을 알게 되었습니다.(이난희)

---

1) 귀츨라프 일기 (Karl F. A. Gutzlaff, The Journal of Three Voyages along the Coast of China in 1831, 1832 & 1833 with Notices of Siam, Corea and Loo Choo Island (London: Frederick Wesley & Davis, 1934))

2. 귀츨라프 제1차 전도여행

Q 귀츨라프 선교사의 제1차 전도여행은 어떻게 하였나?

A 귀츨라프 선교사는 1831년 6월 3일 중국 정크선박인 순리(Shunle)호로 방콕을 출발하여 텐진(天津)까지, 그리고 거기서 남하하여 마카오에 도착하는 12월 13일까지 193일간 제1차 전도여행을 하였다. 이 여행은 귀츨라프 선교사가 태국선교사에서 중국선교사로 부임하는 길이 되었다. 제1차 여행경로를 요약하면 다음과 같다.[2]

1) 1831년 6월 3일, 귀츨라프는 중국 정크선을 타고 방콕을 출발하는데 이 배는 태국에서 만든 것으로, 선박면허는 중국 배였으며, 250톤의 화물을 실엇고 선원은 중국인으로 약 50명 정도이었다.
2) 7월 10일, 높은 암벽의 산봉우리인 틴풍(Teen-fung)을 약 15km 멀리 바라보고 선원 모두가 기뻐하였다. 틴풍은 중국 땅인 해남도에 있었기 때문이다.
3) 7월 17일, 나모(Namoh)항에 도착하였다. 나모항은 나모섬에 위치한 항구이다.
4) 7월 30일, 아모이(Amoy)를 통과하였고, 다음날 대만해협(Formosa channel)에 들어왔다.
5) 팅해(Ting-hae)항을 떠날 무렵에는 태풍을 만나 며칠 동안 심한 폭풍과 파도로 위험을 당하기도 하였다.
6) 8월 20일경에 양자강 하구에 도착하였고, 8월 23일 레토(Leto)항에 정박했다.
7) 9월 2일, 케산소(Ke-shan-so) 항에 도착하였다.
8) 9월 8일, 해변에 위치한 팅칭(Ting-ching) 요새를 통과하고 9월 9일에 White river 하구에 정박했는데 약 6시간 동안 계속되는 폭풍을 만났다.
9) 9월 22일, 페이호강(Pei-ho-river) 좌안에 있는 숲을 통하였다.
10) 천진(Teen-tsin)에 도착해서는 거기 거주하는 감시(Kam-sea)라는 부자 상인으로 부터 8월 중추절 축제에 초대를 받아 많은 고관들과 사람들을 만났다. 천진에 있는 동안 많은 환자들을 치료했고 가져간 약이 모두 소비될 만큼 인

기가 있었다. 배의 선원들은 천진에서 쉬는 동안 노름에 빠져 돈을 모두 잃고 곤경에 처하기도 하였다.

11) 10월 17일, 천진을 떠나기 전에 귀츨라프는 많은 사람들의 작별인사를 받았고, 다시 와서 만나자고 약속을 하는 사람들도 있었다.

12) 11월 17일, 요동(Leaoutung) 해안을 지났고 다음 날 산동(Shantung province)에 도착했는데 눈이 내렸다.

13) 12월 10일, 광둥(Canton) 곶을 볼 수 있었다.

14) 12월 13일, 마카오에 도착하여 모리슨(Morrison) 선교사 부부의 영접을 받으며 귀츨라프의 1차 선노여행은 끝났다.

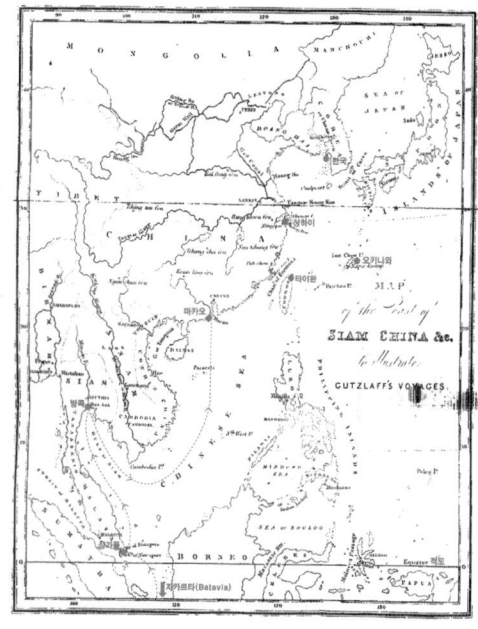

사료: 귀츨라프의 아시아 선교 경로도

- 택함을 받은 귀츨라프의 전도여행은 하나님 역사가 아니고는 견뎌내기 힘든 일이었네요.(이재평)
- 그분만이 하실 수 있는 사역의 대역사를 이루어 내셨네요.(이난희)
- 천진에 많은 환자들을 치료하고 인기가 대단했다는 것으로 보아, 의료선교도 중요한 것 같습니다.(김옥순)

---

2) 귀츨라프 일기 (Karl F. A. Gutzlaff, The Journal of Three Voyages along the Coast of China in 1831, 1832 & 1833 with Notices of Siam, Corea and Loo Choo Island (London: Frederick Wesley & Davis, 1934))

3. 귀츨라프 제2차 전도여행

Q 귀츨라프 선교사의 제2차 전도여행은 어떻게 하였나?

A 귀츨라프 선교사는 1832년 2월 26일부터 1832년 9월 5일까지 192일간 제2차 전도여행을 하였다. 그는 승선인원 67명과 함께 영국 선박 애머스트(Amherst)호로 통역, 의료인, 선교사의 자격으로 마카오에서 출발하여, 중국의 동쪽 해안과 조선의 서해안, 제주도, 오키나와를 거쳐 다시 마카오로 귀환하였다. 제2차 여행경로를 요약하면 다음과 같다.[3)]

1) 3월 5일, 마쿠니에 상륙하여 전도지를 나누어 주었다. 3월 9일 그이제(Kea-tsze) 만에 정박하여 제당시설 등을 시찰하고, 주민들에게 전도지를 나누어 주었고, 관리들은 이곳을 떠나라고 하였다.
2) 4월 2일, 푸젠성의 아모이에 입항하여 7일까지 정박하였다. 이곳에 이런 큰 배가 온 일은 처음이어서 주민들은 이 배를 보려고 모여들었고, 관리는 항구에 들어오는 애머스트호를 향하여 대포를 쏘았다.
3) 4월 11일부터 5일간 타이완(臺灣)에 정박하였다. 귀츨라프가 주민들에게 전도 문서를 나누어주자 받아들고 기뻐하였다.
4) 4월 21일, 타이완에서 푸조우(福州)에 도착하여 한 달 동안 체류하며 무역 상담과 지역 정황을 탐사하였다. 항구로부터 80km 정도 강을 거슬러 올라가자 관리들이 퇴거를 강력히 요구하였으며 포대(砲臺)에서 위협사격도 하였다.
5) 5월 17일, 푸조우를 떠나 5월 24일 닝포에 도착하였다.
6) 6월 19일, 오송(吳松)에 도착하였다. 보트로 갈아타고 관리의 제지를 무시하고 강으로 올라가자 포탄(砲彈)이 날아왔다. 뒤에 있던 애머스트호는 이 포성을 환영의 예포로 알고 답례로 3발의 예포(禮砲)를 발사하였다.
7) 6월 20일, 상하이(上海)에 도착하여 18일간 정박하였다. 귀츨라프는 관리의 제지를 무릅쓰고 거리를 걸어 다니며 가정집과 상점을 돌아보았다. 교역 요청

은 중앙 정부의 허가 없이 불가하다고 하였고, 필수품을 구입할 수 있었다.

8) 7월 8일, 상하이를 출발, 7월 14일 산동성(山東省)의 웨이하이웨이에 도착하였다.
9) 7월 17일, 조선의 서해안, 황해도 몽금포에 도착하여 정박하였다
10) 7월 25일, 군관 탱노의 안내로 원산도에 도착하여 8월 12일까지 정박하였다.

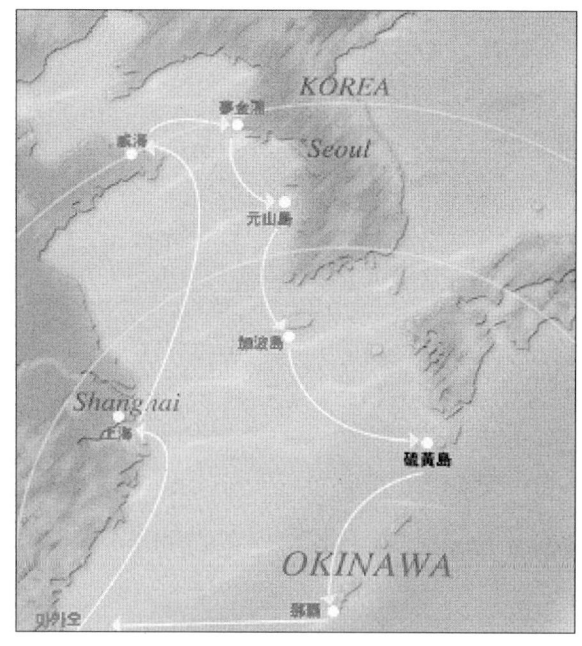

자료: 귀츨라프의 제2차 선교여행 주요 경로

11) 8월 12일, 원산도에서 충청수사의 환송을 받으며 작별하였다.
12) 8월 17일, 제주도를 지나가며 공장과 선교기지를 세우면 좋겠다고 생각했다.
13) 8월 22일, 오키나와 나하항에 도착하여 호국사(護國寺) 절을 방문했다.
14) 8월 26일, 나하에서 요청했던 식료품 등을 조달받고 오키나와를 출발하였다.
15) 9월 5일, 마카오로 다시 귀환하여 제2차 전도여행을 마무리하였다.

- 천진에서 많은 환자들을 치료하고 인기가 대단했다는 것으로 보아 의료선교가 중요해 보입니다.(김옥순)
- 당시의 교역은 선교활동의 좋은 가교 역할을 하였네요.(변광일)
- 때론 배척을, 때론 환영을 받으며 전도여행을 계속한 것은 특별한 소명같아요.(이재평)

3) 귀츨라프 일기 (Karl F. A. Gutzlaff, The Journal of Three Voyages along the Coast of China in 1831, 1832 & 1833 with Notices of Siam, Corea and Loo Choo Island (London: Frederick Wesley & Davis, 1934))

4. 귀츨라프 제3차 전도 여행

Q 귀츨라프 선교사의 제3차 전도여행은 어떻게 하였나?

A 귀츨라프 선교사는 1832년 10월 20일부터 1833년 4월 29일까지 192일간 영국 군함인 실프(Sylph)호를 타고 마카오에서 출발하여 중국의 동쪽 해안을 따라 만리장성이 시작되는 요녕성 금주(錦州)까지 북상하였다가 마카오로 귀환하는 3차 전도여행을 하였다. 제3차 여행 경로를 요약하면 다음과 같다.[4]

1) 1832년 10월 20일, 귀츨라프는 영국 선적의 실프(Sylph)호 군함으로 마카오를 출발하였다.

2) 10월 23일, 광동성의 케삭(Ke-seak)에 도착하여 이곳에서 주민들에게 전도 문서를 배포하였다.

3) 11월 8일, 저장성(浙江省)의 피관(Pih-kwan)에 도착하였다. 이곳은 북풍을 막고 있는 큰 항구이며 여기에서도 귀츨라프는 전도 문서를 배포하였다.

4) 11월 17일, 만주 풍밍(Fung-ming)에 도착하였다. 이곳 주민들은 산동성에서 온 이민들로 영국인을 처음 보고 놀랐다고 했다.

5) 11월 28일, 만리장성의 출발 지점인 금주(錦州)에 도착하였다.

6) 12월 11일 상하이 근처 오송강(Woo-sung river) 입구에 도착하여 풍파로 3일간 머물다가 난파 직전의 중국 배에서 12명을 구조했다. 이 때문에 상하이에 도착해서 중국 상하이 제독의 영접을 받았다.

7) 12월 25일, 상하이에 입항하여 1833년 1월 5일까지 체류하였다. 상하이는 하루 1천척 이상의 선박이 출입하여 성황을 이루고 있다고 하였다. 귀츨라프는 이곳을 '아시아의 중앙 관문이며, 중국 중앙부의 문이다.' 라고 하였다.

8) 1833년 1월 5일, 상하이를 출발하여 닝포(寧波)에 도착하였다. 일본 무역의 중심지로, 이곳에서 귀츨라프는 노신사를 만나 성서를 주었는데, 다른 사람들이 이를 보고 서로 달라고 하여 갖고 온 전도문서 모두를 배포하였다.

9) 1월 17일, 킨탕(Kin-Tang) 섬에 정박하였다. 이날은 너무 추워 선원 몇 사람이 얼어 죽었다.

10) 2월 4일, 2개의 큰 절과 60개의 작은 절과 2천명의 승려가 있는 푸토(普陀) 섬에 정박하였다. 실프호는 계속 항해하여 조우산(舟山)열도에 정박하여 두 달 머물렀다.

11) 4월 1일, 선산(象山) 해안에서 상당기간 머물다가 시푸(Shih-poo)에 도착하였고 그 후에 아모이 앞바나 신빈섬(金門島)도 방문하여 이곳에서 한 날 가까이 머물며 전도 활동을 하였다.

12) 4월 29일, 마카오에 되돌아옴으로써 귀츨라프의 제3차 전도여행은 끝났다.

- 난파 선원을 구조하고, 선원 몇 명이 얼어 죽을 정도였으니 선교는 참으로 어렵네요.(김주유)
- 전도여행을 통해 많은 씨앗을 뿌렸네요. 튼튼한 믿음의 반석이 되었습니다.(변광일)

---

4) 귀츨라프 일기 (Karl F. A. Gutzlaff, The Journal of Three Voyages along the Coast of China in 1831, 1832 & 1833 with Notices of Siam, Corea and Loo Choo Island (London: Frederick Wesley & Davis, 1934))

제6장 귀츨라프의 다양한 선교 활동

5. 귀츨라프 일기

Q 귀츨라프가 직접 작성한 일기에는 어떤 내용이 담겨 있는가?

A 중국에 파송된 귀츨라프 선교사는 1831년부터 1833년까지 3차에 걸친 전도 여행 과정을 일기로 작성하였다. 그리고 1834년에 귀츨라프 일기(Journal of three voyages along the coast of China in 1831, 1832, & 1833, with notices of Siam, Corea, and Loo-choo island)로 발간하였다. 일기 내용을 요약하면 [5]

첫째, 귀츨라프 선교사는 1831년 6월 3일 순리(Shunle)호로 방콕을 출발하여, 텐진(天津)까지와, 마카오에 도착하는 12월 13일까지 193일간의 제1차 전도여행 내용을 일기로 기록하였다.

둘째, 1832년 2월 26일 마카오를 출발하여, 9월 5일까지 192일간 애머스트(Amherst)호로 중국의 동쪽 해안, 조선의 서해안, 오키나와를 거쳐 마카오로 귀환하는 제2차 전도여행 내용을 기록하였다.

셋째, 1832년 10월 20일부터 1833년 4월 29일까지 192일간 실프(Sylph)호로 마카오에서 중국의 동쪽 해안을 따라 만리장성이 시작되는 요녕성 금주(錦州)까지 북상하였다가 마카오로 귀

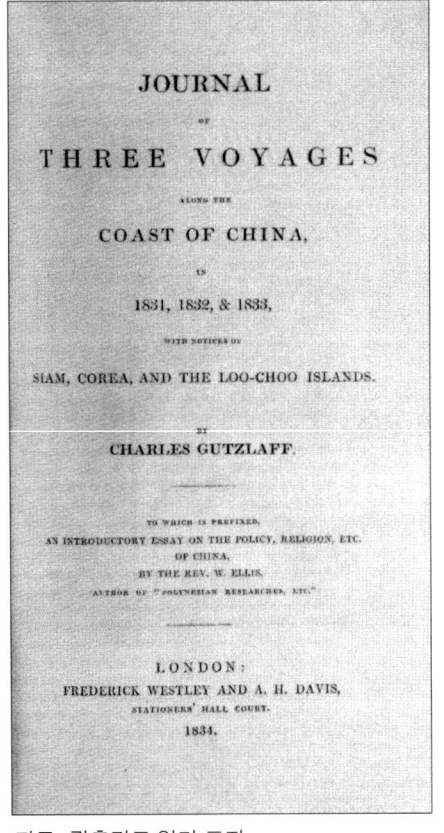

자료: 귀츨라프 일기 표지

환하는 제3차 전도여행 내용을 일기로 기록하였다.

넷째, 귀츨라프 일기의 기록형태는 날짜별로 방문한 장소, 만난 사람, 보고 듣고 생각한 것과 행동한 것을 기록하여 찾아보기 쉽게 수록하였고, 일기체 형식과 여행기 형식을 병행하여 혼합식으로 기록하였다고 볼 수 있다.

• 연구결과
1) 귀츨라프 일기는 여행 당사자가 영문으로 일기식 및 여행기식으로 기록한 것이라 그 정확성과 신뢰성이 크다.
2) 귀츨라프 일기의 조선 부분은 귀츨라프가 조선을 다녀간 후 2년 이내에 발간되었지만 순조실록은 6년 후에 발간된 것이어서 차이가 크다.
3) 귀츨라프 일기는 저자가 자유롭게 쓴 것이지만, 순조실록은 왕이 별세한 뒤 작성과정에 여러 사람의 검토 수정이 따르기 때문에 오류의 우려가 있다.
4) 귀츨라프 일기에서 중국과 오키나와의 지명은 한자 발음으로 기록되어 있는데, 조선의 지명은 called(불리는)라는 것이 앞에 붙어 한자로 쓰지 못하여 '귀츨라프 선교지' 연구에 어려움이 있었다.

결론적으로, 귀츨라프 일기의 제2차 전도여행의 조선 부분 기록 중 황해도(몽금포, 2일간)와 충청도(원산도, 19일간)의 활동 내용이 자세하게 기록되어 귀츨라프 선교지 연구에 크게 도움을 주었다.

- 6개월이 넘는 기간을 3차에 걸쳐 전도여행을 할 수 있었던 것은 하나님 은혜이고, 누구나 할 수 없는 귀츨라프의 귀한 사역입니다.(김은종)
- 선교활동을 통해 조선에 복음을 전해준 것과 일기로 기록을 남겨 기독교 역사연구에 크게 도움이 되었네요.(변광일)

---

5) 귀츨라프 일기 (Karl F. A. Gutzlaff, The Journal of Three Voyages along the Coast of China in 1831, 1832 & 1833 with Notices of Siam, Corea and Loo Choo Island (London: Frederick Wesley & Davis, 1934))

6. 린제이 보고서

Q 영국 애머스트호 함장 린제이 보고서에는 어떤 내용이 담겨 있는가?

A 애머스트호의 함장이며 영국의 귀족이었던 린제이는 1832년 2월 26일부터 1832년 9월 5일까지 192일간 중국 동해안, 조선의 서해안, 그리고 오키나와를 방문하였다. 그리고 그 내용을 1833년에 항해보고서(Report of proceedings on a voyage to the northern ports of China, in the ship Lord Amherst)를 발간하였다. 보고서 내용을 요약하면 [6]

첫째, 이 보고서는 린제이가 쓴 "Lindsay's Report (1~267 페이지)"와 귀츨라프가 쓴 "Gutzlaff's Report (269~296 페이지)"로 구성되어 있다. 즉 2인의 글이 연속 편집된 형태로 되어 있다.

둘째, 린제이 보고서(Lindsay's Report)의 차례를 보면 1항. Fokein, 2항. Amoy, 3항. Ning-po, 4항. Extract from Peking Gazette, 5항. Transactions at Shang-hae, in Keang-soo, 6항. Transactions in Chaou-seen, or Corea, 7항. Transactions in Lew-kew, or

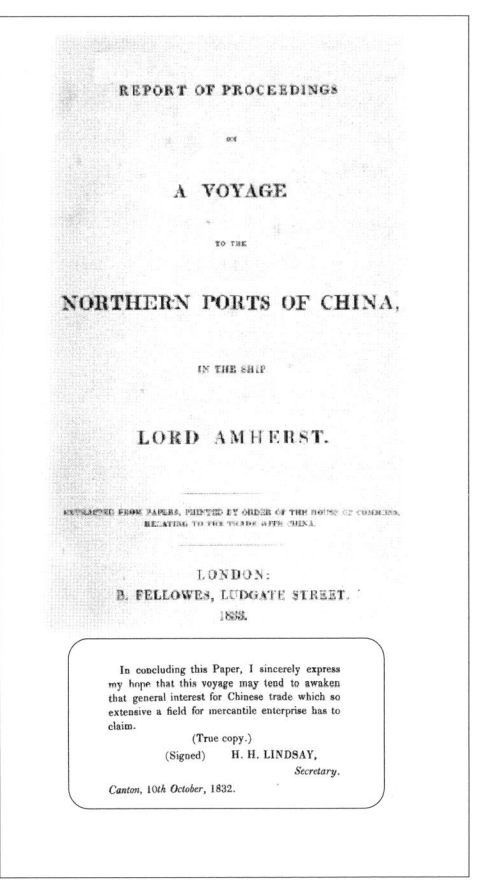

자료: 린제이 보고서 표지

Loo-choo 순으로 기록되어 있다.

셋째, 귀츨라프 보고서(Gutzlaff's Report)의 차례를 보면 1항. Canton Province, 2항. Fuh-keen Province, 3항. Che-kang Province, 4항. Keang-soo Province, 5항. Shan-tung Province, 6항. Corea, Chaou-seen 등 순으로 기록되어 있다.

넷째, 조선 전도여행에 관련된 사항은 린제이보고서(Linsay's Report) 및 귀츨라프 보고서(Gutzlaff's Report)의 6항. Corea, Chaou-seen 항에만 기록되어 있다.

• 연구결과
1) 린제이 함장은 귀츨라프의 제2차 전도여행에만 함께 하였다. 따라서 린제이 보고서는 귀츨라프의 제1차 및 제3차 여행은 관련이 없으므로 제2차 전도여행에 한하여 기록이 포함되었다.
2) 국왕에게 올리는 교역청원서, 경과보고서 등은 공적인 책임자인 린제이의 보고서에 포함되어 있다.
3) 여행을 마치고 1832년 9월 5일에 마카오로 돌아가, 10월 10일에 작성한 296페이지의 보고서를 완성해 내놓은 것은 대단한 능력으로 높이 평가할 수 있다.

결론적으로, 조선에 대한 기록에서 린제이 보고서는 중요한 자료이다. 귀츨라프 일기와 그 내용이 다른 부분도 있지만 유사한 부분이 더 많아 상호 보완하는 역할을 하고 있다고 할 수 있다.

- 귀츨라프 제2차 전도여행에 린제이 함장이 동행하며 서로 다른 관점에서 기록한 내용은 기독교 역사 연구에 귀한 자료입니다.(김은종)
- 조선과 통상교역을 위한 노력과 선교활동 기록 내용은 귀한 자료입니다(정진호). -린제이는 보고서는 분명하게 쓰여 졌으며, 통솔력도 출중한 인물로 평가됩니다.(이재평)

---

6) 린제이 보고서 (Lindsay, Report of Proceedings on a Voyage to the Northern Ports of China in the Ship Lord Amherst, 1833)

7. 귀츨라프의 마카오 활동

Q 귀츨라프 선교사가 마카오에서 한 일은 주로 어떤 것이 있는가?

A 귀츨라프 선교사는 1831년부터 1851년까지 20년간 중국에서 영국의 런던선교회 소속 중국 선교사로 활동하면서, 개략적으로 전반기에는 마카오, 후반기에는 홍콩에 주재하면서 여러 가지 활동을 하였다. 이 같은 근거는 [7]

귀츨라프 (1803~1851)

첫째, 귀츨라프는 1831년부터 1833년까지 중국 연안을 중심으로 제1차 전도여행을 통하여 선교활동을 하였다. 제2차 전도여행 때에는 중국 연안과 조선을 비롯하여 오키나와 등에서 선교활동을 하였다. 제3차 전도여행을 통하여 중국 연안에서 선교 활동을 하였다. 결국 세 차례 전도여행을 통하여 많은 선교업적을 이루었다.

둘째, 그의 제1차 전도여행은 태국 방콕에서 출발하여, 도착지가 마카오였다. 마카오는 그가 방콕으로부터 중국 선교지로 부임하는 목적지였다.

셋째, 그의 제2차 전도여행과 제3차 전도여행의 출발지와 도착지는 모두 마카오였다.

넷째, 그는 1835~36년 기간에 마카오에서 3인의 일본인 도움을 받아 요한복음을 일본어로 번역하여 1837년에 싱가포르에서 발간하였다. 이는 일본어로 된 최초의 성경이다.

다섯째, 귀츨라프는 조선선교를 마친 뒤 1834년, 마카오에서 완스탈(Mary Wanstall)과 두 번째로 결혼하였다. 부인 완스탈은 마카오에서 시각장애인들을 위한 학교와 장애인 집(home)을 운영하였으며, 15년간의 결혼생활을 계속하다가 1849년에 부인이 먼저 별세하였다.

• **연구결과**
1) 귀츨라프는 마카오에서 3차에 걸친 전도여행을 하였으며, 제2차 여행 때는 조선을 다녀갔다.
2) 그는 마카오에 있는 동안 1835년부터 일본어로 요한복음을 번역하였다. 이는 1882년 만주에서 로스 선교사가 조선인의 도움을 받아 누가복음을 번역한 선례(先例)가 되었다고 볼 수 있다.

결론적으로, 귀츨라프는 중국에 20년간 선교사로 지내면서 전반기 10여 년간은 마카오에서 지냈다. 마카오에서의 주요사역은 3차례의 전도여행과 일본어 성경번역이었다. 중간에 아편전쟁에 관련하여 일하다가 후반기에는 중국어 성경번역, 중국 내륙선교를 위한 여러 가지 노력 등을 하였다.

• 귀츨라프는 마카오에서 3차례의 전도 여행의 근거지가 되고 부인도 장해인 학교를 운영했다고 볼 때 인연이 깊네요.(박수영)
• 마카오 활동을 볼 때 귀츨라프는 선교에 탁월한 식견과 능력의 소유자가 분명합니다.(정진호)

---

7) 귀츨라프 일기 (Karl F. A. Gutzlaff, The Journal of Three Voyages along the Coast of China in 1831, 1832 & 1833 with Notices of Siam, Corea and Loo Choo Island (London: Frederick Wesley & Davis, 1934)).

8. 귀츨라프의 홍콩 활동

Q 귀츨라프 선교사의 이력과 홍콩에서 한 일은 어떤 것들이 있는가?

A 귀츨라프는 1831년부터 1851년까지 런던선교회 소속 중국 선교사로 20년간 사역하면서 전반에는 마카오, 후반에는 홍콩에서 여러 가지 활동을 하였다. 한자 이름은 吉士笠, 郭實獵 등이었고, 홍콩에 묘와 기념가로가 있다. 이 같은 근거는

첫째, 귀츨라프는 1831년부터 1833년까지 마카오에서 제1차 중국 연안, 제2차 중국 연안과 조선 및 오키나와, 제3차 중국 연안 등 전도여행을 세 차례 하였다.

둘째, 그는 1839~42년 사이에 마카오를 떠나 중국과 영국 간의 아편전쟁에서는 협상을 위한 영국의 협상 전권대사의 통역을 담당하였다. 그리고 닝포(Ningpo)와 추산(Chusan)에서 치안판사 역할도 하였다. [8]

셋째, 그는 1840~47년 기간에는 여러 선교사들과 함께 성경을 중국어 성경으로 번역하는 일에 수시로 참여하였다. 그리고 귀츨라프는 1842년 홍콩에서 식민지 홍콩정부의 제1민정관보(first assistant secretary)로 임명되고, 다음 해 민정관(secretary)으로 승진되었다가 1844년에 퇴직하였다. [9], [10]

넷째, 1844년에 중국인 선교훈련원을 설립하고, 1848년까지 50여명의 중국인 선교사를 양성하여 중국 본토 내부로 파송하였다. [11]

---

8) Wikipedia, He was interpreter to the British Plenipotentiary in negotiations during the First Opium War of 1839. 11;42, then magistrate at Ningpo and Chusan.
9) Wikipedia, In 1840, a group of four people (W. H. Medhurst, C. Gutzlaff, E. C. Bridgman and & J. R. Morrison) cooperated to translate the Bible into Chinese. The translation of the Hebrew part was done mostly by Gutzlaff,
10) Wikipedia, He was appointed the first assistant Chinese Secretary of the new colony of Hong Kong in 1842 and was promoted to Chinese Secretary in August of the following year

다섯째, 그는 1849~50년에 영국, 독일 등 유럽을 순방하며 선교보고회를 하였다. 그리고 그는 1851년 홍콩의 빅토리아 섬에서 48세로 별세하여, 홍콩묘지(Hong Kong Cemetery)에 안장되었다.[12]

• 연구결과

1) 귀츨라프는 홍콩에 중국인 선교훈련원을 세워 중국인 선교사를 양성하였다. 이에 따라 중국 내륙선교의 아버지로 불리는 허드슨 선교사로부터 내륙선교의 할아버지라는 별명을 얻었다.
2) 선교훈련원 출신 중국인 선교사들이 전도 인원수를 부풀려 성경책을 많이 받아 인쇄소에 되파는 일이 밝혀져 명예를 잃고 낙심하여 별세하였다.
3) 묘비는 독일어, 영어, 중국어로 쓰여 있고, 독일어로는 "중국인을 위한 사도, 중국인이 사도, 그는 주님의 품에 복되게 잠들었다"고 기록되어 있다. 홍콩에는 그를 기념하는 홍콩의 가로로 길사립가(吉士笠街)가 있다.

결론적으로, 귀츨라프는 중국에 20년간 선교사로 지내면서 세 차례나 선교여행을 하였고, 중국 내륙선교를 시작하여 내륙선교의 할아버지라는 이름과, 특히 2차 여행 때는 조선의 원산노에 들러 19일 동안 머물며 선교함으로써 우리나라 최초의 개신교 선교사라는 이름을 얻은 선교사이다.

- 귀츨라프가 한국 최초의 개신교 선교사 인 것을 알게 해 주셔서 감사합니다(박수영).
- 천재는 단명한가 봐요.(이재평)
- 홍콩에서 저자와 함께 홍콩의 귀츨라프 묘지와 기념거리를 답사(2014. 4. 30)하는 과정에서 홍콩영사관 관계관 등 도움을 받은 일이 기억됩니다.(정두희)
- 귀츨라프가 한국 최초의 개신교 선교사임을 기록해 주셔서 감사합니다.(정우영).
- 최초 선교사로 짧은 기간에 복음과 서양문화 전파 등 많은 활동을 알게 되어 감사합니다.(정진호)

---

11) Wikipedia, he founded a school for "native missionaries" in 1844 and trained nearly fifty Chinese during its first four years
12) Wikipedia, Shattered by the exposure of the fraud, Gutzlaff died in Hong Kong in 1851, leaving a £ 30,000 fortune. He was buried in Hong Kong Cemetery.

9. 유럽 순방과 리빙스턴

Q 귀츨라프 선교사의 유럽 순방 여행에서 리빙스턴은 어떤 영향을 받았나?

A 귀츨라프 선교사는 1849~50년에 영국, 독일 등 유럽 각국을 순방하며 중국에서 선교한 내용을 보고하는 모임을 가졌다. 책도 저술하여 유럽과 다른 동양문화에 대한 흥미와 관심을 유발하여 많은 사람들의 환영을 받았다. 그리고 리빙스턴 등 그의 선교내용에 영향을 받는 이들이 많았다. 이 같은 근거는

첫째, 아프리카를 최초로 탐험한 영국의 선교사 데이빗 리빙스턴(1813-1873)은 귀츨라프의 "영국과 미국의 교회에 대한 중국을 위한 호소"라는 글을 읽고 중국 의료선교사로 가려고 의학공부까지 했다. 그러나 1841년에 중국에서 아편전쟁이 일어나 위험지역이 되자 런던선교회는 그를 중국 대신 아프리카로 파송하였다.[13]

자료: 귀츨라프 유럽순방

둘째, 독일의 철학자로 과학적 사회주의를 창시한 카를 마르크스(Karl Marx, 1818~1883)는 1850년에 귀츨라프가 런던에서 행한 선교 보고를 듣고, 귀츨라프의 책들을 읽은 후 영향을 받아 중국에 대한 글을 쓰는데 도움을 얻었다고 하였다.[14]

---

13) Wikipedia, David Livingstone read Gutzlaff's "Appeal to the Churches of Britain and America on Behalf of China" and decided to become a medical missionary. However, First Opium War in 1840, the London Missionary Society sent him to Africa.
14) Wikipedia, While Gutzlaff was fundraising in Europe in 1850, Karl Marx went to hear him speak in London. He also read Gutzlaff's many writings, which became sources for Karl Marx' articles on China in the 1840s and 1850s.

셋째, 귀츨라프는 중국에 선교사를 보내는 단체인 中國傳敎會(Chinese Evangelisation Society)를 설립했다. 그가 별세한 후에도 1865년까지 운영되었는데, 중국 내륙선교의 아버지로 불리는 허드슨 테일러(James Hudson Tailer, 1832~1905) 선교사는 1853년에 이 단체가 파송한 첫 번째 중국 선교사로 중국선교에 큰 업적을 남겼다. 허드슨 테일러는 1865년에 China Inland Mission (CIM)을 설립했다. 이 단체는 1964년에 Overseas Missionary Fellowship (OMF)로 이름을 바꾸었고 1993년에 OMF International로 다시 개명하여 현재에 이르고 있다. [15)

• 연구결과
1) 귀츨라프는 중국 내륙지방에 기독교 복음이 전해지지 않았을 때, 거대한 꿈을 가지고 중국전교회를 세우고 내륙지방에 보낼 중국인 선교사를 양성하였다.
2) 유럽지역에서 중국선교에 대한 선교보고를 통해 중국선교의 중요성을 홍보하여 여러 사람들에게 영향을 끼쳤다.
3) 그는 중국전교회를 설립하여 사후에도 그의 꿈을 이루어줄 허드슨 테일러 선교사를 불러올 수 있게 함으로써 중국선교 사업이 지속되도록 하는데 기여했다.

결론적으로, 귀츨라프 선교사는 리빙스턴 선교사와 마트크스에 영향을 끼쳤다. 그가 세운 중국전교회를 통해 허드슨 테일러 선교사를 후계자로 삼음으로써 중국의 내륙선교 꿈을 이루었다.

- 귀츨라프의 선한 영향력을 보게 되네요. 선하게 살아야함을 깨닫게 됩니다.(김은종)
- 귀츨라프는 중국어를 알고, 중국에 거주하며, 중국 문화와 함께한 선교사였네요.(이재평)
- 귀츨라프는 우리나라 뿐 아니라 세계 복음화에 큰 영향을 끼친 선교사임을 알 수 있네요.(정진호)

---

15) Wikipedia, The Chinese Evangelization Society which he formed lived on to send out Hudson Tayler who founded the successful China Inland Mission. Taylor called Gutzlaff the grandfather of the China Inland Mission.

10. 귀츨라프와 아편전쟁

Q 귀츨라프 선교사와 중국의 아편전쟁은 어떤 관계인가?

A 귀츨라프 선교사는 1831년부터 1851년까지 20년간 영국에서 중국에 파송한 선교사였다. 영국과 중국은 1840년부터 1842년까지 아편전쟁을 하고, 결국 양국 간에 남경조약이 1842년 8월 29일 체결되었다. 이와 관련해서 귀츨라프는 여러 가지 역할을 하였다. 이 같은 근거는

첫째, 아편전쟁은 영국이 인도에서 생산된 아편을 중국에 수출하여 많은 아편중독자가 생기자, 중국이 이를 차단한 것에 대응하였다. 영국은 4,000여명의 군대와 함선으로 1840년 중국을 침범하면서 시작된 전쟁이었다.

둘째, 1842년까지 전쟁과 협상을 계속하다가, 1842년 8월 29일에 남경조약을 맺었는데 이는 중국이 패전을 인정하고, 맺은 불평등조약이다. 이에 따라 홍콩을 영국에 넘겨주고 5개의 항구를 개방하게 되었다.

셋째, 귀츨라프는 전쟁 중에 그의 중국어 실력으로 영국군의 협상 전권대사의 통역으로 활동하였다.[16]

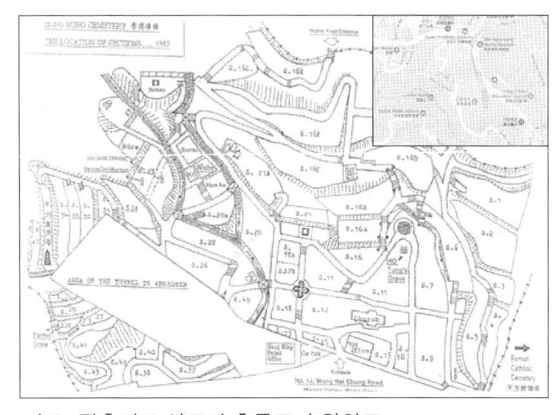

자료: 귀츨라프 선교사 홍콩묘지 위치도

---

16) Wikipedia, He was interpreter to the British Plenipotentiary in negotiations during the First Opium War of 1839 11. 42.

넷째, 전쟁 후 홍콩에 영국 식민지 홍콩정부가 설립된 후에는 제1민정관보(first assistant secretary)로 임명되고, 다음 해에 민정관(secretary)으로 승진되었다.[1]

다섯째, 귀츨라프는 1844년 홍콩에 중국인 선교훈련원을 설립하고 중국 내륙선교에 전념하였다. 그리고 그는 1851년 홍콩의 빅토리아 섬에서 48세로 소천하고 홍콩묘지(Hong Kong Cemetery)에 묻혔다.

• **연구결과**
1) 귀츨라프의 생애 중 아편전쟁과 그에 따른 남경조약에 큰 영향을 받았다.
2) 전쟁 중에는 통역으로 영국군을 도왔다.
3) 전쟁 후에는 전쟁의 결과로 생긴 홍콩 식민지 정부에서 관리로서 일을 하였다.
4) 홍콩은 그의 선교활동 무대가 되었고, 결국 그의 묘지도 홍콩에 남겼다.

결론적으로, 귀츨라프는 중국에 20년간 선교사로 지내면서 후반 10여년은 아편전쟁에 통역으로도 참여하고, 식민지 홍콩정부에 관리로도 참여했다. 남경조약에 따라 생긴 홍콩에서 살면서 그의 선교활동을 마무리하였다. 그래서 홍콩에는 귀츨라프 이름을 붙인 가로(吉士笠街)도 만들어 그를 기념하고 있다.

• 귀츨라프는 여러 분야에 재능을 남겼으나 일찍 생을 마감한 것이 아쉽네요.(이홍열)
• 선교사로서 홍콩정부의 관리로도 대단한 능력을 발휘한 인물로 보입니다.(정진호)
• 아시아 선교활동은 물론 외교활동도 훌륭하게 하셨군요.(정창무)

11. 중국어 성경 번역

Q 귀츨라프는 중국 주재 선교사로 한문 성경 번역사업에도 참여하였나?

A 귀츨라프 선교사는 중국에 주재한 선교사로서 메드허스트, 브리지맨, 모리슨 등과 함께 중국어로 성경을 번역하였다. 이때 모세 5경과 여호수아는 공동으로 번역하였으며, 히브리서 부분은 귀츨라프가 거의 독자적으로 번역하였다. 이밖에 귀츨라프는 태국어와 일본어 등으로 성경을 번역하기도 하였다. 이 같은 근거는

첫째, 영문성경 전체를 중국어로 번역하는 사업은 매우 방대한 것으로 당시 중국에 파송된 W. H. 메드허스트, K. 귀츨라프, E. C. 브리지맨, J. R. 모리슨 등 유명한 4인의 선교사가 공동으로 합십 협력하여 1840년에 시작하였다.[17]

둘째, 이들 4인은 중국어로 모세 5경과 여호수아를 공동으로 번역하여 1847년에 완성하였다.[18]

셋째, 히브리서 부분은 귀츨라프가 거의 독자적으로 번역하였다."[19]

---

17) Wikipedia, In 1840, a group of four people (W. H. Medhurst, C. Gutzlaff, E. C. Bridgman and & J. R. Morrison) cooperated to translate the Bible into Chinese.
18) Wikipedia, This translation, completed in 1847.

• **연구결과**

1) 언어에 관심이 많고 재능이 뛰어난 귀츨라프 선교사는 중국어 성경 번역에 참여하였다(1840~1847).
2) 귀츨라프 등 4인이 번역한 중국어 성경은 전체를 포함한 것이었다.
3) 귀츨라프는 태국어로 4복음서와 로마서를 번역 (1828~1831)하고, 일본어로 요한복음 번역을 주도(1837)하였으며, 이는 J. 로스 목사의 누가복음 조선어 번역(1881)보다 훨씬 앞선 것이다.
4) 귀츨라프의 성경 번역은 선교사업의 시작 단계에서 필수적 과업으로 어학능력과 뛰어난 재능을 통하여 가능했던 것으로 판단된다.

결론적으로, 귀츨라프 선교사는 중국에서 메드허스트 등 3인의 다른 선교사 등과 함께 7년에 걸쳐 중국어로 성경을 번역하였다. 그리고 그 전에는 태국어와 일본어로 성경번역을 하는 일에 참여한 위대한 선교사라고 볼 수 있다.

• 귀츨라프는 중국에에 능통하여 성경을 중국어로도 번역하였군요.(신동석)
• 귀츨라프는 여러 나라 국어(외국어)로 성경을 번역한 언어에 능통한 선교사인 걸 알 수 있군요.(이홍열)

---

19) Wikipedia, The translation of the Hebrew part was done mostly by Gutzlaff.

12. 태국어와 일본어 성경 번역

Q 귀츨라프는 성경을 태국어와 일본어로 어떻게 번역하였는가?

A 귀츨라프는 태국에 머물면서(1828~1831) 톰린(J. Tomlin)과 함께 4복음서와 로마서를 태국어로 번역하였다. 그리고 1837년에는 중국(마카오)에 머물면서 모리슨(Robert Morrison)의 번역성경(神天聖書)을 기초로 이곳에 사는 일본인의 도움을 받아 요한복음을 일본어로 번역하였다. 이 같은 근거는

첫째, 귀츨라프는 1828년 8월 23일 인도네시아에서 아시아 두 번째 선교지 태국(방콕)에 도착하여 1831년 6월까지 머물면서 톰린과 함께 4복음서와 로마서를 태국어로 번역하였다.(Karl Gutzlaff and Jacob Tomlin, who are regarded as the first two resident Protestant missionaries in Thailand, translated the four Gospels and Romans from Chinese into Thai) [20]

둘째, 귀츨라프는 런던선교회(London Missionary Society) 소속으로 태국에서 중국 선교를 목표로 중국어(한문)를 공부하고, 이곳에 사는 중국인 쿠오(Kwo)의 양자가 되어 중국어 실력을 더욱 키웠다.

셋째, 귀츨라프는 방콕에서 뉴엘(M. Newell)과 결혼하였으며, 부인이 1831년 2월 쌍둥이 딸을 낳다가 별세하여 같은 해 6월 중국(마카오)으로 이동하였다.

넷째, 귀츨라프는 마카오에서 1837년, 모리슨(Robert Morrison)의 번역성경(神

---

[20] Wikipedia, Gutzlaff in 1828, and went first to Singapore, then to Bangkok with Jacob Tomlin of the London Missionary Society, where he worked on a translation of the Bible into Thai.

天聖書)을 기초로 일본인에게 일본어를 배우며 요한복음을 일본어로 번역했다.

다섯째, 귀츨라프가 번역한 일본어 성경은 1859년, 선교사 입국이 허용된 때에도 일본에 들어가지 못했다(When the missionaries were admitted to Japan in 1859, there were no Japanese Scriptures available, for the Gutzlaff work of 1837 seems not to have reached Japan). [21]

• 연구결과
1) 언어에 관심이 많고 재능이 뛰어난 귀츨라프는 태국에서 4복음서와 로마서를 톰린과 함께 성경을 태국어 최초로 번역하였다.
2) 귀츨라프는 마카오에 머물면서 1837년 모리슨의 번역성경을 기초로 일본인의 도움을 받아 요한복음을 일본어 최초로 번역하였다

결론적으로, 귀츨라프 선교사는 태국(방콕)에서 4복음서와 로마서를 태국어로 최초 번역하였다. 마카오에서 이곳에 사는 일본인의 도움을 받아 일본어로 최초의 요한복음을 번역하였다고 볼 수 있다.

• 귀츨라프는 성경을 태국어로 번역하고, 일본어로도 번역하였네요.(김지영)
• 귀츨라프는 아시아를 무대로 광범위하게 선교활동을 한 것을 알 수 있군요.(이홍열)

---

21) History of Japanese Bible Translation, When the missionaries were admitted to Japan in 1859, there were no Japanese Scriptures available, for the Gutzlaff work of 1837 seems not to have reached Japan.

귀츨라프의 조선 활동

일자	장 소	주 요 활 동
7.17	조니진(몽금포)	조니진 도착, 정박, 상륙, 교역청원서 작성(황해도 도착 및 상륙)
7.18	조니진(몽금포)	조니진에 재차 상륙, 지방관 만남(조니진에서 퇴거)
7.21	외연도 해역	외연도 정박 추정
7.22	녹도 해역	녹도 해역 정박 추정
7.23	녹도	상륙하여 어민들 만남
7.24	고대도 해역	군관 텡노가 애머스트호 방문, 필담(간갱으로 이동을 설득)
7.25	고대도 – 원산도	원산도 간갱 도착, 서기관 양씨를 만남(간갱으로 실제로 인도)
7.26	바닷가 마을의 집	교원청원서 및 예물 전달
	애머스트호	수군우후 만찬 제공
7.27	원산도	1차 들판 답사 및 당집(1)을 바라봄
	애머스트호	한문 주기도문 조선어 번역
7.28	원산도	물 길어오기
7.30	애머스트호	공충수사 만남 및 오찬
	원산도	감자심기와 당집(2) 방문
7.31	주변의 섬	섬 답사, 포도 재배법 소개
8.1	원산도	2차 들판 답사
8.2	애머스트호	노인들에게 감기약, 오계순 1차 면담
8.5	애머스트호	오계순 면담
8.7	천수만 (보트 이용)	천수만 조사(안면운하, 간월도, 창리)
8.9	애머스트호	교원청원 거절(공식회의), 2차 예물 등 반환시도
8.10	오천성	오천성 방문
	애머스트호	린제이 경과보고서 작성
8.11	애머스트호	3차 예물 등 반환 시도(오전)
	원산도 진촌	작별인사차 방문(오후)
8.12	애머스트호	공충수사 내방(오전) ※ 애머스트호 퇴거

제6장
귀츨라프의 다양한 선교 활동

제2절 귀츨라프 활동과 비교되는 내용

1. 최초 선교지와 성경 전래지
2. 수군우후와 마량진 첨사
3. 귀츨라프와 토마스 선교사
4. 애머스트호와 제너럴 셔먼호
5. 영국 배와 미국 배의 대포
6. 귀츨라프와 수군우후 관계
7. 원산도 선교지 고증
8. 귀츨라프의 결혼생활
9. 홍주목사 등의 거짓 진술
10. 교원청원서와 예물의 행방
11. 귀츨라프의 중국 선교 전략
12. 원산도의 미래 교통

제2절 귀슬라프 활동과 비교되는 내용

1. 최초 선교지와 성경 전래지

Q 한국 최초 개신교 선교지 원산도와 성경전래지 마량진은 어떻게 왜 무엇이 다른가?

A 원산도의 경우는 1832년 귀슬라프 선교사가 체류하면서 선교목적으로 많은 주민들과 관리들에게 전도책자도 나누어 주고 복음을 전하면서 국왕께도 성경을 전한 한국 최초의 '개신교 선교지(宣敎地)'이다.

마량진의 경우는 1816년 영국의 해군 M. Maxwell 함장이 선교목적이 아닌 해양탐사(海洋探査) 과정에서 조선의 첨사 조대복에게 책을 선물하였는데 이것이 성경으로 밝혀져 최근 서천군 당국에 의하여 '성경 전래지(傳來地)'로 지정된 장소이다. 이 같은 근거는

첫째, 원산도는 귀슬라프 선교사가 1832년 7월 25일부터 8월 12일까지 체류하면서 선교를 목적으로 여러 주민들과 관리들의 만남을 통하여 수시로 전도책자를 나누어 주고 복음을 전하며, 국왕께 올리기 위한 한문성경을 수군우후 김형수에게 전달한 선교 활동지였다. [22]

둘째, 마량진은 영국의 해군 맥스웰 대령(Alceste호 함장)이 Lyra호 함장 B. Hall과 함께 해도작성을 위한 수심측량 과정에서, 1816년 9월 5일 조선의 첨사 조대복과 문정(問情) 할 때에 선교목적이 아닌 개인 선물로 책 한권을 준 곳이다. 이 책을 선물로 받을 당시에는 무슨 책인지 모르다가 후에 영문성경으로 밝혀져 최근에 서천군 당국에 의하여 성경전래지로 지정된 장소이다.

• **연구결과**
1) 귀츨라프가 전한 한문성경과 맥스웰이 선물한 영문성경은 모두 보존되지 못하고 있다.
2) 귀츨라프 선교사가 전한 전도책자와 성경은 선교를 목적으로 하였다.
3) 맥스웰 대령이 선물한 책은 선교목적이 아니며 당시에는 어떤 내용이 기록되어 있는지도 몰랐다.
4) 조선왕조실록에는 귀츨라프의 책은 "도리서(道理書)"라 기록되고, 멕스웰의 책은 "전자(篆字:한자서체)와 언문도 아니다"라고 하였다.
5) 영국 기록에는 "맥스웰이 준 성경을 그(조대복)가 받았다"라고 만 씌어있다.

결론적으로, 원산도는 1832년 귀츨라프 선교사에 의하여 많은 주민들과 관리들에게 복음을 전한 선교활동지로 한국 최초 "개신교 선교지"이다 마량진은 1816년 영국의 맥스웰 대령이 조대복에게 영문성경을 선물한 "성경 전래지"라고 할 수 있다.

• 귀츨라프 선교지와 멕스웰의 성경전래지는 확실하게 구분이 되네요.(이홍열)
• 개신교 선교지와 성경전래지가 다르다는 것을 알게 되었습니다.(정진호)

---

22) 귀츨라프 행전, 2009.

2. 수군우후와 마량진 첨사

Q 귀츨라프와 수군우후 간의 만남과, 맥스웰과 첨사 간의 만남 내용을 비교하면 무엇이 다른가?

A 수군우후 김형수는 원산도에서 귀츨라프 일행과 여러 차례 만남이 있었다. 그리고 첨사 조대복은 마량진에서 맥스웰 일행과 두 차례 만남이 있었다. 이들은 외국 선박에 대한 처리 부실을 이유로 조정에서 처벌을 받았지만, 만남의 내용과 결과에는 차이가 있다. 이 같은 근거는 [23]

귀츨라프 일행과 수군우후(水軍虞候) 간의 원산도 만남 내용:
1) 충청수영의 수군우후 김형수는 1832년, 휘하의 군관을 시켜 귀츨라프 일행을 원산도로 데려와 교역청원서 등을 공식적으로 접수하고, 원산도에 체류하는 동안 여러 차례 만나 식사대접을 하는 등 우호적이었다.
2) 귀츨라프의 방문 목적은 교역청원과 선교였으며, 한문 필담으로 상호간 의사소통이 잘 되었다.
3) 귀츨라프와 린제이가 승선한 애머스트호는 상선이었으며, 체류 기간은 18박 19일로 길었다.

맥스웰과 첨사(僉事) 조대복 간의 마량진 만남 내용:
1) 마량진의 첨사 조대복은 1816년, 맥스웰 등이 타고 있는 선박으로 찾아가 조사를 하였고, 보트로 맥스웰 일행이 해변에 상륙하는 것에 당황하고 반대하여 바로 돌아가게 하였다.

자료: 마량진첨사 조대복 등(1816)

2) 맥스웰의 방문 목적은 서해안의 수심측량과 해도의 작성이었으며, 한문 필담이 되지 않아 의사소통은 잘 되지 못하였다.
3) 맥스웰과 바질홀이 함장인 알세스테호(Alceste)와 리라호(Lira)는 군함이었으며, 체류 기간은 1박 2일로 짧았다.

• **연구결과**
1) 수군우후 김형수는 충청해역의 수군을 지휘하는 정4품 무관으로 귀츨라프 일행을 우호적으로 대함으로써, 원산도에서 선교활동이 가능하도록 하였다.
2) 첨사 조대복은 종3품 무관으로 마량진을 관할하며, 영문 성경 한권을 선물로 받아 마량진이 한국 최초의 성경전래지가 되게 하였다.

결론적으로, 수군우후 김형수는 쇄국정책의 억제 속에서도 귀츨라프 일행을 호의적으로 대함으로써 원산도가 한국 최초의 개신교 선교지가 되게 하는데 결정적 역할을 하였으며, 첨사 조대복은 영문 성경이 마량진으로 전해지게 하였다.

• 마량진은 현재의 서천군 비인면 마량리 이네요.(권호열)
• 수군우후는 혁신을 지향한 인물로 평가됩니다.(신호철)
• 수군우후와 첨사는 당시 공직자로 선교역사에 관여된 인물이네요.(이홍열)

23) 허호익, 귀츨라프의 생애와 조선선교활동, 2009.

3. 귀츨라프와 토마스 선교사

Q 귀츨라프 선교사와 토마스 선교사 중 누가 한국 최초의 개신교 선교사인가?

A 귀츨라프(郭實獵)는 1832년 조선에 와서 원산도를 중심으로 선교 활동을 하였다. 토마스(崔蘭軒)는 1865년과 1866년에 와서 선교 활동을 하였다. 따라서 귀츨라프는 토마스보다 33년 앞서 선교활동을 하였으므로 한국 최초의 개신교 선교사는 귀츨라프이다. 이 같은 근거는 [24]

귀츨라프 선교사의 경우
1) 중국선교사로 활동 중 1832년 7월 17일 조선에 와서 몽금포에서 어민 김대백 등에게 전도책자를 나누어 주었다.
2) 7월 25일부터 18일간 원산도에 머물며 관리들과 여러 주민들에게 수시로 전도 책자를 나누어 주며 복음을 전했다.
3) 서기관의 도움으로 조선말로 주기도문을 번역하였다.
4) 감자 재배법 등 농업선교를 하였다.
5) 천수만 내측의 창리 등에서 주민들에게 선교를 하였다.

Karl Friedrich August Gutzlaff

Robert Jaermain Thomas

토마스 선교사의 경우
1) 1865년 9월 13일 조선에 와서 약 2개월간 황해도에서 선교활동을 하였다.
2) 1866년 8월 20일에 대동강의 사포구 항구에 정박할 때 만난 홍신길 소년 등과 마을이장 지달해 등 9명에게 성경과 전도책자를 나누어 주었다.
3) 9월 5일 순교할 때에도 복음을 전했다는 설도 있다.

• **연구결과**
1) 귀츨라프와 토마스는 모두 중국에 파송된 선교사였다.
2) 이들은 각각 승선한 애머스트호와 제너럴 셔먼호의 통역을 겸한 선교사였다.
3) 귀츨라프는 수군우후 김형수 등과 친밀한 관계를 유지하면서 선교활동을 비교적 자유롭게 하였다.
4) 토마스는 대동강에서 제너럴 셔먼호의 승무원들이 조선의 무관(수시대장 이현익)을 잡아 억류하고 대포를 쏘는 등의 군사적 충돌을 일으켜 발생한 전쟁으로 순교하였다.

결론적으로, 귀츨라프는 1832년에 내한하여 원산도를 중심으로 선교활동을 하였으며, 토마스는 1866년에 내한하여 평양에서 순교하였다. 따라서 한국 최초의 개신교 선교사는 토마스보다 33년 앞서 조선에 와 활동한 귀츨라프이다.

• 역사는 기록으로 전하고 자료로 증명하는 것이지요.(이재평)
• 역사 기록으로 보아 귀츨라프는 개신교 최초의 선교사가 확실하네요.(이홍열)
• 기독교 역사를 새롭게 조명하는 귀한 자료라고 생각됩니다.(정진호)

24) 귀츨라프 일기

4. 애머스트호와 제너럴 셔먼호

Q 귀츨라프가 1832년에 타고 온 애머스트호와 토머스가 1866년에 타고 온 제너럴셔먼호를 비교하면 무엇이 다른가?

A 애머스트호(Lord Amherst)는 마카오를 출발하여 상하이 등을 거쳐 황해도 몽금포, 충청도의 원산도 등에 정박하였다가 제주도를 지나 오키나와를 경유하여 돌아갔다. 제너럴 셔먼호(General Sherman)는 중국의 체푸에서 출발 후 대동강을 따라 평양까지 왔지만 전쟁을 일으켜 불타버렸다. 이 같은 근거는

귀츨라프가 승선한 애머스트 호의 경우
1) 항해 기간은 192일간(1832. 2. 26.~9. 5)이었다.
2) 배는 돛대가 3개인 범선(schooner)이었다.
3) 배는 길이는 30파(46m) 정도이고 너비는 6파(9m) 정도였다.
4) 정박하여 활동한 장소는 바다(원산도 항구)였다.
5) 귀츨라프 선교사는 수군우후 김형수의 만남과 협조로 활동이 비교적 자유스러웠다.
6) 승선 인원은 67명이었으며 충돌 없이 무사하게 돌아갔다.

토머스가 승선한 제너럴셔먼호의 경우
1) 항해 기간은 28일간(1866. 8. 9.~9. 5)이었다.
2) 배는 선측외륜기선(side wheel steamer)이며 2개의 돛대도 있는 겸용이었다.
3) 배의 길이는 38m 정도이고 너비는 10m 정도였다.
4) 정박하며 활동한 장소는 강(대동강)이었다.
5) 토머스 선교사는 관리의 협조가 없었고 평양에서는 전쟁상태가 되어 주민을 상대로 한 선교활동의 기회가 별로 없었다.
6) 승선 인원 24명은 모두 불에 타거나 군병 및 군중들에게 맞아죽었다.

• **연구결과**
1) 애머스트호는 지방관의 친절한 안내로 안전한 곳에 정박하였다.
2) 제너럴셔먼호는 강의 수위가 낮아져 좌초되었다.
3) 제너럴셔먼호는 대포와 총을 쏘아 사람이 죽고 전쟁이 시작되었다.
4) 제너럴셔먼호가 강의 수위변동을 모르고 전쟁을 시작한 것은 어리석은 일이었다.

결론적으로, 귀츨라프가 승선한 애머스트호는 안전하게 귀환하였다. 제너럴셔먼호의 승선자 토머스 등은 모두 죽었다. 제너럴 셔먼호 사건은 1871년에 미군이 강화도를 침범하는 신미양요의 원인이 되어 많은 조선 군병이 전사하였다.

- 쇄국정책도 문제가 되었지만 제너럴 셔먼호가 대동강 깊숙이 진입하여 조선군관을 감금하고 대포를 발사한 것은 무모한 행동이었습니다.(변광일)
- 토머시 목사 등 폭 넓은 연구에 감사드립니다.(이민영)
- 토머스 목사는 제너럴 셔먼호를 타고 교역과 선교를 하고자 하였으나 순교한 결과가 되었네요.(이재평)

5. 영국 배와 미국 배의 대포

Q 영국의 애머스트호와 미국 상선 제너럴 셔먼호의 대포 이야기

A 1832년에 귀츨라프 선교사가 타고 온 애머스트호에는 대포가 8대이고, 1866년에 토머스 선교사가 타고 온 제너럴 셔먼호에는 대포가 2대 실려 있었다. 그런데 8대의 대포는 조선에서 발포되지 않았고, 2대의 대포는 발포됨으로써 비극적 사태가 발생하여, 신미양요(辛未洋擾)의 원인이 되었다. 이 같은 근거는 [25]

첫째, 귀츨라프가 탄 애머스트호는 영국 공선(公船)으로 1832년 7월 18일 몽금포에서 빨리 돌아가라는 위협을 받았으나 충돌하지 않고, 대포도 쏘지 않았다. 한편 원산도에서는 지방 관리들과 친밀한 관계를 이어가며 19일간 머물었으므로 대포는 쏠 일이 없었다.

둘째, 토머스가 탄 미국 상선(商船) 제너럴셔먼호는 1866년 8월 27일 대동강에서 순시대장(이현익)을 감금한 것이 도화선이 되어, 대포를 발사하는 충돌로 발전하여 사상자가 발생하고, 전쟁으로 확대되어 토머스 일행은 모두 죽고 배는 소실되었다.

셋째, 제너럴셔먼호 사건의 후유증으로 5년 후인 1871년에 미군이 강화도를 침범하는 신미양요로 조선의 많은 군병들이 전사하였다.

• **연구결과**

1) 귀츨라프 일행은 몽금포에서 총으로 무장한 추포별장(장치주) 등으로부터 물러가라는 위협은 받았으나 대포는 쏘지 않았으며, 원산도에서는 수군우후(김형수) 등과 우호적인 관계를 유지함으로써 대포를 발사할 필요가 없었다.
2) 토머스 일행은 대동강에서 물러가라는 조선 측 요구를 무시하고 순시대장 (이현익)을 감금한 일로 충돌하여 대포를 발사했다. 그 결과 조선 측에서 7명이 사망하고 5명이 부상하였고, 평양감사(박규수)의 반격으로 모두 전멸되었다.
3) 제너럴셔먼호는 바다가 아니고 강에서 대포를 쏘고 난 후의 퇴각 등 행동계획(水位測定,기타) 없이 무턱대고 대포를 쏘는 어리석음을 범했다.

결론적으로, 애머스트호와 제너럴 셔먼호를 비교해보면, 대포를 쏘지 않고 문제를 해결하는 것이 최상의 방법이고, 대포를 쏘는 것은 문제를 더욱 악화시킬 뿐만 아니라 더 큰 손실을 불러오는 결과가 되었다는 것을 교훈으로 알려주는 역사적 사례라 할 수 있다.

• 역사를 통해서 삶의 지혜와 교훈을 얻는 것 같습니다.(김연중)
• "펜은 칼보다 강하다" 는 서양 격언이 생각납니다.(이재평)
• 예나 지금이나 무력 사용은 불상사를 낳는 것을 알 수 있습니다.(이홍열)

25) 조선왕조실록, 1832. (음) 7. 21. 船中所載兵器, 環刀三十, 銃三十五, 槍二十四, 大火砲八.

6. 귀츨라프와 수군우후 관계

Q 수군우후 등 고관들은 귀츨라프 일행에게 어떤 호의를 베풀었가?

A 수군우후 등 충청지방 고관들은 귀츨라프 일행에게 여러 가지 호의를 베풀었다. 그리고 상호간에 어떤 적대감도 없었고 위협도 없었다. 이 같은 근거는

첫째, 7월 24일, 수군우후 휘하의 군관인 텡노는 고대도 해역에서 애머스트호를 처음 만나 배에 오르기 전에, 쪽지에 한문으로 써서 전한 것은 "바람과 날씨를 견디어 내며 어렵게 온 것에 동정하며, 우리는 당신들을 위협하러 온 것이 아니다"라고 환영해 주었다. [26)]

둘째, 군관 텡노는 배에 올라와 이 장소는 위험하니 안전한 만이 있는 간쟁으로 인도하겠다고 하며 안전을 지켜주려 했고, 다음 날 다시 와서 간쟁까지 안내하였다. [27)]

셋째, 7월 26일, 수군우후는 국왕께 올리는 교역청원서와 예물을 영국 측이 원하는 방식으로 공식적으로 받아주고 조정에 보내겠다고 약속하고, 식사도 제공하였다. [28)]

넷째, 7월 27일, 수군우후는 귀츨라프 일행을 섬에 상륙하여 산과 들판을 답사하게 허용하였다.

다섯째, 7월 30일, 충청수사가 찾아와 좋은 분위기에서 만나고 식사대접을 했는데 영국인 들이 맛있게 먹자 조선 측 고관들이 무척 기뻐하였다.

---

26) 귀츨라프 일기, 1832. 7. 24. they sent up a slip of paper, expressing their sympathy with us in our hardships from the winds and weather, and assuring us that they did not come to intimidate us.
27) 귀츨라프 일기, 1832. 7. 24. They inquired politely our country, and remarked that we had anchored in a very dangerous place, adding, we will bring you to a bay called Gan-keang.
28) 귀츨라프 일기, 1832. 7. 26. How surprised were we, when about dinner (lunch) time, small dishes were handed aboard.

여섯째, 7월 31일, 충청수사는 "당신들은 우리의 친구다. 친구는 주인의 규칙을 잘 지켜야 한다"고 필담(筆談)으로 상륙하지 말라고 말했지만, 귀츨라프는 중국 성현의 말씀에 "친구에게 돌아다닐 자유를 주어야 한다" 는 기록이 있다고 하자 "좋다. 좋다." 하면서 그 후 시비하지 않았다.[29]

일곱째, 귀츨라프 일행도 8월 11일 자기들이 "조선에서 어느 다른 외국인들이 누리지 못했던 자유를 누렸다."는 기록을 남겼다.[30]

• **연구결과**
1) 처음에는 충청수사부터 군관인 텡노에 이르기까지 조선 관리들은 모두 귀츨라프 일행을 받아드리고 손님처럼 대우하였다.
2) 7월 31일부터는 조정에서 내려온 지시에 따라 해변에 상륙하는 것을 제지해 달라고 부탁했지만 강압적인 제지는 없었다.
3) 귀츨라프 일행이 떠나기 전날에 관청에 찾아와 작별 인사를 하고 갈 정도로 서로 예의를 지켰다.
4) 떠나는 날 배에 찾아온 충청수사에게 술을 몇 상자 선물로 두고 가겠다고 하여 충청수사가 눈물을 훔칠 정도로 정을 느끼고 감동하게 하였다.

결론적으로, 충청 관리들은 귀츨라프 일행을 처음부터 조정의 지시가 내려올 때까지 손님으로 맞아주고 대우하였다.

• 귀츨라프 선교역사를 떠올리며 오늘의 원산도를 살펴봅니다.(이종섭)
• 멀리 친구가 날 찾아오니 이보다 더한 즐거움이 어디 있나. 우리 민족의 손님 맞는 자세이지요.(이재평)
• 선조들의 손님 대접 방식이 그대로 표현되었네요.(이홍열)

---

29) 귀츨라프 일기, 1832. 7. 30. Our old friend, Kin, meanwhile prepared a dinner, consisting of cakes, vermicelli, honey, pork, melons, salad, vinegar and rice.
30) 귀츨라프 일기, 1832. 8. 11. Never did foreigners, perhaps, possess such free access to the country as we enjoyed.

7. 원산도 선교지 고증

Q 저자는 원산도의 귀츨라프 선교지 고증에 어떤 노력을 하였나?

A 저자(신호철 장로)는 기존 문헌을 통해 2008년 까지 귀츨라프 선교지는 고대도로 알고 있었다. 그러나 『귀츨라프 행전』집필 과정에서, 고대도의 지리적 자연여건과 인문적 배경 등을 정밀 조사 해본 결과, 귀츨라프 일기 등의 기록과 비교하여 볼 때 현저(顯著)하게 차이가 있는 것을 발견하였다. 그리하여 2009년 귀츨라프 선교지는 '고대도가 아니다' 라는 새로운 사실을 발표하게 되었다. 그 후에도 연구를 계속하여 귀츨라프 선교지는 '원산도가 확실하다'고 재조명하여 2017년 『원산도의 귀츨라프 발자취』책을 김주창 장로와 함께 출간하였다. 이 같은 배경에는 [31]

첫째, 저자는 국내와 외국에서 농촌 계획 및 개발에 수십 년간 종사한 전문가로서, 선교지의 지형여건 등 자연과학 분야에 대하여도 경험을 응용하여 조사하고, 종합 판단하여 올바로 평가할 수 있는 능력을 구비하고 있었다.

둘째, 그는 20년 이상 한국 기독교 선교역사 연구 분야에서, 수 백 명의 선교사 연구를 통하여 『양화진 선교사의 삶』 등 선교사에 관한 4권의 책을 출간하는 경험도 축적하였다.

셋째, 한편 저자는, 1874년 프랑스의 달레와, 1973년 백낙준 박사가 제기한 '원산도 상륙 설(說)에 관심을 기울여, 귀츨라프 일기와 린제이 보고서 등의 심층 연구를 통하여 2009년 『귀츨라프 행전』책을 출간하였다.

자료: 『원산도 귀츨라프 발자취』 표지

넷째, 그는 과학기술과 인문. 역사적 관점에서 증거를 찾아, 귀납적 방법으로 귀츨라프 선교지는 원산도로 고증하여 『원산도의 귀츨라프 발자취』 책을 출간하였다.

다섯째, 그는 귀츨라프 선교사의 흔적을 찾아서 귀츨라프가 조선 다음으로 방문한 오키나와의 임해사(臨海寺)를 비롯하여, 홍콩의 빅토리아(Victoria) 섬에 있는 묘지와 귀츨라프 기념가로(Gutzlaff Street, 利源西街 방향) 등을 답사하기도 하였다.

• 연구결과

1) 귀츨라프 선교지 '고대도'는 오류(誤謬)라는 것이 널리 알려진 상황에서, 백낙준 박사가 제기한 '원산도 상륙 설'은, 신호철 장로의 연구로 구체화되고 확실하게 고증되었다.
2) 고대도에 귀츨라프 기념물이 설치되는 것은 문제가 있다. 각종 문헌에 고대도가 귀츨라프 선교지라는 기록의 오류도 시정되어야 한다.

결론적으로, 귀츨라프 선교지는 원산도라고 확실하게 증명되었다. 따라서 고대도가 선교지라는 오류는 원산도로 조속히 바로잡는 것이 필요하다.

- 귀츨라프 행적을 연구하시고 그곳에 하나님이 열매를 맺게 한다는 생각이 듭니다.(김연중)
- 두 분 장로님은 국제경험을 바탕으로 과학적 분석방법 등 연구의 성과가 글속에 녹아 있습니다.(정진호)
- 정밀 조사를 통해 개신교 최초 선교지가 원산도인 것을 확실히 밝혀주셔서 감사드립니다.(정창무)

31) 귀츨라프 발자취, 2017.

8. 귀츨라프의 결혼생활

Q 귀츨라프 선교사의 결혼생활은 어디에서 어떻게 하였나?

A 귀츨라프 선교사는 그의 생애(1803~1851)에서 48년간 살아가면서 세 번 결혼하였다. 그리고 세 번째 부인과 결혼생활 1년 만에 별세하였다. 이 같은 근거는

첫째, 귀츨라프의 첫 결혼은 태국에서 선교하는 동안 26세 때인 1829년 12월에 싱가포르에 가서 런던선교회 소속 영국 여성선교사 뉴엘(Maria Newell)과 결혼하고, 1830년 2월에 방콕으로 돌아왔다. 그 후 뉴엘 부인은 1831년 2월 16일 쌍둥이 딸을 낳다가 아이 하나와 함께 사망하였다. 귀츨라프는 이 충격으로 건강이 악화되고, 같은 해 중국으로 떠나며 남은 딸아이를 싱가포르에 있는 친지에게 보내게 하였는데 그 아이마저 사망하였다. 뉴엘은 상당한 유산을 남겼고, 남은 딸을 싱가포르에 보내려고 했던 것은 귀츨라프가 싱가포르에서 결혼하여 2개월 동안 머문 것으로 보아 싱가포르에 뉴엘의 친지들이 있었던 것으로 추정 된다.[32]

둘째, 귀츨라프는 조선 선교를 마친 뒤 1834년, 두 번째로 마카오에서 완스탈(Mary Wanstall)과 결혼하였다. 부인 완스탈은 마카오에서 시각장애인들을 위한 학교와 장애인 집(home)을 운영하였으며, 15년간의 결혼생활을 계속하였다. 그리고 1849년에 부인이 먼저 사망하였다. 이들 부부의 자녀가 있었는지는 알 수 없다.[33]

셋째, 귀츨라프는 세 번째로 1850년, 영국에 머무는 동안 가브리엘(Dorothy

---

32) Wikipedia, He married in 1829 in Singapore with a single English missionary, Maria Newell. They returned to Bangkok in February 1830 where they worked on a dictionary of Cambodian & Lao. However, Maria died in childbirth, leaving a considerable inheritance.
33) Wikipedia, Gutzlaff married again, to Mary Wanstall, in 1834. Mrs. Gutzlaff ran a school and a home for the blind in Macau. Gutzlaff's second wife, Mary, died in 1849 in Singapore, and was buried there.

Gabriel)과 결혼하였다. 그러나 귀츨라프는 1년 후 1951년 별세하였다.[34]

• **연구결과**
1) 귀츨라프는 태국의 방콕(Siam)에서 런던선교회 소속 선교사로 활동하면서 부인 뉴엘과 함께 성서를 태국어(Siamese)로 번역하였다. 한편 방콕에 머무는 동안 중국인 쿠오(Kwo)씨의 양자가 되어 중국어 실력을 향상시켰다.
2) 귀츨라프 선교사는 중국의 당시 미개한 사회상황으로 미루어 여러 가지 면에서 결혼생활이 편안하지 못했을 것으로 추정된다.
3) 귀츨라프 선교사에게는 그의 생애에서 두 번씩이나 아내를 잃은 슬픔과 딸을 잃는 고통이 있었음을 알 수 있다. 그러나 적극적인 선교활동을 통하여 이를 극복하였을 것으로 추정된다.

결론적으로, 귀츨라프 선교사 부부는 아시아의 낙후된 지역의 열악한 위생환경 속에서 부인들이 장수하지 못한 것을 알 수 있다. 따라서 귀츨라프의 결혼생활은 원만하지 못하였다고 할 수 있다.

- 두 번째 결혼한 마카오에서 15년간 학교와 장애인 집을 운영했다니 부부가 참 훌륭하네요.(곽정숙)
- 귀츨라프 묘지는 현재 홍콩(happy Valley)에 묻혀 있으며 저자와 함께 방문(2014. 4. 30)하여 기념사진을 촬영하였다.(정두희)
- 자신의 삶보다 주님의 거룩한 사업을 이룩하고자 아픔과 고통을 감수한 것으로 생각됩니다.(정진호)

---

34) Wikipedia, Gutzlaff married a third time, to Dorothy Gabriel, while in England in 1850.

9. 홍주목사 등의 거짓 진술

Q 수군우후와 홍주목사는 의금부에서 왜 거짓 진술을 하였나?

A 충청수사, 수군우후, 그리고 홍주목사는 귀츨라프가 방문한 일로 처벌을 받았다. 그리고 수군우후와 홍주목사는 의금부(현재의 검찰에 해당)에 불려가 심문을 받았다. 그들이 주문(교역청원서)과 예물을 직접 받아 두었다는 심문에 대해 진술한 내용이 일성록에 기록되어 있는데 이는 거짓임을 알 수 있다. 이 같은 근거는

첫째, 수군우후의 진술 내용은 "음력 7월 1일(양력 7월 27일) 저녁에 저들이 예물 등을 바닷가에 옮겨놓고 조정에 전달해달라고 했습니다. 엄하게 꾸짖어 물리쳤는데 그냥 배를 타고 가버렸습니다. 해 저문 바닷가에 주인 없는 물건이 떠내려가게 할 수 없어 동임(동장) 집에 가져다주고 잘 지키라고 하였습니다." [35]

둘째, 홍주목사의 진술내용은 "엄하게 거절했지만 바닷가에 옮겨놓고 갔습니다. 해가 진 모래사장에 있는 것들이 물에 쓸려갈 것이 걱정되어 동임 집으로 옮겨놓고 잘 지키라 하고 감영에 보고했습니다." [36]

셋째, 그러나 영국 측 기록 내용은 "린제이가 주문과 예물을 두 손으로 받들어 수군우후에게 받쳤고, 예물을 접수한 수군우후는 술과 통마늘을 선물로 내놓고, 예물 등은 조속히 조정에 보내겠다고 약속했다."고 기록되었다. [37]

---

35) 일성록, 1832년 음 8월 7일, 奏文禮物 則七月初一日(7. 27)夕 彼人忽地 輸置浦邊 書示捧進之意 故 責之以事例 諭之以道理 屢加嚴却 彼人仍不收還 乘船徑歸 汐水方生 則物旣無主 不可任他漂失 不得 已洞任處 逢授守直 而視營之際 辭不達意 有若受置然 渠雖甚愚 事係邊情 且無前例即焉敢 擅生受 置之計云 [9. 1. (음)8. 7.]

36) 일성록, 1832. (음)8. 7, 至若逢授奏文禮物事 則此是無前之例 又係不經 之事 嚴辭斥退 百般牢拒 則 彼人輸置浦邊 而日暮沙汀 恐有漂失之慮 不得已姑爲 移置於洞任處 一邊守直 而一邊報營 [9. 1. (음) 8. 7.]

• **연구결과**

1) 이상의 수군우후 등 두 고관 진술내용과, 영국 측(귀츨라프와 린제이) 기록내용을 서로 비교해 보면 현저하게 다르다.
2) 즉 두 고관은 심문을 받는 상태에서 처벌을 면하기 위한 거짓 진술이라 할 수 있다. 그러나 영국 측 기록은 자유로운 상태에서 사실을 그대로 묘사한 기록이므로 맞는다고 보아야 한다.
3) 영국 측이 국왕께 올리는 중요한 문서와 망원경, 성경 등 귀중한 물건이 들어 있는 예물을 바닷가에 버려두고 간다는 것은 사리에 맞지 않는다.
4) 바닷가에서 하루에 두 번씩 밀물이 들어오는 충분히 예측되었는데 다닷 물에 휩쓸려갈 위치에 귀중품을 방치하였다는 진술은 설득력이 없다.
5) 두 고관은 처음에 귀츨라프 일행을 환영했지만 얼마 후에 자기들이 처벌받을 것을 예감하고 조정에 대해 귀츨라프 일행의 원산도 도착, 원산도 섬 답사, 감자심기, 그들에 대한 식사대접 등 영국 측 기록에 나오는 것들을 모두 숨겼다고 볼 수 있다. 이런 것을 보고하면 처벌이 더 가중되는 것을 예측하였다고 해석 할 수 있다.

결론적으로, 두 고관은 의금부에서 자기를 보호하고 책임 회피를 위한 목적으로 사리에 맞지 않는 거짓 진술을 하였다고 볼 수 있다. 따라서 두 고관의 일성록 진술 기록은 진실성이 부족하므로 증거 자료로서 가치가 없다고 할 수 있다.

- 서슬이 시퍼런 의금부에 불려가 사실을 말하면 중벌을 받게 뻔하여 거짓 진술을 한 것으로 여겨집니다.(이재평)
- 자신들의 잘못을 사면 받으려고 거짓 진술을 한 것이 네요.(정진호)

---

37) 린제이 보고서, I now rose, and in a formal manner, with my hands raised up, walked forward to the principal chief, and delivered the letter into his hands, with a paper requesting it and the presents might be forwarded with the utmost speed.

10. 교역청원서와 예물의 행방

Q 영국 측은 교역청원서(奏文)와 예물을 언제 어떻게 만들고 처리되었나?

A 영국 측의 '교역청원서'는 영문으로 petition 또는 letter라고 썼고, 조선 측에서는 주문(奏文)이라고 하였다. 이를 준비한 시기와 장소 및 내용은 기록에 있지만 이것이 최종적으로 어떻게 처리되었는지 행방은 알 수 없다. 이 같은 근거는

첫째, 교역청원서는 애머스트호가 황해도 몽금포 해안에 도착한 첫날인 1832년 7월 17일 저녁에 함장인 린제이가 작성하였다. 즉 "영국 국적의 함장 Hoo Hea-me는 여기 조선국왕의 위엄의 보좌 앞에 존경심을 가지고 청원서를 올립니다."로 시작하고 영국에 관한 팸플릿도 첨부하였다. 38)

둘째, 예물은 7월 26일 오전에 조선 군관(텡노) 등이 지켜보는 앞에서 포장했는데 성경, 고급 모직물, 망원경, 유리그릇, 꽃병 등이 포함되어 있었다. 39)

셋째, 교역청원서와 예물은 7월 26일 오후 원산도의 관가 마을에 있는 어느 집에서 귀즐라프, 홍주목사, 조선관리, 영국과장 2명 등의 입회 아래, 문서와 예물의 전달 의식으로 린제이가 두 손으로 받들어 수군우후에게 정중하게 전달하였다. 40)

넷째, 전달된 예물의 종류와 수량이 순조실록에 상세히 기록된 것으로 미루어 예물상자는 전달받은 후 어디서 누구인가에 의하여 개봉된 것으로 판단된다. 41)

---

38) 린제이 보고서, 1832. 7. 17. The English captain Hoo Hea-me hereby respectfully lays a petition before the throne of his Majesty the King of Corea.
39) 귀즐라프 일기, 1832. 7. 26. Accompanied by out two negotiators, Teng-no and Yang-chih, we set off with the presents, consisting of cut glass, calicoes, camblets, woollens, &c., and the letter written in Chinese character, and wrapped in red silk.
40) 린제이 보고서, 1832. 7. 26. I now rose, and in a formal manner, with my hnds raised up, walked forward to the principal chief, and delivered the letter into his hands, with a paper requesting it and the presents might be forwarded with the utmost speed, which we were promised should be done.

다섯째, 교역청원서와 예물은 8월 7일 수군우후가 애머스트호로 가져와서 반환하려고 했으나 받아주지 않았고, 8월 9일에 2차 반환 시도, 8월 11일에 3차 반환 시도를 했으나 조정의 공식적인 반환문서가 없이는 받지 않는다고 거절당했다.

여섯째, 예물 접수 후 7월 26일부터 8월 7일까지 12일간 이것이 어디 있었는지, 서울에 보내졌다 왔는지 알 수 없다.

일곱째, 수군우후와 홍주목사가 의금부에서 심문을 받을 때 7월 27일에 예물 등을 바닷가에 두고 가서 동임(동장)의 집에 맡겼다는 진술이 있으나, 8월에 세 번이나 예물 등의 반환을 시도한 것과 부합되지 않아 신뢰성이 없다고 할 수 있다.

- **연구결과**
1) 교역청원서와 예물은 수군우후와 홍주목사가 영국 측의 치밀한 계획과 설득을 이겨내지 못하고, 영국 측의 전달방식에 따라 얼떨결에 받은 것으로 판단된다.
2) 수군우후와 홍주목사는 예물 등을 받아놓고 조정에서 받은 것 자체를 잘못이라 했기 때문에 전전긍긍하였을 것이다.
3) 예물 등을 국왕께 올렸는지 묻는데 대해 기다리라고 하기보다, 거질되있음을 말하고 빨리 떠나라고 함이 더 좋았을 것이다.

결론적으로, 영국측의 교역청원서와 예물은 처음에는 분명한 기록을 남겼으나, 애머스트호가 떠나간 후에는 어떻게 처리되었는지 아무도 알지 못한다.

- 상황을 보니 배달 사고인 것 같습니다.(김연중)
- 고무줄 늘어나듯 벌써 142회 연재를 하시네요. 참 부지런하십니다.(이순범)
- 엄한 쇄국 치하이니 반납을 시도한 것은 신념이 부족하고 유약한 관리로 보이네요.(이재평)
- 고급모직물, 망원경 등 예물이 대단하네요. 쇄국정책과 문화적 차이에서 온 결과가 아닐까요?(정진호)

---

41) 순조실록, 1832. (음) 7. 21. 所謂 上獻禮物, 大紅色一疋, 靑色一疋, 黑色一疋, 葡色一疋, 羽毛紅色一疋, 靑色一疋, 葡色一疋, 棕色一疋, 黃色一疋, 洋布十四疋, 千里鏡二簡, 琉璃器六件, 花金 六排, 本國道理書二十六種.

11. 귀츨라프의 중국 선교 전략

Q 귀츨라프는 중국 선교 전략을 어떻게 시도 하였으며 그 결과는 어떠한가?

A 귀츨라프 선교사는 1844년 홍콩에 중국인 선교훈련원을 설립하였다. 그리고 1848년까지 50여명의 중국인 선교사를 양성하여 중국 본토 내부로 파송하였다. 외국인 선교사가 중국 내륙으로 진출이 어려웠던 시기에 중국인을 내륙 진출 선교사로 양성하여 파송한 아이디어는 중국 선교 역사상 최초로서 참으로 참신하고 훌륭한 것이었다. 이 같은 근거는

첫째, 귀츨라프는 중국 내륙지방 선교의 필요성을 가장 먼저 착안하고, 이를 충족시키는 방법으로 선교훈련원을 홍콩에 설립하였다. [42]

둘째, 그는 훈련된 중국인 선교사들에게 성경, 전도책자 등을 제공하면서, 그 기준을 전도한 사람의 인원수 보고에 따라 수량을 그대로 제공하였다.

셋째, 그는 성경과 전도책자를 구입하여 무료로 중국인 선교사들에게 제공했기 때문에 선교비 모금과 중국인 선교사 관리에 많은 시간과 노력이 들어갔다.

넷째, 그는 중국인 선교사들이 거짓 보고를 하여 성경 등을 더 많이 받아, 인쇄소에 되팔고 돈을 받는 것을 알지 못했다. 특히 1849~50년에는 영국, 독일 등 유럽을 순방하며 선교보고회를 갖고 선교비를 모금하는데 전념하였다. [43]

다섯째, 그는 유럽에 머물고 있는 동안 그가 지원하고 있는 중국인 선교사들의 감

---

42) Wikipedia, In response to the Chinese government's unwillingness to allow foreigners into the interior, he founded a school for "native missionaries" in 1844 and trained nearly fifty Chinese during its first four years.

독 관리를 소홀히 하여 중국인 선교사들의 부정을 미리 방지하지 못하였다.

• 연구결과

1) 귀츨라프 선교사는 중국인 선교사들을 양성하여 중국 내륙으로 파견하면서 그들의 보고서가 사실과 맞는지 확인하지 않고, 계속 지원함으로써 관리 능력의 한계성을 보여주었다.
2) 모두 가난하던 시대에 중국인 선교사들도 돈의 유혹에 쉽게 빠진다는 것을 간과하였다.
3) 그가 유럽에 머무는 동안 중국에서의 상황을 충분히 대비하지 못하였다.
4) 귀츨라프의 선교 전략은 좋은 착안으로 시작되고, 선교후원자들 앞에서 자랑스럽게 보고하였는데, 결국 중국인 선교사들의 부정으로 인하여 선교후원자들 앞에 얼굴을 들 수 없게 되었다.

결론적으로, 귀츨라프는 중국인 선교사의 부정으로 유럽에서 중국으로 돌아온 얼마 후 낙심과 실망으로 1851년 8월에 48세를 일기로 별세하였다. 그는 중국 내륙 전도라는 좋은 목표를 잘 추진했지만, 중국인 선교사의 인력 및 재정관리를 잘못하여 불명예로 중국선교 20년을 마감한 아쉬움이 있다. 그러나 그는 중국 내륙선교의 개척자였음이 확실하다. 중국 내륙 선교의 아버지로 불리는 허드슨 테일러 선교사는 "귀츨라프는 중국 내륙 선교의 할아버지"라고 평가하였기 때문이다.

- 귀츨라프는 사람을 잘 세우는 것이 중요하다는 것을 미리 알고, 중국선교 전략을 세운 것 같습니다. 저자께서 원산도를 알리시는 것도 훗날 한국 기독교사에 길이 남을 사역이라 확신합니다.(김연중)
- 선교전략으로 중국선교사를 양성한 아이디어는 참 좋았으나 결국에는 중국인의 부정이 문제가 되었네요.(정진호)
- 다재다능한 귀츨라프의 능력을 알 수 있습니다.(이홍열)

---

43) Wikipedia, While some of Gutzlaff's native missionaries were genuine converts, others were opium addicts who never traveled to the places they claimed. Eager for easy money, they simply made up conversion reports and took the New Testaments which Gutzlaff provided and sold them back to the printer who resold them to Gutzlaff.

12. 원산도의 미래 교통

Q 원산도위 교통 결과는?

A 현재 원산도는 독립된 섬으로 내륙과 연결되는 해로(海路)로서 동남쪽으로는 대천항과 연결하는 바닷길이 있고, 북쪽으로는 안면도와 연결하는 뱃길이 있다. 그리고 주변의 몇 개 섬들과 연결되는 뱃길만 존재하였다. 그러나 2019년 이후부터 경기도, 충청남도, 전라북도, 전라남도, 경상남도에 해안에 분산되어 있던 지방도로와 77호 국도가 연결되어, 원산도는 앞으로 서해안 교통의 중요한 육로(陸路)로 전환될 예정이다. 이 같은 근거는 [44]

첫째, 현재 원산도의 교통편은 주민들이 생필품을 구입하거나, 자가 생산된 농.수산물의 판매 등을 위하여 대천항과 연결하는 바닷길이 중심이다. 그리고 관광객 등의 경우도 제한된 해운선 운항편으로 인하여 매우 불편하다.

둘째, 그러나 2019년 이후부터 북쪽으로는 태안군 안면도 남단에서 끊어져 있던 국도 77호선이 원산도로 연결되는 도로와 교량이 건설되고, 원산도에서 동남쪽으로 보령시 대천항(신흑동) 방향으로 이어지는 새로운 육로와 해저터널이 개설되게 되었다.

셋째, 원산도 북쪽에서 안면도 남단까지의 뱃길은 솔빛대교(1.75km)로 대체되고 77호 국도가 원산도로 들

자료: 안면도와 원산도 연결 교량

어오게 될 것이다.

넷째, 원산도에서 남동쪽으로 대천항 까지 연결되는 뱃길은, 우리나라 최장의 해저터널 즉 '보령해저터널(6.9km)'이 개통되어 원산도는 내륙과 연결되는 새로운 육로의 편리한 시대를 맞이하게 되었다.

• 연구결과
1) 미래의 원산도 교통(육로)은 물동량이 늘어나고 관광객의 수요가 획기적으로 증가될 전망이다.
2) 원산도를 통과하는 77호 국도는 한반도의 서해안과 남해안을 연결하는 바닷가의 절경을 만끽할 수 있는 코스로 활용될 것이다.
3) 미래의 새로운 육로의 개통으로 낙후된 도서지역의 원산도 교통망의 불편은 해소되고, 접근성을 향상시켜 이 지역의 균형발전에 기여할 것이다.
4) 원산도의 육로화와 병행하여 향토문화와 역사의 올바른 홍보도 필요하다. 특히 원산도는 귀츨라프 선교활동으로 인하여 개신교 최초의 성지가 확실하게 밝혀질 것이며, 감자의 최초 도래지로서 그 위상이 높아질 것이다.

결론적으로, 원산도의 교통은 독립된 섬의 불편한 바닷길 중심에서, 미래의 교통은 77호 국도의 개통으로 물동량과 관광객 등이 획기적으로 증가할 것이다.

- 최초의 개신교 선교지를 편리한 교통편으로 갈 수 있겠네요.(박수영)
- 휴양하기 좋은 섬 베스트 30에 선정된 원산도! 연육교와 해저터널로 연결되면 충남권 제일의 광광지로 발전이 기대되는 곳이다. 원산도가 한국최초의 선교지로 정립되어 기독교 복음화의 성지로 기억되길 바랍니다.(정진호)
- 한국 최초 선교지 원산도가 안면도와 보령시로 연결되므로 제일의 관광성지로 태어나게 되니 감동이 됩니다.(정창무)

---

44) 보령 원산도, 2007.

감사의 글

성경(시편 90:10)은 우리의 연수가 칠십이요 강건하면 팔십이라 '기록하고 있습니다. 그런데 저자들은 팔십 수년을 넘기도록 강건하게 하셔서 그 동한 연구하고 발표한 내용들을 모아 또 한권의 책으로 출간하게 하시니 참으로 감사합니다.

역사는 기록하는 사람이 없으면 이루어지지 않습니다. 그리고 전하는 사람이 없으면 잃어버리게 됩니다. 또한 역사는 올바르게 기록하고 전하는 것이 더욱 중요합니다.

이 책은 우리나라 선교역사 중에서 한국 최초의 개신교 선교사는 누구이며, 그 선교지는 어디인가를 주제로 다루었습니다. 그리고 선교역사에서 잘못 기록되거나 전해진 부분을 귀납적 방법으로 고증하여 올바른 선교역사로 기록하고 전하려는데 목적이 있습니다.

귀츨라프 선교사는 독일 출신으로 영국 런던선교회가 중국에 파송한 선교사입니다. 그는 1832년에 우리나라에 와서 원산도를 중심으로 활동하면서 복음을 전파한 선교사입니다.

이는 영국의 토머스 선교사보다 34년, 미국의 언더우드와 아펜젤러 선교사보다 53년이나 앞서 온 우리나라 개신교 최초의 선교사가 확실합니다.

그러나 아직도 한국 최초의 개신교 선교사가 누구인지? 그 선교지가 어디인지? 등에 대하여 올바르고 통일된 역사가 정립되지 못하고 있습니다. 이는 그동안 역사의 기록과 전하는 과정에 오류가 있었음을 의미합니다.

저자는 프랑스의 신부 달레와 백낙준 박사가 제기한 바 있는 원산도 상륙설(說)의 고증을 위하여 1982년 김옥선 장로께서 원산도에 건립한 귀츨라프 기념비 등 답사를 통하여 2009년『귀츨라프 행전』을 펴냈습니다. 그리고 2017년에는『원산도의 귀츨라프 발자취(저자 신호철 김주창)』책을 발간하였습니다.

이번 책은 귀츨라프 선교사의 선교활동지 등에 대하여 집중적 연구 결과를 알기 쉽게 Q&A 형식으로 편집한 것입니다. 이 책의 추천사를 써주신 김진홍 목사(두레교회)님과는 귀츨라프 기념사업의 하나로 감자 재배를 함께 하면서 많은 이야기들을 나누었습니다.

책의 품격을 높이기 위하여 재능 기부 형식으로 표지와 삽화, 서예로 도움을 주신 정창무, 이동현, 권태웅 회장님께 감사드립니다. 총 144개항의 칼럼 하나 하나가 연재될 때마다 함께 참여하여 댓글을 달아주신 이홍열, 이재평, 정진호, 김연중, 변광일 등 여러분께 감사드립니다. 출판 기획을 맡아주신 정명수 사장께도 감사드립니다.

이 책을 공동으로 집필하고 서로 의견을 나누면서 참으로 보람 있고 행복한 시간들을 보낼 수 있었음을 더욱 감사드립니다.

2018. 12. 25

저자 **신호철 · 김주창**

자료: 안면도와 대천항 연결 노선

부 록

1. 순조실록(번역문)
2. 순조실록자문(번역문)
3. 교역청원서(영문)
4. 경과보고서(영문)
5. 간갱(Gan-keang) 지명 관련 자료(영문)
6. 기타 조선왕조실록 및 고려사질요

[부록 1]

순조실록 순조 32년(1832년) (음) 7월 21일

공충감사(公忠監司) 홍희근(洪羲瑾)이 장계에서 이르기를,

"6월 25일 어느 나라 배인지 이상한 모양의 삼범 죽선(三帆竹船) 1척이 홍주(洪州)의 고대도(古代島) 뒷 바다에 와서 정박하였는데, 영길리국(英吉利國)의 배라고 말하기 때문에 지방관인 홍주 목사(洪州牧使) 이민회(李敏會)와 수군 우후(水軍虞候) 김형수(金瑩綬)로 하여금 달려가서 問情(問情)하게 하였더니, 말이 통하지 않아 서자(書字)로 문답하였는데, 국명은 영길리국(英吉利國) 또는 대영국(大英國)이라고 부르다.

난돈(蘭敦)과 흔도사단(忻都斯担)이란 곳에 사는데 영길리국·애란국(愛蘭國)·사객란국(斯客蘭國)이 합쳐져 한 나라를 이루었기 때문에 대영국이라 칭하고, 국왕의 성은 위씨(威氏)이며, 지방(地方)은 중국(中國)과 같이 넓은데 난돈(蘭敦)의 지방은 75리(里)이고 국 중에는 산이 많고 물은 적으나 오곡(五穀)이 모두 있다고 하였고, 변계(邊界)는 곤련(昆連)에 가까운데 곧 운남성(雲南省)에서 발원(發源)하는 한줄기 하류(河流)가 영국의 한 지방을 거쳐 대해(大海)로 들어간다고 하였습니다. 북경(北京)까지의 거리는 수로(水路)로 7만 리이고 육로(陸路)로는 4만 리이며, 조선(朝鮮)까지는 수로로 7만 리인데 법란치(法蘭治)·아사라(我斯羅)·여송(呂宋)을 지나고 지리아(地理亞) 등의 나라를 넘어서야 비로소 도착할 수 있다고 하였습니다.

또 선재(船材)는 이목(樲木)을 썼고 배의 형체는 외[瓜]를 쪼개 놓은 것같이 생겼으며, 머리와 꼬리 부분은 뾰족한데 길이는 30파(把)이고 너비는 6파이며 삼(杉)나무 폭을 붙인 대목은 쇠못으로 박았고, 상층(上層)과 중층(中層)은 큰 것이 10칸[間]이고 작은 것이 20칸이었으며, 선수(船首)와 선미(船尾)에는 각각 건영귀(乾靈龜)를 설치했고, 배 안에는 흑백의 염소(羔)를 키우며 오리와 닭의 홰(塒)를 설치하고 돼지우리도 갖추고 있었으며, 선수와 선미에는 각색의

기(旗)를 꽂고 작위(爵位)가 있는 자의 문전에 있는 한 사람은 갑옷 모양의 옷을 입고 칼을 차고 종일토록 꼿꼿이 서서 출입하는 사람을 제지하였으며, 급수선(汲水船) 4척을 항상 좌우에 매달아 놓고 필요할 때에는 물에 띄워 놓았습니다. 전(前)·중(中)·후(後)의 범죽(帆竹)은 각각 3층을 이루고 있고 흰 삼승범(三升帆)도 3층으로 나누어져 있었으며, 사용하는 그릇은 화기(畵器)이고 동이[樽]와 병(甁)은 유리였으며 숟가락은 은(銀)으로 만들었고, 배 안에 실은 병기(兵器)는 환도(環刀) 30자루, 총 35자루, 창 24자루, 대화포(大火砲) 8좌(座)이었습니다.

또 배에 타고 있는 사람은 총 67인이었는데, 선주(船主)는 4품(品) 자작(子爵) 호하미(胡夏米)이고, 6품 거인(擧人)은 수생갑리(隨生甲利), 출해리사(出海李士)이며, 제1과장(第一夥長)은 파록(波菉), 제2과장은 심손(心遜), 제3과장은 약한(若翰)이고, 화사(畵士)는 제문(弟文)이며, 사자(寫字)는 노도고(老濤高)이고, 시종자(侍從者)는 미사(米士)·필도로(必都盧)이며, 과계(夥計)는 피다라(辟多羅)·마행(馬行)·임이(林爾)·임홍(林紅) 파가(巴加)·파지(巴地)이고, 수수(水手)는 가타(嘉他)·랍니(拉尼)·야만(耶熳)·주한(周翰)·명하(明夏) 및 마흥(馬興) 6인이며, 진주(陳舟)에 10인, 손해(遜海)에 20인이고, 주자(廚子)는 모의(慕義)와 무리(無理)이며, 지범(止帆)은 오장만(吳長萬)이요, 근반(跟班)은 시오(施五)·시만(施慢)·시난(施難)·시환(施環)·시섬(施譫)·시니(施尼)·시팔(施八)이었습니다.

용모(容貌)는 더러는 분(粉)을 발라 놓는 것처럼 희기도 하고 더러는 먹물을 들인 것처럼 검기도 하였으며, 혹자는 머리를 박박 깎기도 하였고 혹자는 백회(百會) 이전까지는 깎고 정상(頂上)에서 조그만 머리카락 한 가닥을 따서 드리운 자도 있었으며, 입고 있는 의복은 혹은 양포(洋布)를 혹은 성성전(猩猩氈)을 혹은 3승(升)의 각색 비단을 입고 있었는데 웃도리는 혹 두루마기 같은 것을 입기도 하였으며 혹 소매가 좁은 모양을 입기도 하고 혹 붉은 비단으로 띠를 두르기도 하고, 적삼은 단령(團領)을 우임(右衽)하고 옷섶이 맞닿은 여러 곳에 금단추(金團錘)를 달았으며 소매는 좁기도 하고 넓기도 하였는데 작위(爵位)가 있는 사람이 입는 문단(紋緞)은 빛깔이 선명하였습니다. 머리에 쓴 것은 호하미(胡夏米)는 푸른 비단으로 족두리처럼 만들었는데 앞쪽은 흑각(黑角)으로 장식하였고, 그 외의 사람은 붉은 전(氈)이나 흑삼승(黑三升)으로 더러는 감투 모양으로 더러는 두엄달이(頭掩達伊) 모양으로 만들었고 혹 풀[草]로 전골냄비 모양으로 엮기도 하였습니다. 버선(襪子)은 흰 비단으로 만들기도 하고 백삼승(白三升)으로 만들기도 하였으나 등에 꿰맨 흔적이 없었고, 신[鞋]은 검은 가죽으로 만들었는데 모양은 발막(發莫)과 같았습니다.

배에 실은 물품은 파리기(玻璃器) 5백 개, 초(硝) 1천 담(担), 화석(火石) 20담, 화포(花布) 50필, 도자(刀子) 1백 개, 전자(剪子) 1백 개, 납촉(蠟燭) 20담, 등대(燈臺) 30개, 등롱(燈籠) 40개, 뉴(鈕) 1만여 개, 요도(腰刀) 60개인데, 아울러서 값으로 따지면 은화(銀貨) 8만 냥(兩)이라 하였습니다.

나라의 풍속은 대대로 야소교(耶蘇敎)를 신봉해 왔으며, 중국과의 교역은 유래(由來)가 2백 년이나 되었는데 청국(淸國)과 크기가 같고 권세가 비등하였으므로 조공(朝貢)도 바치지 않았고 그 나라에서 북경에 가도 계하(階下)에서 머리를 조아리지 않는다 하였으며, 대청황제(大淸皇帝)는 먼 나라 사람을 너그럽게 대해 주려 하였으나 요사이는 관리들이 황제의 뜻을 잘 받들지 않으므로 황은(皇恩)이 외국인에게는 미치지 못하고 있으며 또 외국 상인은 관리의 횡포로 인하여 많이 어려움을 당하고 있다고 하였습니다.

교역하고 있는 나라는 우라파국(友羅巴國)·법란서국(法蘭西國)·아임민랍국(阿壬民拉國)·자이마미국(耆耳馬尾國)·대여송국(大呂宋國)·파이도사국(波耳都斯國)·아비리가국(亞非利加國)·식력국(寔力國)·영정도국(伶仃都國)·대청국(大淸國)이며, 교린(交隣)하는 나라는 아라사국(我羅斯國)·법란치국(法蘭治國)·하란국(荷蘭國)·파려사국(波呂斯國)이라 하고, 영국(英國)의 지방은 구라파(歐羅巴)에 있는데 사람을 귀히 여기고 있으며, 지방이 또 아미리가(亞未利加)에 있는데 그 역시 크고 좋은 땅이고, 또 서흔경

(西忻慶)에도 있어 섬들이 많으며, 아비리가(亞非利加)의 극남단(極南端)에 있는 호망(好望)의 갑(甲)은 수위(垂圍)의 속지(屬地)이고, 또 태평양의 남쪽 바다에도 영국에 소속된 허다한 미개(未開)한 지방이 있으며, 그 끝은 아서아주(亞西亞州)에 있는데 섬들이 많고, 또 흔도사단(忻都斯担)·고위(古圍) 각 지방도 모두 영국의 판도(版圖)에 들어왔다고 하였습니다. 최근에 중국에서 영국으로 소속된 미개한 지방으로는 익능부(榼能埠)·마지반부(馬地班埠)·마랍가부(馬拉加埠)·선가파부두(先嘉陂埠頭)라 하였습니다.

그들은 '금년 2월 20일 서남풍을 만나 이곳에 와서 국왕의 명으로 문서와 예물을 귀국의 천세계하(千歲階下)에 올리고 비답이 내리기를 기다리기로 하였으며 공무역(公貿易)을 체결하여 양포(洋布)·대니(大呢)·우모초(羽毛綃)·유리기(琉璃器)·시진표(時辰表) 등의 물건으로 귀국의 금·은·동과 대황(大黃) 등의 약재(藥材)를 사고 싶다'고 하였는데, 이른바 바칠 예물은 대니(大呢) 홍색 1필, 청색 1필, 흑색 1필, 포도색 1필과 우모(羽毛) 홍색 1필, 청색 1필, 포도색 1필, 종려색(棕櫚色) 1필, 황색 1필, 양포(洋布) 14필, 천리경(千里鏡) 2개, 유리기 6건(件), 화금뉴(花金紐) 6배(排)와 본국의 도리서(道理書) 26종이라 하였습니다.

또 7월 12일에 모양이 이상한 작은 배 한 척이 서산(瑞山)의 간월도(看月島) 앞 바다로부터 태안(泰安)의 주사창리(舟師倉里) 앞 포구(浦口)에 와서 이 마을 백성들을 향하여 지껄이듯 말을 하면서 물가에 책자(冊子)를 던지고는 바로 배를 돌려 가버렸는데, 던진 책자는 도합 4권 중에서 2권은 갑(匣)까지 합하여 각각 7장이고 또 한 권은 갑까지 합하여 12장이었으며 또 한 권은 갑도 없이 겨우 4장뿐이었다 하기에, 고대도(古代島)의 문정관(問情官)이 이 일로 저들 배에 다시 물으니, 답하기를, '금월 12일 묘시(卯時)에 종선(從船)을 타고 북쪽으로 갔다가 바다 가운데에서 밤을 새우고 13일 미명(未明)에 돌아왔는데 같이 간 사람은 7인이고 책자 4권을 주었으나 받은 사람의 이름을 알지 못한다.'고 하였습니다.

또 저들이 식량·반찬·채소·닭·돼지 등의 물목 단자(物目單子) 한 장을 써서 내면서 요청하였기 때문에, 소 2두, 돼지 4구(口), 닭 80척(隻), 절인 물고기 4담(担), 갖가지 채소 20근(斤), 생강(生薑) 20근, 파뿌리 20근, 마늘뿌리 20근, 고추 10근, 백지(白紙) 50권, 곡물 4담(担), 맥면(麥麵) 1담, 밀당(蜜糖) 50근, 술 1백 근, 입담배 50근을 들여보내 주었습니다.

저들이 주문(奏文) 1봉(封)과 예물 3봉을 전상(轉上)하기를 간청하였으나 굳이 물리치고 받지 아니하니, 저들이 마침내 물가에 던져버리고 또 작은 책자 3권과 예물의 물명도록(物名都錄) 2건(件)을 주었다고 하기에, 서울에서 내려온 별정역관(別定譯官) 오계순(吳繼淳)이 달려가서 문정(問情)하였는데, 그의 수본(手本)에 의하면 문서와 예물을 저들이 끝내 되돌려 받지 않으려 하여 여러 날을 서로 실랑이를 하다가 17일 유시(酉時)에 이르러 조수(潮水)가 물러가기 시작하자 저들이 일제히 떠들면서 우리 배와 매 놓은 밧줄을 잘라 버린 뒤에 닻을 올리고 돛을 달고 서남쪽을 향하여 곧장 가버려 황급히 쫓아갔으나 저들 배는 빠르고 우리 배는 느리어 추급(追及)하지 못하고 문서와 예물은 결국 돌려줄 수 없었다고 하였습니다."하였다.

비국(備局)에서 아뢰기를,

"이 배는 필시 바다 가운데에 있는 나라들의 행상(行商)하는 배일텐데, 우연히 우리나라 지경에 이르러 주문(奏文)과 예물(禮物)을 가지고 교역을 시도해 보려 하다가 계획이 이루어지지 않자 저들도 물러가지 않을 수 없었을 것이나, 다만 그 주문과 예물을 그대로 두고 간 것은 자못 의아롭습니다. 먼 곳에서 온 사람들의 속셈을 비록 헤아리기는 어려우나 우리의 처리에 있어서는 의당 신중히 해야 하겠으므로, 문정관(問情官)과 역관 등으로 하여금 일일이 수량을 확인하여 궤(櫃)에 봉해 두게 하고 우리들에게 준 책자를 빠짐없이 모아 함께 봉

(封)하여 본주(本州)의 관고(官庫)에 보관하게 하여야 하겠습니다. 공충수사(公忠水使) 이재형(李載亨), 우후(虞候) 김형수(金瑩綬), 지방관 홍주목사(洪州牧使) 이민회(李敏會)가 문정할 때에 거행이 지연되고 처리가 전착(顚錯)된 죄는 묻지 않을 수 없으니, 청컨대 도신(道臣)이 논감(論勘)한 대로 파직의 율로 시행하소서."

하니, 모두 윤허하였다.

또 아뢰기를,
"이번의 영길리국은 비록 대국(大國)에 조공(朝貢)을 바치는 열에 있지는 않는다 하더라도 그들이 바친 책자로 보면 민월(閩越)과 광주(廣州) 등지로 왕래하는 상선(商船)이 1년이면 6, 70척에 밑돌지 않는다고 하였으니, 이번에 우리나라에 와서 정박한 사실이 혹 대국에 전해질 염려도 없지 않으니 우리나라에서 먼저 발설(發說)하여 후환을 막지 않을 수 없습니다. 괴원(槐院)으로 하여금 사실을 매거(枚擧)하여 자문(咨文)을 짓게 하여, 형편에 따라 예부(禮部)에 들여보내야 하겠습니다."

하니, 그대로 따랐다.

[부록 2]

순조실록자문 순조 32년(1832년) (음) 7월 21일

자문(咨文)에 이르기를,

"도광(道光) 12년 7월 초4일 수군우후(水軍虞候) 김형수(金瀅綬), 홍주목사(洪州牧使) 이민회(李敏會) 등의 첩정(牒呈)을 첨부한 공충도 관찰사(公忠道觀察使) 홍희근(洪羲瑾), 수사(水使) 이재형(李載亨)이 인차(鱗次)로 치계(馳啓)한 바에 의하면, 본년 6월 26일 유시(酉時) 경에 이양선(異樣船) 1척이 본주(本州) 고대도(古代島)의 안항(安港)에 정박하였는데, 듣기에 매우 놀라운 일이라서 역학(譯學) 오계순(吳繼淳)을 차송하고 본 지방관 홍주목사 이민회와 수군우후 김형수로 하여금 배가 정박한 곳으로 달려가서 합동으로 문정(問情)하게 하였더니, 언어가 통하지 않아 문자를 대신 사용하여 이곳에 오게 된 동기를 상세히 힐문하였는바,

그들 대답에 '우리들은 모두 영길리국 난돈(蘭敦)과 흔도사단(忻都斯担) 땅에 사는 사람들로서 선주(船主)는 호하미(胡夏米)인데, 서양포(西洋布)·기자포(碁子布)·대니(大呢)·우단초(羽緞綃)·뉴자(紐子)·도자(刀子)·전도(剪刀)·요도(腰刀)·납촉(蠟燭)·등대(燈臺)·등롱(燈籠)·유리기(琉璃器)·시진표(時辰表)·천리경(千里鏡) 등의 물품을 가지고 귀국의 소산물을 사려고 본년 2월 20일 배에 올라 본월 26일에 이곳에 왔으니, 귀국의 대왕에게 전계(轉啓)하여 우호(友好)를 맺어 교역하게 해주기를 바란다.'고 운운하였습니다.

동선(同船)의 선원(船員)은 총 67인으로 4품(四品) 자작(子爵)이라고 칭하는 선주(船主) 호하미(胡夏米)를 제외하고는 모두 상업에 종사하는 자들로서 과계(夥計)와 초공(梢工)·수수(水手)의 복장은 혹은 양포(洋布), 혹은 전자(氈子), 혹은 삼사포(三梭布), 혹은 단자(緞子)이고, 옷의 양식은 혹은 포자(袍子)로, 혹은 괘자(掛子)로, 혹은 단삼(單衫)으로 하였으며, 모자(帽子)는 양식이 일정하

지 않았는데 그 빛깔이 혹은 붉고 혹은 검고 혹은 푸르기도 하였으며 더러는 풀로 엮은 것도 있었습니다.

배는 공선(公船)인데 표호(票號)는 안리(安利)이고, 너비는 6파(把), 길이는 30파였으며, 의간(桅竿)에는 층범(層帆)이 3개 달리고 또 물을 긷는 작은 배 4척이 있었습니다. 배 안의 집물(什物)을 일일이 점검하려고 하니 저들 말이 교역하기 전에 멀리서 온 사람의 물건을 보려고 하는 것은 부당하다고 하며 여러 차례 설왕설래(說往說來)하였으나 끝내 보여 주지 않았는데, 이 배는 왕래하면서 행상을 하는 배로서 풍랑을 만나 표착(漂着)한 것과는 다름이 있으므로 사세가 강박할 수 없어 상세히 검열하지 못하였습니다.

개유하기를, '번방(藩邦)의 사체(事體)로는 다른 나라와 사사로이 교린(交隣)할 수 없고, 더구나 우리 나라는 자래로 전복(甸服)과 가까이 있어 크고 작은 일을 모두 아뢰고 알려야 하므로 임의로 할 수 없는데, 너희들이 상국(上國)의 근거할 만한 문빙(文憑)도 없이 지금까지 없었던 교역을 강청하는 것은 매우 부당하니, 요구에 응할 수 없다. 지방관이 어떻게 경사(京司)에 고할 것이며 경사에서는 또 어떻게 감히 위에 전달(轉達)할 것인가?' 하니, 저들이 개유하는 말을 듣지 않고 줄곧 간청하여 전후로 10여 일을 서로 실랑이를 하다가 본년 7월 17일 유시(酉時) 경에 조수(潮水)를 타고 서남쪽을 향하여 갔다는 등인(等因)으로 구계(其啓)하니, 이에 의거하여 조량(照諒)하기 바랍니다.

주거(舟車)가 통하는 곳에서 유무(有無)를 교역하는 것은 나라의 떳떳한 일이나, 번신(藩臣)은 외교(外交)가 없고 관시(關市)에서 이언(異言)을 살피는 것이 더욱 수방(守邦)의 이전(彝典)에 속하는데, 소방(小邦)은 대충 분의(分義)를 아는 만큼 각별히 후(侯)의 법도를 지켜 비록 해마다 의례히 열리는 개시(開市)에 있어서도 오히려 반드시 칙자(勅咨)의 지휘를 기다려서 행하고 있습니다. 이번의 영길리국은 지리상으로 동떨어지게 멀어 소방과는 수로(水路)의 거리가 몇 만여 리가 되는지 모르는 처지에 망령되이 교린을 평계하고 교역을 억지로 요구하였으니, 사리에 타당한 바가 전혀 아니고 실로 생각 밖의 일이었습니다. 경법

부록 339

(經法)에 의거하여 시종 굳이 방색(防塞)하였더니, 저들도 더 어찌지 못함을 알고 바로 돌아갔습니다.

교역에 관한 한 조항에 대해서는 더 말할 것이 없겠으나, 변경(邊境)의 정세에 관한 일인만큼 의당 상세히 보고해야 하겠기에 이렇게 이자(移咨)하는 바이니, 귀부(貴部)에서 자문 내의 사리(事理)를 조량하여 전주(轉奏) 시행하기를 바라고 이에 자문을 보내는 바입니다." 라고 하였다.

[부록 3]

교역청원서
Petition

 The English captain Hoo Hea-me hereby respectfully lays a petition before the throne of his Majesty the King of Corea:

 An English merchant ship having arrived and anchored on the coast of your Majesty's dominions, I consider it my duty respectfully to state the circumstances which have led to her arrival.

 The ship is a merchant vessel from Hindostan, a large empire subject to England, which adjoins to the south-west frontiers of the Chinese empire. The cargo of the ship consists of broadcloth, camlets, calicoes, watches, telescopes, and other goods, which I am desirous to dispose of, receiving in exchange either silver or the produce of this country, and paying the duties according to law.

 Although Great Britain is distant many myriads of le from your honourable nation, 'yet within the four seas all mankind are brethren' * The Sovereign of our kingdom permits his subjects freely to trade with all the nations of the earth; but our laws expressly command them, in their intercourse with distant kingdoms, invariably to act with honesty, justice, and propriety; thus the bonds of friendship, which unite distant regions, may increase, and the benefits which arise from commercial intercourse may be widely extended.

 Hitherto no ships from my nation have visited your honourable kingdom for purposes of trade; but as your Majesty is a wise and enlightened sovereign, whose anxious wish is to promote the welfare of his subjects, it may be a subject worthy of your consideration, whether the revenues of your nation, and the prosperity of its subjects, would not be increased by the encouragement of commerce with foreign countries.

If, therefore, your Majesty thinks fit to grant permission for may countrymen to trade, I humbly request that you will graciously issue an edict announcing the same, which I will take back and respectfully communicate to the King of my nation.
Here with I enclose to copies of a pamphlet on the Affairs of England, which, though written for distribution in China, contains some information relative to my country worthy of attention.

I also presume to request your Majesty graciously to accept a few trifling articles, as patterns of the cargo of my ship. I enclose a list, humbly hoping your Majesty will not reject them.

I respectfully pray that your Majesty may enjoy long life and endless prosperity, and that your nation may continue to flourish in peace and tranquillity.

"Dated in the year of our Lord 1832, on the 17th day of July.

"Taou-kwang, 12th year, 6th moon, 20th day.

"Jin Shin, or 29th year of the cycle."

[부록 4]

胡夏米 與 官員書 경과보고서
(A Memorial for the Inspection of the King)

"Confucius says, 'When a friend arrives from a distance, is it not a subject of rejoicing?' and now that an English ship has arrived from a distance of many myriads of le, bearing a letter and presents, should you not rejoice thereat?

"When we Englishmen arrived on the frontiers of your honourable nation at Chang-shan we met with none but the common people, and had no intercourse with any chiefs;" we therefore made no stay there, but came to Luh-taou; thence we were invited by the chiefs to enter Gan-keang; and there we publicly presented our document and presents to the chiefs Kin and Le, respectfully requesting they might be forwarded to his Majesty; this was promised. Moreover, having been long at sea, we requested them to supply our wants; this also the chiefs pledged themselves to do. Some days afterwards messengers came to the ship, who informed us that the letter and presents had been forwarded to the capital. How could we harbour doubt and suspicion? Deputed officers repeatedly came and examined all particulars relative to the ship, and also made many inquiries respecting the affairs of our nation. All these were stated to be for the information of his Majesty, and distinct answers were given. On departing they all directed us quietly to await for reply to our petition.

"Now Woo, the chief heen-ta-foo, has come to our ship, and acquainted us,
"1st. That Corea was subservient to China, and obeyed the decrees of its Emperor.
"2nd. That as the laws of this nation prohibited all intercourse with foreigners, excepting the Chinese, the chiefs did not dare report the subject

to the King.

Now the first point is erroneous, and you thereby needlessly lower the character of your own nation, for we well know that the kingdom of Corea is governed by its own laws, and ruled by its own king; it by no means obeys the decrees of a foreign sovereign. By the statistical accounts of the Chinese empire, Corea is a tributary kingdom, but no more. But Cochin China and Siam are equally tributary to China, yet with these nations we maintain commercial intercourse; why not also with Corea? We are also aware that Corea carries on trade with Japan: are they not foreigners? Yet you assert that no foreign trade is legal excepting with the Chinese.

The great mandarins state that they dare not report; but as the capital of your nation is at no great distance, it is inexplicable that the king should not have heard of a circumstance so unusual as the arrival of a foreign ship; and if he has heard of it, it is still more strange that the mandarins have not reported the circumstance.

With regard to the presents, you first publicly receive them, and then unceremoniously reject them; receive them, and then unceremoniously reject them; by acting thus you grossly affront strangers who came here with the most friendly intention, and set all propriety at defiance; the more so as Woo Tajin asserts that the chiefs do it on their own responsibility, and without reference to the king.

Our feelings towards the chiefs and the people are friendly; we have no sinister intentions. Wherefore are we treated with such suspicion, as if we were your enemies? When we ask questions, you refuse to reply. You prohibit our entering the villages, and seek to cut off all communication with the people. Yesterday innocent persons were punished for merely coming to the ship to visit us; this we cannot refrain from considering an affront to ourselves. In proof of our friendly wishes we have distributed among you books of various sorts, containing treatises on astronomy, geography and history, which are both instructive and amusing. We have moreover given you books containing the doctrines of our religion, and the true revelations of God and Jesus; these, if carefully read by well-disposed persons, contain precepts which may be of the greatest utility. Confucius says, 'Within the four seas all mankind are brethren.' You honour these principles; yet if you acted on them, how can you prohibit intercourse with foreigners?

Perhaps it may be said the intercourse of foreigners with the natives would be productive of a subversion of their ancient customs and laws: would it not perhaps be as well to compare your customs with those of foreign states, and see which are preferable? Then if yours are the best retain them, if not some might be changed with advantage.

Perhaps you may say, our nation is poor, how can we trade with you? To this we reply, allow our countrymen to trade here, and gold and silver will flow into the land, the revenues of the government will be increased, and the wealth and prosperity of the nation will rapidly advance. On this account do China and Japan encourage foreign trade; how comes it that you do not follow the good example set by the neighbouring nations?

To conclude, according to the assertion of Woo Tajin, the chiefs Kin and Le are both old and stupid; and it is owing to their ignorance and misconduct that we have been detained here. Now the doctrines both of your country and ours teach us that old age should be honoured; and these two chiefs are both men of experience, and should well know the laws of your country, nor would they have acted as they did without authority so to do.

  We foreigners have had intercourse with various nations, but never have we seen such reserve and secrecy as here; yet it is of no avail, for we are in possession of maps of your country, and books describing its ancient history and customs. Since our arrival here we have visited various places in the vicinity; everywhere we have seen a poor and scanty population inhabiting mean huts, plenty of wood and jungle, little of cultivated fields. What a vast difference between this and the adjoining kingdom! But it appears that this arises from the seclusion and prohibition against foreign intercourse; nor is it to be expected that so long as these customs continue, the nation will flourish or prosper beyond her neighbours.

  Finally, we respectfully solicit, that if in future any English vessel should arrive in want of provisions, that they may be supplied to her without causing delay; and if by misfortune a ship should be wrecked on the coast of your kingdom, we solicit you to save the lives of the crew, treat them with hospitality and kindness, and send them to Pekin, whence they may return to their homes. By acting thus you will confer an obligation on the Sovereign of Great Britain, who values tenderly the lives of his subjects; we sincerely hope, that should an occasion present itself, you will perform this act of benevolence. We now are about to depart, having incurred fruitless expense, and lost our time to no avail. We wish you all prosperity and happiness.

                (Signed)   "Hoo-hea-me.
                                                "Kea-le."
            "Taoukwang, 12th year, 7th moon. 15th day."

[부록 5]

간갱(Gan-keang)지명 관련 자료

7월 24일 귀츨라프 일기
we will bring you to a bay called Gan-keang, where you may find safe anchorage, meet the mandarins adjust the affairs of your trade, and obtain provisions.

7월 25일 귀츨라프 일기
When their excessive desire for spirits was satisfied, we got underway, and, with wind and tide favouring, soon reached Gan-keang, and found very convenient anchorage, sheltered from all winds.

8월 11일 귀츨라프 일기
Though there are spacious and secure harbours, among which, Gan-keang,the place of our anchorage, holds the first rank, there are perhaps few productions for exportation, and little money to pay the surplus of imports.

8월 11일 귀츨라프 일기
The king of Corea may be said to have a Bible, which he at first refused to receive; and whether he now reads it, I am unable to say; but all the official persons about Gan-keang, and many of the common people, accepted them.

종합 귀츨라프 일기
We were invited by an official messenger to come to Gan-keangharbour, which is not very far from the capital.

8월 10일 린제이 보고서
thence we were invited by the chiefs to enter Gan-keang; and there we publicly presented our document and presents to the chiefs Kin and Le, respectfully requesting they might be forwarded to his Majesty; this was promised.

[부록 6]

조선왕조실록 및 고려사절요

조선왕조실록

- 世宗實錄 1425년 (세종 7) 음 7월 11일
  兵曹啓 請於洪州元山島 以濟州體大 雌馬五十匹 雄馬六匹 入放息 所産兒馬 若體小有咎者 卽便捉出 令高巒島 萬戶專管考察 從之

- 世宗實錄 地理志, 충청도 홍주목편
  元山島 周回四十里 在海中 水草俱足 放國馬一百匹

- 成宗實錄 1470년 (성종 2) 음 1월 4일
  洪州元山島 元放馬 一百二十二而遺失

- 顯宗實錄 1669년 (현종 10) 3월 4일 (음 2월 3일)
  佐明又曰 元山島牧場 馬移置于大山串 而使忠淸水虞侯進駐于 元山以爲風和待變之地 且於漕船上來時 使之點檢 上送便當矣 上從之

- 明宗實錄 1559년 (명종 14) 음 7월 14일
  傳于政院曰 觀此淸洪監司捕倭啓本 倭人漂到元山島 敗船下陸 水使李元祐 令通事韓繼豪往誘 倭人殺繼豪 於是元祐盡捕倭人 通事韓繼豪被殺矣

- 正祖實錄 1791년 (정조 15) 음 12월 25일
  左議政蔡濟恭請 聖堂倉漕轉 使咸悅縣監乘船領運而 亦使忠淸 水虞侯 點船於元山 著爲式 從之

- 純祖實錄 10장 9월 5일 (음 8월 11일)
  乙酉/黃海監司金蘭淳以六月二十一日 異樣船一隻 來泊於長淵 助泥鎭 掌內漁

人輩 以魚鮮書冊 互相與受 該鎭吏校 亦與筆札酬應 而水使及 地方官 只以尋常
唐船去來樣報來 追聞船制 人物言語服色 與洪州所泊英吉利船無異 而不爲詳細
問情 任其自去 竟不據 實枚報者 有關邊情 狀論水使尹禹鉉 長淵縣監 金星翼 及
該鎭將之罪 幷拿勘

• 純祖實錄 10장 1832년 음 12월 25일
禮部奉上諭 英吉利商船 欲在該國地面交易 該國地方官 告以藩臣 無外交之義
往復開導 商船始行開去 該國王謹守藩封 深明大義 據經奉法 終始不移 誠款可
美 宜加優賚 賜該國王 蟒緞二疋 閃緞二疋 錦緞二疋 素緞四疋 壽字緞二十疋
用示加獎云

고려사절요
• 문종 31년, 1077. 음 8월
八月. 羅州道祭告使大府少卿李唐鑑奏 "中朝使命往來 高欖島 亭稍隔 水路 船
泊不便 請於洪州管下貞海縣地創置一亭 以爲 迎送之所" 制從之 名亭爲安興

• 원종 13년, 1272. 음 9월
三別抄寇孤瀾島 焚戰艦六艘 執洪州副使 李行儉及結城藍浦監務

귀츨라프 선교사와 원산도 Q & A

2018년 12월 18일 초판인쇄
2018년 12월 25일 초판발행

발행처 / 귀츨라프연구소
저　자 / 신호철 · 김주창

출판사 / 양화진
　　　　서울시 은평구 은평터널로 65 대림Ⓐ 108-1305
　　　　Fax: (02) 325-4911　　Mobile: 010-3901-8049
　　　　E-mail: shc155@naver.com

등록번호: 2003. 8. 20 제313-2003-000289호

ISBN 978-89-967000-5-0　03230　　　정가: 20,000원

235.6099-KDC6
266.0092-DDC23
CIP: 2018040372
분류: 교양>종교>기독교

■ 후원계좌 : 국민은행 052301-04-204073 귀츨라프연구소